▲作者與夫人陳孝頤女士合影

▲1976年10月21日天津市廣大群眾在中心廣場集會
遊行，熱烈慶祝粉碎「四人幫」的歷史性偉大勝利。
在主席臺上，二排左一為本書作者王輝先生。

▲王輝先生

天津文革

親歷紀事

王輝 著

蘭臺出版社

前　言

毛澤東親自發動的無產階級文化大革命，始於1966年5月16日，終於1976年10月6日，歷時10年之久。在那場史無前例的文化大革命中，每個地區、每個單位乃至每個人的歷史都有相似之處，卻又不盡相同。天津市的「文革」史也有自己的特點，其中市級政權的兩次倒臺就是重要標誌。文化大革命開始不久，全國自上而下地開展了奪權鬥爭，導致當時的天津市黨政領導機關徹底垮臺。文化大革命結束以後，普遍開展了清查工作，當年天津執政的黨政領導層又隨之解體。

　　我長期在中國共產黨天津市委員會辦公廳工作，在文化大革命初期擔任市委文革辦公室副主任（主持辦公室的全面工作）；文化大革命結束時，我擔任中共天津市委、市革命委員會辦公廳主任並兼任市委清查辦公室主任，因而親歷了天津市兩屆黨政領導層解體的全過程。如果把當時的黨政領導層比作一個人的個體，我親眼目睹了他躺在病床上掙扎直至壽終正寢的全過程。當然我也和他們共患難，不能倖免地被解了職，自己那小小的「官位子」也「死亡」了兩次。隨著數十年歲月的流逝，「文革」的當事人大都已經作古。作為一個少有的見證者和倖存者，一種歷史責任感驅使我把這兩段史實如實地記述下來。我自問沒有能力來對文化大革命作深層次的評價，但願所記的事實能便於管中窺豹，以見天津乃至全國十年「文革」之「一斑」。

作者謹識

2013年3月1日

目　錄

上 篇

中共天津市委、市人委倒臺

（1966—1967）

一、文化大革命的前奏：農村整風整社

—— 跟隨書記下鄉瑣記

　　恩格斯深刻地指出：「一個運動是另一個運動的原因。」出現「文化大革命」的許多原因可在其發生前十年中找到，其根源是長期存在於黨內的「左」傾思想和錯誤。要弄清「文革」發生的原因，需要揭開歷史的帷幕。

　　「文化大革命」前的17年，黨在各條戰線上都有成就。八大以後到1966年上半年，成績是有目共睹的也是主要的，雖然艱難，還是在社會主義道路上前進著。這其中的消極面，主要是由微而著地存在「左」的錯誤。八大以後，「左」傾錯誤幾乎持續不斷。許多錯誤雖然及時糾正了，但指導思想上的「左」卻在發展，這就是「文化大革命」前十年的情形，由此有了「文化大革命」這場大內亂。我們不妨回憶一下那時的情況。

　　1960年，由大躍進、人民公社運動引發的國內經濟嚴重困難的局面已經全面形成，各地普遍出現糧食緊張、人員

外流、浮腫蔓延和「非正常死亡」人數激增等現象，農村的情況尤甚。毛澤東開始覺察到農村的嚴重問題，起因是中共中南局書記陶鑄的一份報告。陶鑄認為，解決農村問題的方法是開展一場「三反運動」，即反官僚主義、鋪張浪費和形式主義，具體內容是糾正基層幹部的違法亂紀、強迫命令一類錯誤。毛澤東看到這份報告後，稱讚廣東「提出來的問題和對這個問題的處理辦法是正確的」。1960年6月後，毛澤東對大災荒的解釋逐步清晰，他認為問題主要是由「五風」（共產風、浮誇風、命令風、瞎指揮風、幹部特殊化風）造成的。[1]毛澤東提出在農村立即開展整風、整社，用階級鬥爭的方法搞三反運動。1960年11月3日，中央下發緊急指示信（即十二條），提出全面反「五風」。

1961年1月，中共中央召開八屆九中全會，毛澤東在全會上將他對形勢的判斷進一步系統化和理論化。他指出，全國三分之一的政權不在共產黨手中，出亂子的原因在於：民主革命不徹底，地富復辟，勾結壞幹部，實行「和平演變」。解決這些問題的方法是：在農村開展社會主義教育運動，用紮根串聯的辦法，組織階級隊伍（貧下中農協會），開展對敵鬥爭。階級鬥爭的對象有兩類：鑽進黨內的階級異己分子和社會上的地富反壞右五類分子。[2]

八屆九中全會後，各地開始貫徹毛澤東有關反擊資本主義復辟，在農村整風、整社、整黨的「社教」指示。1961年1月，保定市委書記下鄉，搞紮根串聯，組織貧下中農協會，調查的結果是：基層政權全為壞人當權，貧雇農出身的幹部全被地富收買，其根本原因在於土改不徹底。天津的經驗

1961年1月，中共中央召開八屆九中全會。

是：應對犯錯誤的幹部進行憶苦思甜的階級教育。河北省的經驗則認為，出現特大困難的原因之一乃是過去對地富反壞「摘帽」多了。天津市當時是河北省的省會，根據中央和省委的指示，大批幹部下鄉參加農村整風整社運動。

那時我在天津市委辦公廳工作，接到市委秘書長通知：萬曉塘[3]準備去吳橋縣視察農村整風整社和人民生活問題，派我和市農委、市委研究室的同志先行，做點調查研究工作。

萬曉塘當時擔任河北省委書記處書記兼天津市委第一書記，主要負責天津的工作。那他怎麼會去吳橋縣視察呢？原來天津市從1958年2月曾由中央直轄市改為河北省的省轄市，同年12月天津專區與滄州專區合併，統由天津市領導。當時天津市所屬的縣有鹽山、黃驊、靜海、任丘、武清、霸縣、河間、交河、獻縣、吳橋、寧津、滄縣等12個縣。那時有一股地區合併風，有些縣都是經過合併以後的大縣。記得河北省委一位領導人曾在大會上講，天津市是全世界最大的城市。其實，只能說天津市當時不過是兼管農村地域最大的城市。

　　吳橋縣地處津浦鐵路東側，位於河北省東南邊緣，總面積582.9平方公里。吳橋縣是當年遭受「五風」破壞和自然災害比較嚴重的地區。1960年冬，吳橋縣公安局幹部匿名檢舉該縣非正常死亡問題。河北省委、天津市委共同派工作組進行了檢查，於1961年1月5日向省委、市委寫出了檢查報告。這個縣從1960年以來非正常死亡315人，其中因幹部違法亂紀致死的51人。例如山東省鄰縣一村民去桑園公社其姐家走親，其姐給了該村民10斤蘿蔔，當路過某村時，被村支書和治保主任盤查，硬說他是「盲流」，蘿蔔是偷的，他不承認，便遭鐵棍毒打，最後讓他回村開證明，他爬到半路死亡。吳橋縣級機關也做過嚴重損害群眾利益的事情，如從1959年5月動工，建甲級禮堂和影院各一座，先後扒民房953間，而對群眾未加妥善安排，致使196戶沒有住處……

　　當時正面臨三年經濟困難時期，天津市內節糧度荒任務嚴峻，市委不得不承受城鄉雙重壓力，於1961年2月7日至14日召開縣委書記會議，討論了農村整風整社和生活、生產問題。這次會議根據當時因嚴重缺糧出現大量營養不良和浮腫病人的情況，提出實現「兩停一轉」（健康人停止發病，病人停止發展，一月轉變局面，二月恢復健康，三月投入生產）。現在看來這種口號式的目標很可笑，但當年卻是異常嚴肅的事情。萬曉塘正是在這次會議之後身先士卒，深入吳橋這個重點縣。

　　我們先赴吳橋縣的有四個人，辦公廳兩人，農委和市委研究室各一人。行前市委候補書記牛勇召見我們。牛勇是原天津地委負責人，抗戰時期的老革命，剃著光頭，具有鮮明

的農村幹部那種樸素務實的特點，不幸在1976年唐山大地震時和他老伴雙雙遇難。當時他在天津東站前約見我們。我們站在他的轎車前，聽他講下鄉的要求，並指定我任組長。

我們去吳橋縣乘津浦線的慢車，一站一停，在夜幕下抵達吳橋縣的桑園鎮。縣委辦公室的人安排我們吃晚飯，一碟沒有一點油星的熬白菜，一碟山芋麵的窩頭。在昏暗的燈光下，我們默默地吃著，沒有談笑。我們住在縣委機關附近的縣招待所，簡陋的小平房，不過還算安靜。

我們抵達吳橋縣以後，除對整風整社情況進行一般性瞭解以外，主要是直接到最困難村也就是「危險村」調查。兩人一組下去，不用縣裏的幹部陪同，每人租了一輛自行車，租金每天一元，進村直接訪問群眾，按毛澤東教導的口問手寫，作出記錄。但是有時在田頭、牆角、路邊上也不能總拿出本子來，那要事後補記。我們騎車每天一跑就是幾十里。

早春時節毫無春意，寒風捲地，草木枯黃，荒涼死寂，不亞於嚴冬的凋零。一進村給人的印象更為淒慘，人人面有菜色，兩眼像死魚眼，無精打采。有一次我一進村頭，就看到有人上墳哭泣，原來村裏的老弱病殘頂不住饑餓，死了許多，幾乎戶戶都有亡人。晚上騎車回來時，靠冷月殘星引路，往遠處一看，白汪汪的像一片水，所謂「近處怕鬼，遠處怕水」。在城市騎車要躲車、躲人，在農村騎車要低頭看路，完全不是一種功夫。

我們進村調查，眼見村民挨餓的慘景。有個村在1960年11月的十天當中，每人每天只吃到1.6兩（80克）糧食，以後增加到4兩（200克），到12月基本上吃光了所有的糧食。從

1961年1月開始由國家供應，每人每天5兩（250克），五天一買，玉米和山芋乾各半。你進村看看，那些大牲畜吃不上草料，肚子漲得很大，四條腿很細，步履蹣跚，怎麼能幹活呢？有位群眾對我說，我們吃的都是什麼，你到茅廁看看糞便就清楚了，一陣風可以把糞便吹起來。他說得對，這糞便的品質也有高低貴賤之分。據說過去那經營糞便的業主，用小棍挑一點糞便，放在水中一攪，看有沒有油星，便知這糞便的成色如何。有一次我進村吃過這種連「瓜菜代」（指用瓜果野菜代替糧食）都不如的飯，就是將玉米瓢子、山芋葉子磨碎，與山芋麵磨在一起。玉米瓢子歷來是做燃料的，人怎麼可以吃呢？也許吃這種飯的糞便可以被風吹起來。當時叫「天災人禍」，其實「人禍」是主要的。我們過去歷來講「憶苦思甜」，依我看可以「憶苦思左」，所謂「人禍」就是「左」傾錯誤造成的。在農村刮「共產風」造成的災害，比戰火紛飛造成的傷亡還要大得多。

在全村人人都是饑腸轆轆的情況下，幹部多吃一口也會引起群眾的不滿。一次在村裏看到一個小孩子在街上跑，我問村民這是誰家的孩子？一位村民說是村長的，還說你可以看看，凡是不很瘦的孩子都是村幹部家的。那天晚上我住在一村民家裏，蓋的白布被裏不知多少年沒有洗，全是黑色的，比我過去在老解放區老鄉家蓋的被要髒得多。早上起來，看到房東老大娘正在拉風箱做飯，我蹲下替她拉幾下，順便問問她村幹部有沒有多吃多占的？她並沒有正面回答我的問題，只是說了一句：「守著乾糧餓不死人！」那時村幹部管糧食，她這句話一針見血，不言而喻。村裏還有人發

牢騷說：「一天一兩，餓不煞隊長；一天一錢，餓不煞管理員。」這些都是批評當時某些幹部多吃多占。

我們來吳橋縣一周後，萬曉塘和秘書高書田來了。我們除了向萬曉塘口頭彙報以外，還將整理好的若干份資料送給他。我們分兩個組，每去一村都整理出詳細的報告，除村裏的基本情況外，還有與群眾訪談的記錄，改變了一般抽象分析的做法。萬曉塘逐件仔細閱讀，對其中有些情節又進行詢問。

萬曉塘詳細聽取了縣委關於整風整社和抓生產、生活的彙報，並且從我們去過的村中選了一個親自去看看。那一天事先沒有佈置，沒有縣、社領導人陪同，他騎上一輛自行車和我們調查組一起到村裏調查，同村民交談，入戶訪問。當時萬曉塘還是省委書記處書記，要參加省的會議，同時負責天津市的全面工作，又面臨著空前困難時期，他日夜辛勞，骨瘦如柴，可是還要蹬車下鄉，真正的「輕車簡從」。像他這種深入群眾的作風，沒有上過報紙，也沒有登過內部簡報，回津後向市委書記處彙報去吳橋縣調查情況也沒有講個人騎車下鄉這件事，前些年我寫回憶文章才首次披露此事。這是當時共產黨的優良作風，萬曉塘尤其嚴格要求自己，從不允許突出個人。

萬曉塘對於我們的調查能使他瞭解到許多真實情況，十分滿意。他曾對我說，你們這次下鄉對我有很大幫助。他特別重視「危險村」，在臨走之前召集縣委負責人講話，系統部署搞好整風整社、糾正「五風」，著重強調領導幹部轉變作風、深入第一線、瞭解真實情況、關心群眾疾苦等問題。

　　萬曉塘一向嚴格要求下屬單位不准特殊接待。他這次
到吳橋，縣裏自然未招待過一次，當時情況也絕不允許這樣
做。他住在縣委機關，同縣委領導一起吃飯，吃的都是粗
糧，玉米麵窩頭，不過都是淨面的，沒有「瓜菜代」，在當
時就算是很不錯的了。我們住的招待所就吃不上淨面窩頭，
只能吃些山芋麵。萬曉塘得知這一情況後，向縣委領導人提
出意見，認為他自己和縣委領導都不應該特殊。

　　萬曉塘來吳橋四天，然後回滄縣召開南部八縣縣委書
記座談會。我們隨同他一起到滄縣，開了兩天座談會。各縣
縣委書記彙報交流整風整社和生產、生活情況，萬曉塘講了
話，主要講了繼續深入貫徹黨中央關於農村人民公社當前政
策問題的緊急指示信（即十二條），進行整風整社，學習討
論農村人民公社工作條例（簡稱農業六十條），抓好生產和
生活，幹部深入第一線，大興調查研究之風，等等。

　　吳橋縣委根據市委的指示精神，對糾正「五風」問題認
真進行了檢查。縣委於3月23日上報了「關於強迫命令、違法
亂紀問題向市委的檢查報告」。「報告」稱：據四級幹部會
議、縣委擴大會議、公社社員代表會議鳴放揭發，全縣犯有
強迫命令、違法亂紀錯誤的幹部總數2497人，占幹部總數的
10.2%，其中縣委委員以上4人，占同級幹部的13.7%；縣科局
長幹部14人，占同級幹部的9%；公社書記、主任48人，占同
級幹部的30%。

　　「報告」列舉的強迫命令、違法亂紀的手段也極為惡劣
嚴重，不僅種類繁多，而且慘無人道，有捆、吊、打、凍、
曬、喝風、淋雨、站雪、針扎、手擰、吃屎、灌尿、卡飯、

勞改、遊街、打幡、戴孝帽、扣工分、搖煤球、下電子、壓
杠子、踩腳尖、站板凳、跪香爐、舉尿盆、頂磚頭、鉗子夾
等等40餘種。據不完全統計，全縣受害群眾達179618人（被
翻箱倒櫃的3428戶，每戶按4人計算），占全縣總人口的
24.8%。被捆、綁、吊、打的5972人，被停夥、卡飯、克扣
口糧的15036人，被罰跪、罰站、凍、淋、曬的6418人，被罰
工役、工分、現金的6767人，罰現金48280元，造成死亡183
人，自殺未遂103人，致殘76人，得病275人，無法忍受外逃
的2998人。「報告」分析了發生強迫命令、違法亂紀的原因
並提出了善後處理的措施。

　　現在回憶這段歷史，不勝感慨。其一，我國農村經過
土地改革，農民翻身得解放，但是為時不長，又來了人民公
社運動，大刮「共產風」，「一平二調三收款」，「五風」
氾濫，可謂多災多難矣！在這種天災人禍侵襲下，社會沒有
發生動亂，農民的忍受力是極強的。當時萬曉塘在縣委書記
座談會上就指出：群眾對退賠普遍反映，「做夢也沒有想
到」、「比過去好了」、「不再平調就好了」，要看到中國
農民厚道得很呀！其二，當年面臨那樣嚴重困難的形勢，有
黨中央的領導，有像萬曉塘那樣一大批密切聯繫群眾、與群
眾同呼吸共命運的幹部，儘管「五風」嚴重，但是從總體上
說，黨的優良傳統沒有遭到破壞，這是當年之所以能夠戰勝
困難的重要原因。

　　現在回想起來，這次農村整風整社可以說是「文革」
的先兆。毛澤東當年指出，就全國來說，按縣、社、隊為單
位，大體上是三、五、二的比例，即百分之三十是好的，百

分之五十是中間的，百分二十是壞的。毛澤東提出：「要用階級和階級鬥爭的觀點、用階級分析的方法去看待一切、分析一切。」從此以後，「左」傾錯誤逐漸升級，並把階級鬥爭的重點轉移到黨內。自整風整社開始，中國的政治生活中出現了一種階級鬥爭「情結」，即把任何情況都當成是階級鬥爭的表現，處理任何事情都將其視為階級鬥爭。用毛澤東的話來說就是；「階級鬥爭，一抓就靈」。「階級鬥爭」一次次升級，直到文化大革命，形成一場浩劫。

二、文化大革命的序幕：四清運動
—— 天津「小站四清」始末

四清運動是指1963年至1966年，中共中央在全國城鄉開展的社會主義教育運動。四清運動的內容，一開始在農村中是「清工分、清帳目、清倉庫和清財物」，後期在城鄉中是「清思想、清政治、清組織、清經濟」。四清運動把多種性質的問題簡單歸結為階級鬥爭或者是階級鬥爭在黨內的反映，致使不少基層幹部遭到錯誤的處理和打擊。四清運動，實際上為「文革」的發動作了準備。

四清運動的緣起與當時天津市所在的河北省有很大關係。「四清」本來是河北省保定地委在整風整社運動中為解決年終分配問題而創造的工作經驗。其主要做法就是根據中央調整農村經濟的政策，貫徹執行勤儉辦社和民主辦社方針，普遍進行的清帳目、清倉庫、清工分、清財物（簡稱「四清」）。保定四清的經驗，得到了河北省委、中央和毛

澤東的高度重視。後來中央將保定地委關於四清的報告隨同
〈前十條〉[4]下發。此後，全國各地陸續開展農村四清運
動的試點。四清運動開始後，劉少奇曾到天津視察情況、聽
取彙報。著名的「桃園經驗」也出自於河北省撫寧縣盧王莊
公社桃園大隊。另外聞名全國的就是天津「小站四清」了。
小站四清出名主要是因為有一個得到毛澤東賞識的「四清報
告」，中央曾專門批轉了天津市委的這個報告。據我所知，
這是天津解放以來得到中央批轉的最重要的文件，也是影響
最壞的文件。我是這個報告的起草人，同時也在小站鎮參加
過3個月的「四清」工作，現將這一重大事件的始末記述如
下。

「四清」實際上是「文革」的序幕

　　小站地區在天津市的南郊，以出產小站稻聞名。早在
明代萬曆年間，科學家徐光啟曾來天津，先後在津南四次屯
田，調查訪問，將開墾、水利、荒政三方面的實踐及心得總
結於《農政全書》中。至清末，周盛傳奉李鴻章之命率軍屯
墾，小站稻終於拓植成功。

　　小站也以出軍閥聞名。1895年（光緒二十一年），袁世
凱到小站接統「定武軍」，擴編為新建陸軍，揭開了清軍編
制現代化的序幕，中國軍事史出現重大轉折。1905年（光緒
三十一年）建成「北洋六鎮」，擁兵8萬，成為袁世凱竊取
中華民國臨時大總統直到洪憲稱帝的資本。「小站練兵」造
就了一批歷史風雲人物，其中出了4任民國總統，1任臨時執
政，17屆政府總理，34人有督軍以上頭銜。諸如馮國璋、曹

錕、段琪瑞等輩,都因小站練兵而稱霸一時,從這裏走向中國政壇。津南這塊彈丸之地,孕育了中國近代史上一幕幕重頭戲。

正是歷史上這個卓爾不群的地區,在1964年掀起了四清奪權的風暴,實際上是「文革」的前奏。它是當年陳伯達直接插手製造的。1964年3月,在天津做調查研究的中共中央政治局候補委員陳伯達來到小站地區,分別到西右營和小站公社、小站鎮走了走,看了看,簡單地聽取了「四清」工作隊的彙報,就斷言「小站地區基層組織嚴重不純,不少村子的黨政領導權,落在壞人手裏」。他竭力誇大敵情,說「這裏的天下不是我們的」,是「反革命兩面政權」,要求工作隊同當地幹部保持一定的距離。他直接授意在西右營村炮製了「張鳳琴反革命集團」,在坨子地村炮製了「姜德玉反革命集團」,在小站鎮炮製了「張玉侖反革命集團」。

1964年7月下旬,陳伯達通知小站地區三個點的工作隊負責人到北京,編寫姜德玉、張鳳琴、張玉侖三個「反革命集團」材料。當時赴京的十來個人,都住在武王侯天津駐京辦事處。陳伯達每天都去武王侯討論編寫材料。陳伯達早就「胸有成竹」,有的人不大理解他的意圖,還受到他的批評。他們僅用一周的時間,就編造了以姜德玉、張鳳琴、張玉侖為首的三個反革命集團的社會關係分佈圖和三個反革命頭子的歷史大事記。8月4日,陳伯達將「分佈圖」及「大事記」報送中共中央。陳伯達在給中央的信中說:「送上天津小站地區以姜德玉、張鳳琴、張玉侖為首的三個反革命集團的社會關係分佈圖,並附上這三個反革命集團頭子的歷史大

事記各一份。這三個反革命集團的成份問題和他們的罪惡活動，群眾早有所反映……但是，不論姜德玉的問題，還是張鳳琴、張玉侖的問題，都只是在今年四清運動中，群眾充分發動以後，才徹底暴露出來。現在運動還沒有結束，他們的政治問題和經濟問題，還在繼續清查中。主席吩咐過，這些材料可以印發到縣級，供大家參考。如何處理，請中央批示。」陳還說：「除了這些圖表和大事記以外，工作組還準備寫一篇敍述鬥爭發展過程的材料，但要過些時候才能寫出。寫出後，當即送中央審查。」中共中央於8月12日轉發了陳伯達給中央的信和所附關於天津小站地區反革命集團問題的材料，發給省委、地委、市委和縣委。中央批語說：「現將陳伯達同志給中央的信和所附關於天津小站地區反革命集團的材料，印發給你們參閱。」這樣就給小站地區的問題定了性。

1964年7月，天津南郊小站公社召開「社教」運動宣判處理大會

21

陳伯達精心炮製的三個「反革命集團」，打擊迫害了一大批幹部，並株連了許多群眾和親屬。其中，「張鳳琴反革命集團」88名成員中，12人被開除黨籍或受到其他處分，11人被定為地主、富農分子或戴上其他帽子，4人被判刑。此外，還株連親屬138人。「姜德玉反革命集團」77名成員中，6人被撤職，18人受到開除黨籍或其他黨紀處分，3人戴上投機倒把分子帽子，3人被判刑。「張玉侖反革命集團」89名成員中，9人被開除黨籍，3人受到黨紀處分，1人判刑。小站地區當時參加運動的生產大隊幹部314名，遭受不同打擊迫害的竟達258名，占82.7%。

人們對十年「文革」記憶猶新，1966年開始是紅衛兵運動，從1967年上海刮起了所謂「一月風暴」之後，各地都開始了奪權鬥爭……小站地區「四清」奪權，實際上是「文革」奪權的預演。1964年10月24日，中共中央轉發了〈天津市委關於小站地區奪權鬥爭的報告〉，發出了〈中央關於社會主義教育運動奪權鬥爭問題的指示〉，使奪權鬥爭波及全國。

著名勞模和黑幫頭子

1964年1月，根據中共中央部署，在全國農村地區開展社會主義教育運動。1月14日，天津市委召開郊區區委書記會議，部署「四清」工作，決定把南郊區所轄的小站地區（包括小站公社、北閘口公社和小站鎮）列為首批試點單位。1月中下旬至2月中旬，區委派工作隊先後進駐小站地區。

3月下旬，周揚來北閘口公社的西右營村蹲點，因周揚當

時任中宣部副部長，河北省委宣傳部副部長遠千里和天津市委宣傳部副部長方紀也一同去蹲點，南郊區委宣傳部部長陳喜榮自然也陪同參加。好強大的陣容！當時有「四進士」下西右營之說。周揚蹲點就住在西右營村黨支部書記張鳳琴家裏。

張鳳琴解放前當過童工，討過飯。解放後積極參加土改運動，1952年組織了西右營村的第一個互助組，翌年又組織了西右營村第一個初級合作社。先後擔任村、鄉婦聯主任，初級社、高級社社長及區委委員、市婦聯執委等職，曾出席河北省黨代會和全國婦女代表大會，多次被評為天津市農業勞動模範，1960年榮獲全國三八紅旗手稱號。

3月26日，陳伯達來西右營瞭解「四清」情況，先聽了工作隊的彙報，然後去看周揚住地張鳳琴家。陳在張家只待了20分鐘，跟張鳳琴談了一會兒話，又在屋裏屋外轉了轉，尤其是看到了張鳳琴住房的雙層玻璃，發現了「問題」。原來張鳳琴當時新蓋了三間「穿靴戴帽」的土坯房，屋裏存有一些稻穀。所謂「穿靴」，是指蓋房時只在牆的底層砌有7行磚，牆壁都還是土坯的；所謂「戴帽」，就是房頂上鋪一層瓦。窗戶是兩層玻璃。這本是幾年來實行農業生產合作化、連年增產的必然結果，在像西右營這樣的大城市近郊區，多數社員家庭經濟生活都改善了。可是陳伯達回到工作隊就武斷地下結論說：「張鳳琴不像貧農，她當了支部書記發了財，成了全村的首戶。雙層玻璃暴露了張鳳琴。我看她貧農不貧、勞模不勞，是個政治化了的人物。」根據陳伯達的「指示」，駐西右營村工作隊匆匆忙忙搜集了張鳳琴政治上

和經濟上「四不清」的材料，把她確定為鬥爭的重點對象。

西右營大隊當時正在搞幹部「洗手洗澡」（指四清中幹部人人檢查「過關」）。陳伯達授意工作隊：要發動群眾，討論張鳳琴的問題。工作隊於是四處搜集反對張鳳琴的意見，羅織了莫須有的罪名，說她是「假貧農、假勞模」，「十幾年來以反革命兩面手法，欺上壓下，騙取領導信任，取得合法地位……暗地裏對抗黨的政策，任用親信，搞宗派活動，推行反革命的階級路線，公開勾結地富分子，打擊貧下中農。」4月25日，陳伯達強令天津市委撤銷張鳳琴黨支部書記職務。

陳伯達將張鳳琴打成混入黨內階級異己分子之後，緊接著把張鳳琴問題擴大成「張鳳琴黑幫集團」。5月5日，他在談到西右營「四清」性質時說：「張鳳琴問題不是孤立的，是一幫壞人勾結起來搞反革命！他們自稱貧農、勞模、黨員、幹部，掛羊頭，賣狗肉，因為他們掌握了權力，上邊有人支持。」6月底，陳伯達連續兩次去西右營催要張鳳琴的材料，別有用心地提出「要把張鳳琴的問題和與她有關的人聯繫起來，看到底是什麼關係」，並說「任何問題不提到一定原則高度不能解決」。據此，工作隊搜集拼湊材料說：「在三年困難時期，張鳳琴領導的三個大隊（原為一個大隊）棄農經商，開辦工廠，投機倒把，造成農業減產，浪費國家十幾萬元農貸，造成很大損失。」以此為主，把各有關人的問題和張鳳琴串連在一起，搞成一個所謂的以「張鳳琴問題為中心，以搞反革命活動為主線，以工作關係、歷史關係、社會關係和親屬關係相聯繫的張鳳琴黑幫集團」。為了擴大這

個集團，把東右營、西右營、北義心莊3個大隊7名幹部都說成是冒充貧農、混進黨內的階級異己分子，打成「張鳳琴黑幫集團」的骨幹。張鳳琴被打成「黑幫集團」的頭子，說她把持東右營、西右營、北義心莊3個村的黨政大權，形成了一個「反革命黑幫」，「實現資本主義復辟」。

張鳳琴等被打成「反革命集團」以後，陳伯達於7月12日、7月17日、9月23日幾次去西右營找工作組和積極分子談話，鼓動批鬥張鳳琴。陳把矛頭指向區委，說「我們要看到張鳳琴有下邊的根子，也有上邊的根子」。他無中生有地認定張鳳琴有重大貪污問題，張鳳琴僅有的賣稻草的70元錢也被沒收了。陳聽到從張鳳琴那裏沒有追出錢來時對工作組說：「這麼多人搞一個人，才搞出70塊錢來，太可憐了，這見不得人，講不出口。秀才造反，三年不成……」他還說：「張鳳琴是個頑固的石頭，不大好改。不要審查材料光看她的房子，見她一面，就知道她是什麼人，是敵人還是我們的人。」當時，陳伯達作為黨的高級幹部，號稱「黨內理論家」，怎麼只見一面就知道是不是敵人呢？這種明目張膽、無中生有地「欲加之罪，何患無詞」，居然在黨內暢行無阻，是值得人們深思的。

周揚去西右營短期蹲點是在3月下旬至5月下旬，以後就返京了。6月8日，周揚寫了「關於西右營大隊張鳳琴問題的報告」，抬頭是「天津市委、河北省委、華北局並報中央」，約6000餘字，對張鳳琴的問題也是按陳伯達給她的定性寫的。

陳伯達炮製的第二個「反革命集團」就是「姜德玉反革

命集團」。

解放前，姜德玉以打葦子賣錢、租種地主土地維持生活。解放後，他帶頭走互助合作化道路，1952年，組織農業生產合作社，曾任社長、大隊黨支部書記、公社副社長、黨委委員、天津市政協委員等職。1954年，被評為天津市勞動模範，1956年獲全國勞動模範稱號，出席全國勞模大會。1958年，被選為河北省人民代表，被聘為中國科學院研究員、河北農學院教授。1959年，隨河北省參觀團到蘇聯訪問。曾先後3次受到毛澤東主席接見。

姜德玉的問題，「四清」時並非是初次涉及。早在1960年，陳伯達就到過小站地區，當時曾有人向陳伯達反映姜德玉是假勞模，是地主富農，陳建議天津市委監委調查處理此事。翌年五月，陳伯達再次來這裏，進一步取得了姜德玉是假勞模、富農分子的所謂「證據」。天津市委監委於1962年1月將姜德玉定為富農分子清除出黨，撤銷黨內外一切職務和所有榮譽稱號。

陳伯達這次從西右營返回市區幾天後，又來到了坨子地村，中午在這裏吃了「憶苦飯」，又走馬觀花地轉了一圈，回來就發「指示」下結論，說：「姜德玉十多年來就是採取一套反革命的兩面手法來維持他的統治。他披著共產黨員的外衣，戴著勞模的面具，表面上積極走社會主義道路，實際上卻與地富反壞勾結在一起，為反動階級服務，對群眾進行壓迫剝削。」

根據陳伯達的「指示」，工作隊立即把姜德玉確定為「四清」運動的重點鬥爭對象。不僅如此，陳伯達還把矛頭

指向受過毛主席表揚的好幹部、原幸福之路大隊總支書記陳德智。11月中旬，陳伯達到小站後，公然說：「要考慮他是真共產黨員，還是假共產黨員」，「陳德智問題如果沒有搞，可以搞，我看比較成熟了。」在他的煽動下，自運動開展一直作為依靠對象的陳德智，一周內被打成「階級異己分子」，撤職批鬥。經過10個多月的反覆追查，仍找不出所謂「階級異己分子」的根據，最後抓住陳德智的一些缺點、錯誤，歪曲誇大，無限上綱，將其開除出黨。被列入「姜德玉反革命集團」的77人，其中7人被定為骨幹分子。

世界上沒有無緣無故的恨。陳伯達為什麼肆意製造冤案？這是我這篇「始末」最後需要回答的問題。

總支書記與土匪世家

陳伯達在小站地區炮製的第三個反革命集團是「張玉侖反革命集團」。

小站鎮黨總支書記張玉侖，解放前靠扛活賣短工維持生活，解放後積極參加土地改革和農業合作化運動，成為骨幹。1955年在區首屆人民代表大會上被選為人民委員會委員，還擔任回民董事會會長。

1964年2月，工作隊進駐小站鎮。陳伯達在去坨子地之後，來到了小站鎮。同前兩次到西右營和坨子地一樣，他只是東轉轉，西轉轉，又聽了一下小站鎮「四清」工作隊的彙報，當場就下了斷言，說小站鎮黨總支書記張玉侖是「出身土匪世家，是混進黨內的階級異己分子」。還說：「張玉侖把持的政權，是個反革命兩面政權。我命令在10天之內最多

半個月內撤掉張玉侖的職務，奪回政權。」在陳伯達的一手操縱下，張玉侖很快被罷了官。「四清」工作隊按照陳伯達的「指示」內容，迅速給張玉侖拼湊材料，進行了殘酷鬥爭。

工作隊搜集拼湊的張玉侖的材料說：「1942年以前的20多年間，張玉侖家是土匪常來常往、落腳聯繫的據點。日偽時期張玉侖當過偽甲長，國民黨統治時期，當過民眾自衛團的班長和反共鋤奸組的班長」。「張玉侖的叔叔是土匪，父親是土匪，當過鹽巡，販賣私鹽，給土匪說『票』。」給張玉侖羅織了5條主要罪狀，即隱瞞土匪家庭出身及反動歷史，混入黨內，篡奪了基層黨的領導職務；勾結四類分子，發展反動勢力；利用職權，包庇重用壞人；破壞黨的政策；

四清運動中農村舉行批鬥會。

大搞資本主義復辟活動。說「張玉侖慣用反革命兩手，偽裝積極，假報成績，騙取了區、社某些領導的信任，竊取了各種榮譽，一步步地篡奪了小站鎮的領導大權」。隨即，罷了張玉侖的官，清除出黨。1964年12月，將張玉侖逮捕。1966年1月，以「反革命罪」判刑10年。被列入「張玉侖反革命集團」的共89人，其中10人被定為骨幹。

　　對於小站鎮的「四清」，我有切身感受。1964年9月下旬，我接到通知，要求我在國慶日後到小站鎮參加一段「四清」工作。我抱著「改造世界觀」的決心，只是10月1日在家休息一天，2日一早騎上自行車，帶上被褥就直奔小站鎮。那時小站地區正鬧疫情，沿途異常清靜，三個小時就到達了。天津市委書記處書記王亢之[5]當時在這裏蹲點。小站鎮成立了四清工作團，共有150多人，下設幾個工作隊，我到草織廠工作隊蹲點。這個廠只有幾十個工人，多為女工，是用稻草做原料，生產草墊子，俗稱「榻榻密」。兩個廠長李某、盧某都被列為「張玉侖反革命集團」的成員，已被停職，成為重點鬥爭對象，選拔了一位原「苦大仇深」的女工作為臨時負責人。這個隊除了有幾位黨政機關的幹部以外，還有幾位來鍛煉的軍隊醫院的醫務人員。工作隊整天幹什麼呢？訪問群眾，就是所謂「訪貧問苦」，內查外調，有時間還參加點勞動。李某、盧某的主要問題是什麼呢？多吃多占的部分，私分的部分，多領的高工資，左算右算，李某約幾百元，盧某上千元。那時草織廠的負責人有一段時間每月拿一、二百元的工資，只是拿的過多了，工人當然有意見，工作隊則予以「上綱上線」，作為非法所得。每隔幾天，就利用晚上的

時間分別對李、盧開一次批鬥會。在一間大屋內，大家圍坐一圈，讓李某或盧某站在中間，讓本人交代，大家質詢、批判，每次嚷嚷一通，幾乎都沒有什麼結果。我作為工作隊的負責人，還不如其他隊員，只是坐在一旁，很少說話。後來上面傳達下來一種說法，工作隊不能光在一旁觀戰，而要直接上前線參戰。當時我想，像自己這種耍筆桿的人真不如工農幹部，讓我聲色俱厲地批判人，真有點做不出來。不過，按照上面一切「革命化」的要求，自己抱著「入地獄」、「脫胎換骨改造自己」的態度還是身體力行的。工作團本來有集體食堂，可是我主動到草織廠女工小張家裏實行「三同」，吃派飯。小張的父親是個啞巴，每晚要喝一兩白酒，沒有菜，吃臭豆腐、蝦醬，我不喝酒只吃大蔥蝦醬，心誠則靈，還覺得挺香！上面又傳達，說老夫子（指陳伯達）要求工作隊員要住到重點人家裏，防止他們轉移財產。李某很窮，聽說盧某富一些，於是我身先士卒，和一名隊員自願搬到盧某的家裏。我們住在盧某兒子新婚的房間裏，睡沒有燒過的冰涼土炕。那年冬天好冷！在解放戰爭期間我到過解放區，可從來沒有睡過這樣的冷炕呀！那屋裏雖然有新櫃子，有花花綠綠的瓶子、鏡子，能值幾個大錢？我們在這裏折騰什麼？那時已過而立之年的我，卻心悅誠服地做這種愚蠢的事，真是邪門了！當時人們的心態、思想已成畸形。我整整在小站鎮「蹲點」三個月，中間只是匆匆回家兩次。取得什麼「戰果」呢？沒有，一點兒也沒有。可是我竟那樣盲從，認為運動的做法正確，應該進行到底。1964年年底，市委秘書長路達[6]給王亢之打來電話，說市委調我到市委四清辦

公室（城市）工作，因此我才告別草織廠返津，得以解脫。
工作隊這樣繼續搞下去，不僅勞民傷財，更嚴重的是勞民傷
人。歷史是曲折的，工作隊作為一個可悲的「盲從者」，辛
辛苦苦地製造悲劇。

流毒全國的奪權鬥爭

　　陳伯達授意天津市委將小站四清奪權鬥爭發展過程向中
央寫一正式報告，當時在小站地區蹲點的天津市委書記處書
記王亢之接受了這一任務。8月中旬，在一次市委常委會議
上，王亢之傳達了陳伯達的意見，當時指定我協助他參加起
草工作。我在辦公廳工作多年，包寫過各種材料，但是接受
這件任務則是誠惶誠恐。因為我對小站「四清」的具體情況
知之不詳，況且是黨內「理論權威」交付的事，豈可等閒視
之。

　　首先，我隨同王亢之到三個點瞭解情況，先後用了兩周
的時間，其中在西右營村住的時間較長些。那時周揚早已回
京，方紀[7]在這裏蹲點。我們都住土坯房，出門走土路，到
處都是土。遇上雨天，道路泥濘不堪，行走十分困難。小院
裏連土茅坑都沒有，上廁所都很困難。來這裏豈不是受罪？
不，當時是心甘情願來鍛煉的。這裏的工作隊有幾十人，還
有北京來的，有人向我介紹說，夏衍的女兒也來了。到這裏
鍛煉什麼呢？難道是錘煉整頓農村幹部的「紅心」嗎？我們
都住在城市帶衛生間的樓房，卻下來整住土坯房的農村基層
幹部，他們生活的小農經濟離著復辟資本主義還遠去啦！可
是那個時代的人卻那樣單純、那樣虔誠。

　　這三個點都有強大的工作隊，都寫出了長篇的總結材料。我隨同王亢之用了兩周的時間走走看看，然後回津躲在家裏起草報告。我以三個報告為基礎，反覆琢磨考慮工作隊整理的陳伯達的談話精神，「日間揮寫夜間思」，甚至連做夢都神遊到這個地方。這樣用兩周時間編寫出了第一稿。那時候寫報告都是個人單幹。送王亢之以後，他比較滿意。那天上午11時他動手修改，下午、夜晚繼續，直到翌日凌晨5時修改完，一氣呵成。王亢之不愧是當總編輯出身，從寫作技術上看，修改得甚好。他在原稿紙一側粘貼上一張同樣大小的白紙，用毛筆在上勾畫、修改、增刪，十分清楚。報告的題目和文中的標題修改了，觀點鮮明，做了較多的修改補充，增加了部分重要內容，從文字技巧上看使報告大為增色。這個長達兩萬多字的報告，是我從事文字工作以來整理的最長的一篇報告，當時覺得也是領導修改得最出色的一篇報告。

　　報告的題目是「天津市委關於小站地區奪權鬥爭的報告」。第一部分是「小站地區的歷史面貌」。第二部分是「四清運動以前，這裏是誰家的天下？」提出「在社會主義教育運動以前這裏的天下不是我們的，或者在很大程度上不是我們的」。第三部分是「這些壞人在區上有靠山」。第四部分是「工作組遇到區、社、村幹部的抵制」。第五部分是「群眾初步發動，革命聲勢不足」。第六部分是「大軍壓境，展開奪權鬥爭」。第七部分是「改組區委領導」。第八部分是「運動的重點轉入清算經濟問題」。最後一部分是「九點體驗」：一為「集中優勢兵力，打好殲滅戰」；二為

「工作組要旗幟鮮明，堅持三同才能取得群眾信任」；三為「在鬥爭中組織一支堅強的階級隊伍」；四為「判明問題性質，當機立斷」；五為「最大限度地分化、孤立敵人」；六為「要學會掌握運動火候」；七為「公安工作和群眾運動相結合，開展鬥爭」；八為「在社會主義教育運動中不斷地訓練隊伍，學好基本功，取得社會主義革命的經驗」；九為「一邊抓運動，一邊抓建設，以階級鬥爭為綱，促進生產和其他工作」。

看到這裏可能有人會問：「你寫材料難道完全沒有自我判斷能力嗎？這難道都是你想說的話嗎？」這有兩方面的原因，其一，那時自己對黨的路線、政策還是深信不疑的，對開展「四清」運動是積極擁護和支援的；其二，作為我們這樣的「寫手」，歷來是不允許離經叛道的，無論寫什麼必須按照上級的意圖，即使有不同的看法也不得越出一點，哪怕你是身負重要責任的官員。中共十分強調和黨中央在思想上、行動上保持高度一致，蓋出於此。

這個報告改好後即送印刷廠排出小樣，我改一遍，王亢之修改一遍，還請方紀修改過。這樣反覆修改了幾遍，已經到了9月中旬。聽說陳伯達要來審稿，重新改排成向中央報告的四號字文件。9月20日，那天正逢中秋節，又是星期日，王亢之讓司機找我到他家，告訴我陳伯達昨晚來津一事。他說：「老夫子（那時黨內對陳伯達的習慣尊稱）看了這個報告稿，認為基本上可以，又提出一些意見……」還說：「老夫子今年60歲了，連夜看稿，今天這個中秋節你也別休息了。」我說：「當然，我今天就改出來。」陳對整個報告結

構沒有提出什麼意見，對於其中講到的一些問題提出一些看法，如說集團的一般成員，要爭取他們坦白交代，促使他們「迷途知返」等等，還提出一些文字修改意見。

我們根據陳伯達的意見作了修改以後，提交市委常委會議討論。既然「老夫子」都過了目，市委討論時只對個別文字提了點意見，順利通過，於9月25日以市委名義上報中央。10月24日，中央發出了〈中央關於社會主義教育運動奪權鬥爭問題的指示〉，副題是〈轉發天津市委關於小站地區奪權鬥爭的報告〉。中央的指示是劉少奇親自起草，毛澤東簽發的。「指示」首先說：「現將天津市委關於小站地區奪權鬥爭的報告轉發給你們，請轉發給縣以上各級黨委和社會主義教育工作隊隊員閱讀。這個報告總結出來的經驗是好的。」「指示」分析了小站地區奪權鬥爭的做法之後說：「小站地區的敵我矛盾，主要在形式上是以人民內部矛盾，甚至是以黨內矛盾出現的，這就迷惑了一些人，並且長期得不到解決，對黨和人民造成的損失也很大。但是當地的多數群眾是清楚的。只有我們黨脫離了當地多數群眾的情況下，這些敵人的陰謀才能得逞。當著我們黨同當地多數群眾結合起來了，這些敵人就立即被揭露，並且受到了失敗。由此可以看到，當前我們國內的敵我矛盾有一部分在形式上是以人民內部矛盾出現的，甚至是以黨內矛盾出現的。敵我矛盾同人民內部矛盾、同黨內矛盾交織在一起。在大量的人民內部矛盾和黨內矛盾中，包含著一部分很危險的敵我矛盾。必須把這一部分的敵我矛盾清查出來。當前階級鬥爭的複雜性就在這裏。但是，只要我們認真對待，負責幹部下去認真蹲點，注

意了當前階級鬥爭的這個特點，提高了警惕性，又充分地發動了群眾，這一部分隱藏在人民內部的黨內的敵我矛盾，是能夠清查出來的，並且也不是很難清查出來的⋯⋯凡是被敵人操縱或篡奪了領導權的地方，被蛻化變質分子把持了領導權的地方，都必須進行奪權鬥爭，否則，要犯嚴重的錯誤。」

在社會主義教育運動中，中央發了〈前十條〉、〈後十條〉[8]等一系列檔。薄一波後來在《若干重大決策與事件的回顧》中說：「這些檔案的下發，進一步促使了運動中『左』傾錯誤的發展。其中影響最大的是『桃園經驗』和天津小站地區『經驗』。」「這個指示和小站『經驗』的下發，更加助長了當時已經盛行的奪權風，重複了土改中『搬石頭』的錯誤，即把廣大基層幹部一腳踢開的錯誤。」

「四清」奪權探源

小站地區這場浩劫是陳伯達一手炮製的。陳伯達當年不過是中央政治局候補委員，又沒有在第一線擔任要職，他為什麼不在北京養尊處優，而不辭辛勞地多次跑來天津呢？張鳳琴、姜德玉、張玉侖都是農村基層幹部，與他毫不相干，他為什麼抓住不放，硬是把他們打成三個「反革命集團」呢？為什麼當時市委有關領導人那麼盡心竭力地執行他的指示呢？為什麼幾百個工作隊員都那麼堅定不移地貫徹執行，沒有一個人提出不同意見呢？這些都是發人深思的。

這場浩劫的發生，離不開當時的政治背景和社會背景，特別是離不開毛澤東關於階級鬥爭的新看法。伴隨著從50年

代末到60年代初的一系列重大事件，毛澤東對社會主義發展規律的認識，發生了自反右、大躍進以來的一個重大轉變和突破。

第一，毛澤東關心的領域已經從經濟轉向文化，從建設轉向政權，從經濟增長的統計數字轉向國家和社會發展的根本方向。正因為如此，大躍進、人民公社運動和四清運動才有很大的區別。前者是在數量上超英趕美、搶時間、比速度、「跑步進入共產主義」，其重點主要是單純的經濟建設領域，儘管其主導思想是「政治掛帥」；相比之下，後者是在大是大非的方向問題上防止走向蘇聯、南斯拉夫的修正主義道路。

第二，所注重的鬥爭對象也從黨外轉移到黨內。在解放初期，毛澤東多次提及被打倒的前剝削階級的復辟企圖，指出他們隨時會配合國民黨和美帝反攻大陸。這個時期，無產階級剛剛奪取到的政權面臨的危險，主要來自被推翻的反動派和被打倒的前剝削階級的武力顛覆以及帝國主義的武裝干涉。1957年的反右鬥爭就是在這種大氣氛下開展的。進入六十年代，這一部分前剝削階級本身的政治影響和經濟影響被大大削弱，然而，毛澤東發現他們竟然在共產黨內找到了他們利益的代言人——也就是黨內那些熱衷於引進資本主義、時刻準備和前剝削階級攜手合作的共產黨幹部。最後，毛澤東認定出現了一個黨內的資產階級，它成為社會主義體制內的異化因素，也就成為社會主義革命的對象。所以，四清運動的內容漸漸地從經濟領域轉移到政治和文化領域，鬥爭的矛頭也漸漸地從對準前剝削階級，轉向新生的剝削階級，即

黨內的那些「吸工人血的資產階級分子」，最後直指黨內「走資本主義道路的當權派」。

第三，與五十年代比較而言，毛澤東進入六十年代後對社會主義「和平長入」共產主義的前景是很不樂觀的。如果說在「跑步進入共產主義」的大躍進中，他對社會主義的前景是急進樂觀的，那麼，在反修鬥爭中對社會主義未來道路的預期則充滿了兇險的挑戰和不確定感。毛澤東在他親自主持的中共「九評」中，在批判了赫魯雪夫「二十年建成共產主義」的假共產主義許諾後，寫到：「在政治思想領域內，社會主義同資本主義之間誰勝誰負的鬥爭，需要一個很長的時間才能解決，幾十年內是不行的，需要一百年到幾百年的時間才能成功。在時間問題上，與其準備短些，寧可準備長些，在工作問題上，與其看得容易些，寧可看得困難些。」毛澤東又說：「無產階級得到政權，還可能喪失政權。」「不是一代人兩代人就可以解決的。」[9]

1962年黨的八屆十中全會發出「千萬不要忘記階級鬥爭」以後，毛澤東為了「反修防修」，防止「和平演變」，決定在全國城鄉發動一次普遍的社會主義教育運動，開展大規模的階級鬥爭。這次全會之後，毛澤東多次外出視察，多次在會議上講話，多次批示文件，都是講階級鬥爭。毛澤東在杭州會議上四次講話也都圍繞這個主題，他認為中國社會中出現了嚴重的尖銳的階級鬥爭，有些地方社隊的領導權實際上已落在地主富農分子手裏，其他機關的有些環節也有他們的代理人，提出「階級鬥爭，一抓就靈」。1963年5月9日，毛澤東對浙江省七個材料的批語，明確提出如果不搞

階級鬥爭、生產鬥爭和科學試驗，那就不要很長時間，馬列主義的黨就一定會變成修正主義的黨，整個中國就要改變顏色。

1964年6月8日，毛澤東在中央工作會議上談到防止修正主義的問題時說，現在世界上有兩種共產黨。一種是真的，一種是假的。劉少奇插話說：蘇聯，一個是這次出修正主義，一個是十月革命，都有偉大的國際意義。我們要想一想，我們將來會不會出修正主義呢？不注意，一定會出。毛澤東說，已經出了嘛！像白銀廠，陳伯達調查的小站公社不是已經有了嘛。周恩來、彭真介紹了不少下面被敵人掌握政權的情況。毛澤東接著說：我看，我們這個國家有三分之一的權力不拿在我們手裏，掌握在敵人手裏。劉少奇說：現在下邊發生的問題就是不追上邊，恰恰問題就出在上邊。撫寧縣的農民說，不僅下面有根子，上邊也有根子，朝裏有人好做官。這句話引起我的注意。[10]你看，小站地區的問題已經在中央工作會議上被列為全國修正主義的典型，這怎麼得了？毛澤東提到的白銀廠，是甘肅省一個大型全民所有制的聯合企業，是「奪權鬥爭」的另一「典型」。中央正式批發過檔。中央在通知中明確指出，像這樣一個剛建設起來的社會主義全民所有制的大型聯合企業，「沒有多久，很快就被地主、資產階級集團篡奪了企業的領導大權，變成為地主、資產階級統治的獨立王國。這樣一個嚴重事件，很值得大家深思。」

當年關於三分之一政權不在我們手裏的估計，事實上毛澤東早在1961年1月八屆九中全會的講話中也曾提出：我們黨

內也有代表地主階級、資產階級的，各地大約百分之二十爛
掉了，領導權落到敵人手中了，凡是三類縣、社、隊，大體
都與反革命有關。社會主義教育運動開始以後，毛澤東的這
種認識又有了發展，明確提出了三分之一的政權不在我們手
裏，對於社會主義教育運動向「左」發展產生了很大影響。
中央、省、地、縣委、各中等城市市委都抽調大批幹部下去
參加社會主義教育運動。由於這場運動是在階級鬥爭「年年
講、月月講、天天講」理論指導下，錯誤地把黨變修、國變
色看成了現實的危險，「階級鬥爭，一抓就靈」形成一股巨
浪，勢不可擋，使運動越走越偏，使大批基層幹部受到打
擊，廣大幹部、群眾精神緊張。這為1966年發動文化大革命
做了理論和實踐的準備。「小站經驗」就是在這種背景和氣
候下產生的。

可怕的寧左勿右思想

　　陳伯達在小站地區炮製「反革命集團」的活動之所以
暢行無阻，還由於他的特殊身份。他不僅是中央領導人，還
是毛澤東身邊的人，是黨內名列前茅的「大秀才」。只因為
他來小站「蹲點」，毛澤東幾次講話又提到小站問題。他的
「指示」夠得上「一言九鼎」，豈能忽視？當然對他的指示
也不是百分之百地執行。1964年他到天津鋼廠搞調查時，提
出對工廠實行糧食大包幹的辦法，就遭到市委第一書記萬曉
塘的反對。萬曉塘認為這種辦法是脫離實際的，根本行不
通。不過開展社會主義教育運動、防止黨變修、國變色這樣
大是大非問題，誰能說「不」？誰敢說「不」？記得當時只

有長期在農村工作、瞭解張鳳琴等人的原南郊區委書記劉晉峰[11]、宣傳部長陳喜榮、農村工作部長于蔭田等人有不同看法，正因為如此，劉晉峰等被陳伯達視為「反革命集團」上面的靠山。在中央轉發陳伯達給中央的信中，所報三個反革命集團的社會關係分佈圖，已經把劉晉峰等人作為上邊的「根子」都列上了。當年天津市只有四個郊區，劉晉峰是郊區區委書記中最強的一個。他在抗日戰爭最艱苦的歲月1940年，虛歲15歲時就參加了共產黨，長期在津南縣從事公安工作，曾任縣公安局長，為迎接天津解放作出了重要貢獻。他從1953年起任南郊區委書記，勤勤懇懇，政績卓著。可是在當時的形勢下，陳伯達指令市委改組南郊區委，誰能阻擋？陳伯達提出讓王亢之兼任區委書記，王亢之不同意，市委才另選派他人。事實很明顯，陳伯達抓小站地區三個「反革命集團」，是為了進一步證實毛澤東關於「三分之一政權不在我們手裏」論斷的正確。陳伯達過去在中央沒有擔任過行政實職，下來只是做調查研究，處處以「小小老百姓」自居。早在1957年下半年，他來天津到市委機關大樓一樓，竟要市委書記黃火青[12]陪他到各個辦公室看看，當時我和同事王左正在辦公室，陳和我們一一握手，令我「受寵若驚」。這次他在小站地區可不是只說不做了，而是真正做了，「小小老百姓」也發號施令，親手抓出三個「反革命集團」，以此向毛主席邀功。陳伯達在社會主義教育運動中的積極活動以及抓「小站經驗」的所作所為，實際上為他在1966年獲取「中央文化革命小組」組長的要職做了鋪墊。

陳伯達在小站地區炮製「反革命集團」之所以暢行無

阻，根本原因是黨內存在著根深蒂固的「寧左勿右」的思想。且不說民主革命時期我們黨就有過三次「左」傾、兩次右傾的嚴重失誤，建國以後在肅反、審幹以及對人的處理上都存在「寧左勿右」的錯誤傾向，十一屆三中全會對許多受到錯誤處理的人落實政策就可以得到證明。我個人對此感受殊深。我從1955年1月從區委調市委辦公廳工作，到7月就趕上所謂「馮楊事件」，參加了批判「馮楊」的市委擴大會議記錄工作。「馮楊事件」是指原天津市委常委馮文彬和市委常委楊英的所謂「反黨宗派活動」。這一「事件」在十一屆三中全會後得到了徹底平反。那年我參加楊英的遺體告別，聽了他的生平。令我感歎的不是他早在1932年就投身革命，也不是他領導天津地下黨的經歷，而是在「生平」中有這樣一段話：「1955年7月，因所謂『馮楊事件』，楊英同志受到錯誤處理，由八級降為十三級，降職安排到雙林農場任副場長，後任場長。」一個天津地下黨的負責人、八級高幹就輕而易舉地受到錯誤處理，直到1979年7月才得到平反。雖然我早就瞭解此事，但是看了這段話仍令我心悸，引我深思。高級幹部尚且如此，那一般幹部則更不在話下了。

自從1957年反右派以後，我們黨受到「左」傾指導思想長達20年的危害。「左」帶有革命色彩，拿大帽子嚇唬人，好像越「左」越革命，誰也提不得不同意見。陳伯達固然是窺伺毛澤東的意圖製造冤假錯案，但是作為地方黨委和大多數領導人希意承旨，盲信盲從，不為自己的下屬辯解，反而聽信陳伯達子虛烏有的指控。為什麼出現這種思想傾向和可悲的局面？能否從社會學的角度，從社會文化上加以思考？

　　毛澤東曾提出建立新民主主義政治、經濟、文化的英明論斷。但是建國以後這種新民主主義制度並沒有得以鞏固和完善，就急於向社會主義——共產主義過渡，特別是長期存在的小農愚昧文化並沒有得到改造。這種小農愚昧文化表現在政治行為上就是盲從，就是殘酷鬥爭、排除異己。在人們的潛意識裏，確實蜷伏著組織指向哪裏就打向哪裏的盲目衝動，而很少能獨立地冷靜地作一理性思考。為了抓階級鬥爭，為了「反修防修」，各級幹部紛紛投入社會主義教育運動，戴著有色眼睛去找「敵人」，去開展奪權鬥爭。政治運動傷害了許多人，也大大助長了「左」傾思想。年屆九秩的老人、原天津市委第二書記趙武成[13]賦詩記述個人經歷時感歎：「政治運動無歇期」。

　　從1962年以來，特別是開展社會主義教育運動之後，毛主席和黨中央關於階級鬥爭的指示不斷地在黨內傳達貫徹，階級鬥爭的弦越繃越緊。記得傳達劉少奇的講話說：「現在，我們是在無產階級專政的條件下來進行階級鬥爭，而階級鬥爭可以說是到處都有。在過去十五年以來的多次的運動中間，階級敵人已經改變了同我們作鬥爭的方式。敵人現在是向我們採取合法鬥爭的方式……」他還突出地強調，各級負責幹部都要親自下去蹲點，自始至終參加「四清」的全過程。如果不去取得這種直接經驗，那就不能做領導工作了。省委書記當不成了，地委書記、縣委書記也當不成了，中央部長恐怕也當不成了，中央委員恐怕也當不成了。說老實話，當年聽了傳達劉少奇這些講話，真覺得「振聾發聵」，促使許多領導幹部下去蹲點，參加「四清」。

　　在「左」傾思想指導下，哪裏還有什麼實事求是呀！不過是先定性，後取證。如前所述，周揚本來在西右營村蹲點，後來陳伯達一去看見了張鳳琴家的窗戶是雙層玻璃就給她定了性，先定性後「調查取證」，「調查」只是片面搜集資料，「上綱上線」。例如為了證實張鳳琴的問題，有人反映張鳳琴結婚時「穿的是大衣、皮鞋，紅綢子腰帶露出一尺多長」，以此作為重要根據，並寫入「三個反革命頭子大事記」中。事實上張鳳琴嫁到西右營，娘家並沒有什麼陪送，後來買過一件舊大衣和一雙舊皮鞋，「紅綢子腰帶」純屬子虛烏有。又如說1962年蔣匪叫囂竄犯大陸時，張鳳琴工作消極，「裝病不工作」，實際她是去做絕育手術。再如據一個原來的地主供認，張鳳琴是「兩頭吃」，「一頭吃共產黨，一頭吃國民黨」。這樣似乎找到「反革命兩面政權」的佐證了。可是張鳳琴怎麼「吃國民黨」呢？那個地主的話只不過是「逼供信」的產物。

　　在「左」傾思想指導下，不僅打擊迫害了一大批幹部，而且使農民的勞動積極性受到挫折。「四清」前，小站地區各社隊普遍實行「三包一獎四固定」責任制，較好地體現了按勞分配的原則，有效地調動了群眾的積極性。「四清」中都被當作「物質刺激」、「工分掛帥」的資本主義傾向受到批判，廢止執行。「四清」後推行「大寨工分制」，實行一個季度或一年評一次，評定時強調政治態度，造成幹與不幹、幹多幹少、幹好幹壞都一樣，嚴重地挫傷了農民勞動積極性。群眾說：「大寨分」是「大概分」，能說會道的就多得分。

在「左傾」思想指導下，小站地區的多種經營受到破壞。1962年後，小站地區以養豬、養雞、養魚、養兔等「十大養」為主要內容的多種經營有了長足的發展，有萬餘人從事個體經營活動，對繁榮農村經濟、改善人民生活發揮了積極作用。「四清」運動中，這些都被當作「資本主義尾巴」割掉，「十大養」被禁止，自留地被收回，個體商販被取締。更為嚴重的是把小站地區人們所從事的打草繩、編炕席、打葦箔等副業，都視為資產階級思想支配下的非法謀利。「上綱」為投機倒把，復辟資本主義活動。搞人人說清楚，戶戶查收入，輕者進行自我批評，重者強令退賠，一些帶頭致富的幹部和群眾受到批鬥，使農村中剛剛興起的多種經營受到破壞，社員收入減少了來源。這些都是後來轉入「清經濟」時搞的。據小站地區北閘口公社1964年與1963年經濟狀況比較，副業收入減少了44.4%，畜牧業收入減少了46.4%，其他收入減少了18.6%。

有一首流行歌詞唱道：「我是一個戲子，我說的都是別人的言語。」記得過去我聽後心底常漾起一種莫名的感覺，不由默默地叨咕：「我是一個文字匠，我寫的都是別人的思想。」當年我編寫「小站報告」就是如此。當我構思今天這篇文章時，不僅想到這場浩劫的過程及其前因後果，還想到當年參加「四清」工作隊的許許多多的人。那時小站鎮工作隊有150人（全鎮人口11000人），西右營工作隊26人（全村人口1100人）、坨子地工作隊25人（全村人口490人），工作隊的人數分別為各地人口的1.5%、2.5%、5%左右（參加鍛煉的學生未計算在內）。我對工作隊中的許多人特別是領導

人都是比較熟識的。例如方紀，他是「一二・九」時代在北京大學參加革命的老同志，也是「老延安」，又是才華橫溢的大作家，是令我十分敬佩的。可是歷史竟如此詭譎，當時誰能料到兩年後卻爆發了一場席捲全國的奪權狂飆——「文化大革命」。多數領導人都經受了類似張鳳琴、姜德玉、張玉侖的遭遇，方紀竟被迫害致殘。市委書記處書記王亢之也是「一二・九」時代參加革命的老同志，他從1956年起擔任市委書記處書記，分管意識形態方面以及文教工作。由於陳伯達多次來天津，他與陳在工作上聯繫比較多，對這個黨內「理論權威」自然也是很崇敬的。歷史的偶然又把他推到小站地區「四清」蹲點的崗位上，實事求是地說，他執行陳伯達的「指示」是很認真的；同樣實事求是地說，他這個人並不「左」。他關心和愛護幹部，不整人，講友情，是有口皆碑的。正由於王亢之為人光明磊落，他在「文革」初期，1968年3月1日被迫害致死。在黨內鬥爭中，每個人幾乎都徘徊在兩個相反立場之間。一位老同志離休後曾私下唱歎道：「我參加革命幾十年，不是整人就是防止被人整。」這種情況如果不是親身經歷，是很難理解那個年代複雜的政治鬥爭的。

隨著四清運動的發展，毛澤東和劉少奇在主要矛盾、運動的性質以及做法等問題上發生分歧，毛澤東對劉少奇進行了公開的批評，運動的重點轉向整黨內走資本主義道路的當權派。這樣，四清運動就無法開展下去，而讓位於即將席捲全國「文化大革命」。

三、刀光劍影的華北局工作會議

最最特別的會議

　　不少人可能認為，40年前爆發的那場史無前例的「文化大革命」不是黨內的運動，而是從「第一張馬列主義大字報」開始的群眾運動。1966年5月25日，北京大學聶元梓等七人在校園裏貼出大字報，攻擊中共北京市委大學工作部和北京大學黨委主要領導人宋碩、陸平、彭珮雲。6月1日，毛澤東決定在中央人民廣播電臺向全國播發這張大字報，從而點燃了自下而上衝擊各級領導的群眾運動的烈火。毛澤東盛讚它是「全國第一張馬列主義大字報」，一般被認為是文化大革命群眾運動開始的標誌。

　　如此看來，哪裏來的黨內「文革」呢？我說的是千真萬確的黨內「文革」，那就是1966年5月在北京召開的中共中央華北局工作會議。建國以前，解放區就流傳著這樣一個民謠：「國民黨的稅多，共產黨的會多」。我從參加革命以後不知參加過多少次會議了，可是這次會議是最最奇特的。

　　這次會議是為期最長的馬拉松式的會議。從5月21日開始，至7月23日結束，為時兩月有餘，這麼長的時間是空前絕後的。參加這次會議的有北京市委、河北省委、山西省委和內蒙古自治區黨委的負責人，地委、市委書記，盟委書記和部分縣委、旗委、區委書記。天津市參加會議的共53人，其中領導幹部之多也是空前的。市委17位常委中，除長期病號以外，只留馬瑞華[14]在天津堅持工作，其餘的人都到會；

大部分部委和區局主要領導人也到
會；還吸收少數級別稍低的年輕幹
部。我在市委辦公廳多年，歷來都
是作為會議的工作人員，這次卻被
列為後者，作為正式出席人員。當
時的市委常委會等於集體遷到了北
京。

李雪峰

　　這次開會的方式也很特別。會
議由華北局統一安排，以各個地區
為主，各自為戰。天津的與會人員住在華北局招待所東方飯
店，絕大部分時間在駐地開小組會或大組會，還要參加河北
省召開的地區全體會議。兩個多月的時間裏，華北局工作會
議的全體會議只開過兩三次，由華北局第一書記李雪峰[15]傳
達中央指示精神。會議主要靠簡報交流，有統一編號，還分
地區編號，每天的簡報如雪片飛來。

　　這些都不過是有關會務的技術問題，最奇特的是這次長
會名為「工作會議」，但從未議論工作，而是集中揭發批判
各地區的領導人。華北局代中央管轄的有三省（自治區）一
市，即河北省、山西省、內蒙古自治區和北京市。當時天津
市還是河北省的省轄市。北京市委已被毛澤東點名為「針插
不進、水潑不進」的獨立王國，被中央改組，李雪峰擔任北
京市委第一書記。河北省委第一書記林鐵、內蒙古自治區黨
委第一書記烏蘭夫分別受到揭發批判，山西省委書記處書記
衛恒、王謙、王大任和太原市委第一書記袁振都受到揭發批
判。天津市委書記處書記、市長胡昭衡，市委常委、宣傳部

長白樺在本地區會議上也遭到揭發批判。林鐵、烏蘭夫受批判還牽連到其他領導幹部，如河北省委書記處候補書記裴仰先、副省長胡開明等等。華北局書記處書記李立三[16]在會上也受到了揭發批判。一次在前門飯店召開的全體大會上，李雪峰作了長篇講話之後，河北省一位書記走上台去發言。他說，我今天要揭發李立三同志反黨反社會主義反毛澤東思想的嚴重問題。他的發言使與會者為之一驚。接著，這位書記「揭發」李立三到河北省、天津市各組發表反黨言論，還「煽動」大家發言……我記得，當時坐在台下第一排的李立三怒氣衝衝，一邊搧著蒲扇，一邊大步流星地走到舞臺的後邊去了。到6月4日，華北局辦公廳秘書處書面通知李立三：「根據雪峰同志口頭傳達，中央辦公廳通知停止你參加華北局書記處會議。」李立三接到華北局通知第二天起，曾經多次給李雪峰和華北局書記處寫信，要求談話，但是一直到會議結束也沒有人搭理他。

現在，不瞭解實際情況的人往往以為「文革」是來自紅衛兵運動，是來自造反派到處抓「走資派」，到處進行揭批，就像一般影視劇表現的那樣。這就大錯特錯了。我從這次特別的會議上清清楚楚地看出，「文革」是從上邊開始的，是從黨內到黨外的，是在紅衛兵還沒有出現、造反派還沒有組織起來的時候，上層就開始了批鬥。君不聞「黃河之水天上來」，也可以說「文革禍水天上來」！

回想起來，我當年參加這次會議的心情也是很特別的，可以說是喜憂參半。從1962年中央十中全會提出「千萬不要忘記階級鬥爭」之後，各項工作轉向「以階級鬥爭為綱」，

隨後開展的城鄉四清成為全黨的中心工作。我當時在天津小
站地區參加四清並參加起草了流毒全國的「小站地區奪權
鬥爭報告」後，被調到市委四清辦公室工作（負責城市四
清），倍受市委主要領導人的重視。當時的市委第一書記萬
曉塘和市委第二書記趙武成到華北局或省委參加會議，凡是
涉及四清問題時，都要我跟隨。趙武成直接抓城市四清，凡
有關這方面的會議講話、工作部署，都以我為主起草。這次
能夠出席如此重要的會議，我頗有受寵若驚之感。

　　但另一方面，繼1965年11月10日姚文元的〈評新編歷史
劇海瑞罷官〉發表之後，1966年5月10日又發表了他的〈評
三家村〉。這是「文革」的重要信號，一時間山雨欲來風滿
樓，雜文幾乎成了「黑話」的同義詞。天津市也迅速審查報
刊發表過的雜文，當年主管意識形態的市委書記處書記王亢
之的秘書把近幾年天津報刊上刊登的所有雜文剪報全部帶到
北京。此舉使我憂心重重，因為我在50年代後期和60年代初
期也曾在報上發表過一些雜文，雖然用的都是筆名，而且換
過幾個名字，但是剪報冊子上已經把原名和工作單位都標明
了，用筆名也逃脫不掉的。這次會議是否要揭批類似「燕山
夜話」的雜文？我發表的雜文有沒有問題？有沒有談海瑞罷
官這樣敏感的問題？我自己心裏一點把握都沒有，真是驚人
滿身汗。我又是抱著這種誠惶誠恐的心情參加這次會議的。

驚心動魄的開端

　　天津市參加華北局工作會議的人員於1966年5月21日上午
集體乘汽車赴京。按一般常規，我們首先要到大會會務組報

到，領取會議日程安排等等，可是這次不然，按預先通知，直奔住地也是開會之地東方飯店（華北局的招待所）。天津出席會議的53人劃分成3個小組，每人領取了一份中央文件，即〈中國共產黨中央委員會通知〉。至於整個會議如何開法，何時開大會，主題是什麼，共需要開多長時間，與會人員一概不知。

五一六通知

我們當時並不知道，在北京與華北局工作會議同時舉行的還有一個改變中國前進方向的重要會議。這就是5月4日至26日，在劉少奇主持下，中央政治局正在北京召開擴大會議，在會上集中批判彭真、羅瑞卿、陸定一、楊尚昆，把四人打成了「反黨分子」。5月16日，中央的會議通過了經毛澤東多次修改的中共中央通知，即我們來京領取的第一份檔，以後又被稱為「五一六通知」。我當時怎麼也沒有想到，自己手中這份薄薄的檔案竟標誌著一場為害十年的「文化大革命」的全面發動。

根據中央政治局擴大會議的決定，當時任中央書記處書記、華北局第一書記的李雪峰接替彭真擔任北京市委第一書記。他在參加中央政治局會議的同時，又要負責召開華北局工作會議。這哪裏是什麼工作會議？後來我才明白過來，這分明是繼中央批判彭、羅、陸、楊之後，在華北地區批判省市領導人的會議。

　　到會當天，我們就分組閱讀檔案。「五一六通知」的第一部分宣佈：「撤銷1966年2月12日批轉的〈文化革命五人小組關於當前學術討論的彙報提綱〉，撤銷原來的『文化革命五人小組』及其辦事機構，重新設立文化革命小組，隸屬於政治局常委之下」。這個「通知」指責彭真反對「毛澤東親自領導和發動的這場文化革命」。「通知」說「二月提綱」「實際上只是彭真一個人的彙報提綱，是彭真背著五人小組成員康生同志和其他同志，按照他自己的意見製造出來的。」後來才知道這完全不是事實。當時開會討論「二月提綱」時，五人小組中的康生、陸定一、周揚、吳冷西都在場，還有列席會議的許立群、胡繩、劉仁等7人在場。況且這個彙報提綱還經過劉少奇主持的中央政治局討論，並由彭真、康生、陸定一、許立群專程到武漢向毛澤東彙報過。這怎能說是彭真背著他人製造出來的呢？我們黨是最宣導實事求是的，可是歷史證明，黨內「左」傾鬥爭是最不實事求是的。

　　我睜大眼睛逐字逐句地閱讀檔案，恨不得把每個字吞咽下去。看著看著，兩段黑體字凸現出來：

　　「高舉無產階級文化革命的大旗，徹底揭露那批反黨反社會主義的所謂『學術權威』的資產階級反動立場，徹底批判學術界、教育界、新聞界、文藝界、出版界的資產階級反動思想，奪取在這些文化領域裏的領導權。而要做到這一點，必須同時批判混進黨裏、政府裏、軍隊裏和文化領域的各界裏的資產階級代表人物，清洗這些人，有些則要調動他們的職務。尤其不能信用這些人去做領導文化革命的工作，

而過去和現在確有很多人是在做這種工作，這是異常危險的。」

「混進黨裏、政府裏、軍隊裏和各種文化界的資產階級代表人物，是一批反革命的修正主義分子，一旦時機成熟，他們就會要奪取政權，由無產階級專政變為資產階級專政。這些人物，有些已被我們識破了，有些則還沒有被識破，有些正在受到我們信用，被培養成為我們的接班人，例如赫魯雪夫那樣的人物，他們現正睡在我們身旁，各級黨委必須充分注意這一點。」[17]

赫魯雪夫那樣的人物正睡在我們身旁！多麼令人驚心動魄！聽李雪峰傳達時說，這些重要的話都是毛澤東親自寫的。在為時兩個多月的會議期間，我們只是開過兩三次全體會議，主要由李雪峰傳達中央政治局擴大會議精神。給我印象最深的是聽他傳達林彪5月18日的講話。

林彪駭人聽聞地講了一篇「政變經」。他說「最近有很多鬼事、鬼現象，要引起注意。可能發生反革命政變，要殺人，要篡奪政權，要搞資產階級復辟，要把社會主義這一套搞掉。」他還說：「毛主席的話，句句是真理，一句超過我們一萬句。」「他的話都是我們的行動準則。誰反對他，全黨共誅之，全國共討之。」

聽了這一傳達，會議氣氛陡然緊張起來。李雪峰還將幾位常委的講話都做了傳達。其中周恩來的講話給我印象頗深。他說，防止資本主義復辟，逐步清除修正主義分子，主席把它叫「剝筍」，就是逐步清理，這也是鞏固無產階級專政的重要方法。比如高、饒是剝掉的，彭、黃是剝掉的，這

次彭、羅、陸、楊也是剝掉的。他們剝我們，我們也要剝他們……其中有一段講話最引人重視。他說，現在我們黨內的領導核心就是主席、少奇同志、林彪同志和小平同志四個人。李雪峰傳達時特別指出，請同志們注意，總理講的這一點很重要。由此可見，當時周恩來對毛澤東所寫「赫魯雪夫那樣的人物」指的是誰，同樣一無所知。究竟有誰知道毛澤東要打倒劉少奇的意圖？其說不一。有的文章說，當時誰也不知道；有的文章說，只有林彪、康生、陳伯達三人知道……究竟事實真相如何，還有待於用更確鑿的史實加以解析。

會議秘書處編印了大量的《華北局工作會議簡報》，分別反映各地小組討論的情況。天津市上報第一期的簡報寫道：「大家集中精力閱讀檔案，反覆閱讀『通知』和『提綱』，感到思想有些震動，心情沉重。有的同志檢查自己，看了壞戲、壞電影，別人不批判，上級不指點，就看不出問題來……」

這看起來好像是一次學習整風，提高大家的思想認識，其實不是，緊接著一場黨內揭發批判地區領導人的鬥爭就開始了，預兆著一場持續十年之久的政治大風暴呼嘯而來！

《老生常談》起風波

華北局工作會議開始，天津各組分組學習討論，談思想認識，揭發問題，開始除了批判「二月提綱」以外，很多人摸不清會議的方向，主要是亂箭齊發。如有人揭發說國家教育部一位司長1962年來天津讓恢復老南開傳統（指恢復南

開中學），把1958年教育革命的傳統都否定了。還有人說天
津文藝界也有一條黑線專政，如演出《日出》、《雷雨》、
《釵頭鳳》、《貨郎與小姐》、《一僕二主》、《茶花女》
等等。

　　當時我正在第二小組參加學習討論，忽然接到通知，說
市委常委開會，要我去記錄。我在50年代曾擔任市委常委會
議記錄，這次一進會議室，感到氣氛相當緊張，原來是開始
批判胡昭衡[18]的雜文集《老生常談》，河北省委書記處書記
李頡伯也在場。中共黨內的政治鬥爭先拿知識份子開刀，幾
乎成為一條規律，頗有文采的胡昭衡首當其衝成為天津小組
的批判對象。與此同時，山西小組那邊也正在批判著名作家
趙樹理、李束為的所謂「三反」罪行。強加給趙樹理的「罪
名」是「資產階級學術權威」、「反革命修正主義分子」、
「反黨反社會主義的反動作家」、「叛徒」等等；給李束為
強加的「罪名」是「周揚黑幫的忠實走卒」、「不折不扣的
修正主義分子」等等，並撤銷其山西省文聯黨組書記、文聯
主席的職務。

胡昭衡和他的《老生常談》

　　胡昭衡於1933就讀北平匯文中學時參加「左聯」，1935
年考入北京大學，參加過著名的「一二‧九」學生運動，次
年參加抗日民族解放戰爭，曾任內蒙古騎兵一師政委，解放
後任內蒙古自治區黨委書記處書記，1963年調天津任市委書
記處書記、市長。他從三十年代即開始文學創作。《老生常
談》是他在內蒙古工作期間撰寫的政論性雜文，於1964年結
集出版。這是一部比較優秀的雜文集，陸定一後來曾評價
說：「它反覆宣傳了毛澤東思想，實事求是。」「記錄著
『大躍進』失敗後的思想鬥爭」。

　　常委會議充滿火藥味，把《老生常談》視為《燕山夜
話》一類的「毒草」，先是一通批判；從他的作品又進而聯
繫他的工作和思想作風問題進行了批判。在市委常委會議對
胡昭衡進行鬥爭的同時，各小組也集中進行了揭發批判。各
組不僅是批《老生常談》，還聯繫他的小說《一個共產黨員
的誕生》和短篇小說《跳崖》、《乃紅子》進行了批判。之
後，又召開天津組全體人員會議大揭大批。

　　胡昭衡《老生常談》中的文章當年在《天津日報》上選
登過，由於我喜好雜文，也曾到書店買了這本書，通讀過一
遍，覺得很好，並沒覺得有什麼問題。怎麼一夜間就變成大
毒草了呢？我怎麼批判發言呢？按說我也要發言，可是這時
我恰好承擔著幾次常委會議的記錄工作，居然沒有發言也就
過關了。

　　大多數人儘管過去並沒有看過這本書，可是許多人緊
跟形勢都積極發言，究竟怎麼批判呢？主要是斷章截句，歪
曲文義，生拉硬拽，無限上綱。在會議期間，編發的批判胡

昭衡的簡報就有若干期，其中第67期標題是「胡昭衡同志的《老生常談》是大毒草」。「簡報」寫到：「這些政治雜文，都寫於1961年和1962年間，產生的背景是我國遇到暫時的經濟困難。國際上帝、修、反聯合反華，國內牛鬼蛇神紛紛出籠，攻擊黨中央、毛主席，攻擊三面紅旗。胡昭衡這時拿起『投槍、匕首』，向黨進攻。胡昭衡的《老生常談》和《燕山夜話》遙相呼應，是一脈相通的。」這裏引用胡昭衡的話本是《老生常談》「內容提要」中寫的，說政治雜文要有針對性，「筆鋒所及，如投槍、匕首，尖銳明快，講古喻今，以小喻大……。」這本來就是雜文的特點嘛！可是居然成了欲加之罪的藉口。

《老生常談》大都是思想雜談，是針對幹部思想認識方面的問題而講的，可是各組批判時一律牽強附會地說成反黨反社會主義。胡昭衡在〈一知半解〉一文中批評「把一知半解當作全知深解」現象時，聯繫批判了古人「半部《論語》定天下」之說。這種說法有什麼問題呀？可是你看當年是怎麼批判胡昭衡的：「《毛澤東選集》第四卷出版之後，黨中央號召全黨認真學習。《紅旗》、《人民日報》社論指出，《毛澤東選集》第四卷，不僅對國內革命和建設有偉大意義，而且對世界革命的發展也有偉大的指導意義。軍委又提倡，用毛澤東思想指導一切工作。就在這個時候，胡昭衡寫了〈一知半解〉，用半部《論語》影射《毛澤東選集》第四卷……」

胡昭衡在另一篇〈教學相長〉的文章中，開頭引用了《論語》中的一些說法，「對君主的話要分清是非，對一鄉

眾人的話也要分清是非,善者從之、好之;不善者違之、惡之。」有些人在批判中硬說這是反對聽毛主席的話,是煽動和號召人們不要按毛主席指示辦事。這些批判,今天看來都是非常荒唐可笑的,但是在那個時代卻是十分嚴肅認真的。有些人講起來慷慨激昂,甚至義憤填膺。「左」字障目,往往使人喪失最起碼的判斷能力,還會導致最瘋狂愚昧的行動。記得在會上一位同志發言提到,當年《老生常談》文章發表以後,有兩位學者還發表過褒揚的評價文章時,一位省委領導人竟然當場一拍茶几,大罵這兩位學者「無恥之徒」!

批判胡昭衡的小說也是十分荒誕無稽的。如說小說渲染了戰爭的殘酷和恐怖,與毛主席的詩詞「戰地黃花分外香」唱反調,這哪兒對哪兒呢!

當年我雖然對批判《老生常談》沒有系統發言,可是我和另一位負責人又接受了撰寫批判文章的任務。怎麼寫呢?我們只好仿照批《燕山夜話》的寫法,把會議上的批判發言加以梳理,主要由我執筆寫了一篇批判稿,印發給市委在8月召開的擴大會議。9月間,我和辦公廳、報社的共四人又組成寫作小組,在市委一位書記的直接領導下,躲在總工會樓上撰寫準備見報的批判文章。我記得共有四篇稿:一篇消息是〈揪出資產階級代表人物、個人野心家胡昭衡〉,一篇批判文章是〈《老生常談》是為復辟資本主義的宣言書〉,一篇是《老生常談》摘編材料,一篇是批判文章〈評一個共產黨員的誕生〉。稿子寫出後,市委將其上報河北省委、華北局,但一直未得到上級正式批准,不知放進哪個故紙堆裏了。

任何一場政治運動和動亂所帶來的最大變化，莫過於人和人關係的變化。昨天的領導轉眼成了今天的鬥爭對象；多年的朋友一夜間反目成仇。在這種殘酷無情的日子裏，一個人要保持天良非常不容易，特別是大多數人生活的重心是放在社會天平上的，如果整個社會發生了傾斜，個人是很難於做出正確選擇的。每每想起這段往事，我心中就會泛起縷縷愧疚之情。

四、鬥爭矛頭指向當權派

深入群眾遭批判

胡昭衡的《老生常談》受到批判的同時，他在天津的工作和個人的思想作風也受到嚴厲批判。實事求是地講，胡昭衡從1963年調天津任市長以來，兢兢業業，深入群眾，為改變城市面貌、改善環境衛生、解決群眾生活中遇到的實際困難做了大量工作，並且狠抓了工業生產，在短短兩三年時間裏就使天津市的經濟建設有了一個較大的進步，得到周總理和其他中央領導人的表揚，也得到廣大幹部群眾的擁護。

殘酷的黨內鬥爭形成了這樣一種定勢：當你一旦被列為重點批判對象時，你就是一錯百錯，一切一切都錯了，甚至連對的也錯了。請看會議《簡報》對胡昭衡是怎麼批判的：

「胡昭衡來津兩年多。由於他突出個人，沽名釣譽，利用各種場合，抓住一切機會，從各方面擴大個人影響。因此，群眾中流傳許多關於他的傳說。有的近似『神話』，弄得滿城風雨，議論紛紜，流毒甚廣。不少群眾說他『經常下

來私訪』，『到處給人民辦好事』，『只有胡市長才能解決問題』。還說他是『青天大老爺』、『活包公』、『當代海瑞』。有的群眾甚至攔車告狀，下跪喊冤。這些傳說，醜化了黨的領導，誣衊了社會主義制度，在政治上造成了極壞的影響。」照此說法，深入群眾反倒成了收買人心，解決問題反倒成了突出個人，混淆黑白到了何種程度！群眾攔車告狀，說明我們工作上有問題，怎麼能說是「醜化了黨的領導」呢？

中央當時強調「以階級鬥爭為綱」，市委主要領導人都在集中精力抓「四清」，而胡昭衡作為市長，主要分工抓經濟建設和群眾生活方面的問題。據他的秘書回憶：他在兩年半的市長任內抓了許多群眾生活中的突出問題，如環境衛生、危陋房的維修、公共汽車路線延長、街道里巷道路整修、自來水管線延長、就業安置、食品衛生和缺斤少兩等等。他在抓這些工作時，都是懷著關心群眾疾苦的深厚感情去領導、去組織和親自參與的。如他宣導並形成制度的機關幹部週末衛生日（即每月最後一個星期日搞衛生），他除了外出和重要活動不能脫身以外，每次都參加。他去勞動是真幹，不是做樣子。有幾次，他在勞動一段時間後，區裏的領導要給他彙報一下工作，他說勞動就是勞動，勞動結束後再聽彙報。胡昭衡搞衛生不光是不怕累還不怕髒，1965年2月18日，他參加南市一帶的「磕灰」（指清潔工清理糞便）勞動。他身穿藍色帆布工作服，頭上戴草帽，臉上帶口罩，肩挎大糞筐，一趟一趟從一個一個小院兒的茅廁裏，收運著混有爐灰的糞便。作為一市之長和專業的磕灰工人一起為老百

姓家倒糞桶，應該說他為人民服務的心是真誠的。這樣真抓實幹怎麼卻成了「沽名釣譽」呢？

　　還有的人揭發：「胡昭衡有時下廠採取突然襲擊的辦法。有一天晚上去某廠，也不和廠領導打招呼，叫工會主席領著到車間去，徵求工人們有什麼意見。有的工人說『胡市長就是很關心咱們』，相反對廠裏意見可大了。」直接深入群眾本來是毛澤東一貫宣導的黨的優良作風，但是在是非顛倒的年代，竟然成了胡昭衡的「罪狀」。

　　在「左」傾思想指導下，對胡昭衡的批判不斷升級。開始主要是批判思想作風問題，後來進一步揭露批判他在天津工作期間的「反黨言行」。如在以〈胡昭衡同志扮演著什麼角色〉為題的《簡報》中說：「胡昭衡一是不要黨的領導；二是反對黨中央和毛主席；三是抵制文化大革命；四是極端個人主義；五是到處伸手抓權。他確是個資產階級代表人物，是黨內走資本主義道路的當權派，是個野心家、陰謀家。」針對政治學習中的形式主義，胡昭衡曾講過「學習毛主席著作要注意防止形式化，過去報導打乒乓球打得好，也說是學習毛主席著作的結果。」為此被批判為「對學習毛主席著作潑冷水」。全國批判《海瑞罷官》之後，胡昭衡曾講過：「批判時要慎重，重要稿件要請示中宣部，要嚴格約束在學術範圍內。」為此被批判為「抵制文化大革命」。批「三家村」後，胡昭衡說，江青隨意點名批吳晗，人家是副市長，怎能隨意點名批判呢？這更是一條罪狀！竟敢說「旗手」的壞話！

　　更為荒誕的是，批判胡昭衡陰謀搞「中央直轄市」。

有的人說：「今年4月，市委工業領導小組開會討論工業體制問題。楊拯民（天津市副市長）[19]說天津是省轄市，有些計畫和財政問題不好解決，中央光下放企業，還解決不了問題。他實質上是說要把省轄市改成中央直轄市。胡昭衡卻說，把楊的意見作為工業領導小組的意見上報。胡昭衡就是熱衷於把省轄市改為直轄市，如果一改，市長這個『官』就更大了。」其實，胡昭衡作為一名地方領導人，豈能有權決定省級的行政區劃？這本是十分淺顯的道理。事實上當時河北省已準備與天津市分開。當年4月9日，中共河北省委、河北省人委決定將省會遷往保定市，後又改往石家莊市。我記得1965年冬，省委書記處召開研究「四清」的會議，就是在石家莊開的。我曾跟隨萬曉塘去的石家莊。1967年1月2日，中共中央決定，天津市由河北省省會恢復為直轄市。如此看來，胡昭衡的「陰謀」卻變成了中央的決定。

說來也怪，不管什麼人，一旦被上面列為重點批判對象，人們就用「左」傾偏見看他，對他甚至生出一種仇恨，一種咬牙切齒的仇恨，一種似乎聚集了整個社會的仇恨，沒有絲毫調和的餘地。我們今天當然很難理解這種情緒。一個組織對一個人的不滿，或者一個領導者對另一個領導者的不滿，怎麼可能傳達到社會的每一個人，使社會的每一個人都產生相同的情緒，這種類似某種病源的東西是怎麼複製到社會的每一個細胞之中去的？

提小意見惹大禍

在召開華北局工作會議期間，天津出席會議的三個小

組中，市委常委、宣傳部長白樺為第一組組長。王亢之也參加這個小組。聽市委辦公廳參加這個小組記錄的同志講，當時省委也派工作人員到這個組瞭解情況，但不是一般地瞭解情況，而是把目標對著市委書記處書記王亢之和白樺，因為他們都是意識形態方面的領導人，會下鼓動與會人員給他們提意見，但是沒有得到多少回應。河北省工作人員在編寫的《簡報》中卻因此批評白樺「對與會同志的重要建議，採取冷淡壓制的態度」。白樺看了有意見，認為與事實不符。為此，他給所熟識的華北局辦公廳一位負責人打電話反映，對方說你有意見可以寫封信。白樺按照事實很快寫出了一封申明信，可萬萬沒有想到這封信捅出了大婁子。

1966年6月6日，《華北局工作會議簡報》印發了河北省秘書組撰寫的揭發批判白樺的簡報，題為〈這究竟是什麼問題？〉。《簡報》按語說：「總號第32號（河北組第11號）簡報發出後，我們接到了白樺同志的申明信，他指責簡報歪曲了他的發言。並要求更正。對此，河北省秘書組作了查對，現將查對材料和白樺同志的信，一併刊出。」這種做法無疑是將白樺推出示眾了

河北省的「查對材料」揭發了白樺的六大問題。第一個問題的標題是「這不該在會上挖嗎？」《簡報》中說：「吳晗、楊獻珍等人到天津做報告是誰請來的？有多少人聽了他們的報告，受了毒？《燕山夜話》在天津推銷了多少？有沒有積極的『推銷員』？上面有沒有支持者，要深挖一挖。白樺卻說清理這些問題需要時間，在會上不好解決，反正家裏也在發動群眾清理嘛！」這些問題問的就沒有道理，難道請

吳晗、楊獻珍來天津就是「放毒」嗎？再說別人可以胡說八道，白樺為自己辯解兩句，何罪之有？《簡報》竟據此說白樺「吹冷風」。第二個問題的標題是「一上來就定調子」。白樺曾在一次發言時說：「來以前，摸了一些天津市的情況，文化工作的隊伍，老的，沒有出大問題。」「天津市受到黑線的控制和影響，沒串起來，只是受了影響。」……《簡報》卻據此說白樺給運動「定調子」，與中央〈通知〉精神「相違背」。在黨內會議上不讓人說話，一說話就成了「定調子」，哪有一點民主的精神？第三個問題的標題是「發言就解釋。不解釋不發言」。第四個問題的標題是「躲躲閃閃，上推下卸」。第五個問題的標題是「會下活動，轉移目標」，把白樺飯後散步時說的隻言片語統統搜集起來上綱上線，如他說過天津的文化工作「問題不那麼嚴重」等，也作為「會下活動」來批判。第六個問題的標題是「對會議打『散錘』，不引導向深入發展」。《簡報》說：「別人發言，白樺同志打『散錘』，有人提出重要問題，不去引導集中揭發和討論。好幾次會議結束時，白樺同志敷衍其事地說：『大家回去好好想一想，回憶回憶。』」這句話怎麼叫敷衍其事呢？真令人百思不得其解。

那時，連飯後散步時說的隻言片語都被端上簡報成了罪狀，一下子使人與人之間的關係緊張起來。記得胡昭衡每天飯後默默散步，只有他的妻子林以行（天津市委組織部副部長，也是與會人員）跟隨，和其他與會人員碰面彼此都不說話。與會人員休息活動時說話也都十分謹慎。惟一一項業餘活動是小院內有一羽毛球場地，天天晚飯後打幾下羽毛球，

還進行過雙打比賽，我和一位書記的秘書獲雙打第一名。大家只論球技，不談政治，倒也為緊張冷酷的政治空氣平添了一絲樂趣。

白樺是1938年參加革命的老同志，抗日戰爭時期在冀魯豫抗日根據地曾擔任縣委書記、地工委書記兼支隊政委，1954年平原省撤銷後調天津工作，開始任市委宣傳部副部長，後任部長。1955年市委下達一項臨時任務，我曾在他領導下工作過一段時間。他一貫謙虛謹慎，勤勤懇懇，兢兢業業，給我留下深刻印象。我一看到《簡報》，心想他所在的宣傳部本來就是運動重點，這次可是在劫難逃了。

果然如此，《簡報》一發，等於會議對於白樺的點名批判，立即引起天津組的回應。1966年6月8日，《華北局工作會議簡報》刊登了天津組討論〈這究竟是什麼問題？〉的情況。《簡報》分四個大標題：一、「《簡報》是完全符合實際情況的」。二、「自己跳出來的反面教員」。三、「同白樺論戰。」四、「推動了會議發展。」第一部分說：「在討論中，發言熱烈，反映很強烈。一組同志一致認為《簡報》反映的問題，是符合實際情況的，表示完全同意《簡報》的看法。有的同志說，《簡報》不僅沒有歪曲和違背事實，而且有些地方還說得不夠。許多同志反映，《簡

當年的揭發批判材料

報》鼓舞了鬥志，幫助自己思想上了綱。」後幾部分不僅反映一組的看法，而且反映各組一致的看法。在那個時代，誰能說不？誰敢說不？誰說不，誰就是「不聽黨的話」，就會變成被批判的「反面教員」，成為下一個批判對象。

黨內生活中這種「一邊倒」的「一致」是十分可怕的。《周易‧繫辭》有句話說得好：「天下同歸而殊途，一致而百慮。」黨內是「一言堂」，什麼都「一致」，其嚴重後果早已顯露。一說抓階級鬥爭，一致贊成，於是到處都是階級鬥爭；一說「躍進」，一致擁護，於是到處都是「大躍進」，什麼「人有多大膽，地有多高產」的豪語都出來了。當年打倒劉少奇是一致通過（聽說只有陳少敏一兩個人沒有舉手），後來為劉少奇平反還是一致通過。這種「一致」怎能不令人「百慮」呢？

點火批判一把手

當年華北局工作會議是分地區進行的。河北省組的討論自然應當由省委主要領導人主持掌握，那揭發批判省委第一書記林鐵[20]如何進行呢？總不能讓他自己主持會議批判自己吧！當時中央、華北局還沒有公開作出批判林鐵的決定，但是又要通過這次會議揭發批判他，所以只有讓華北局第一書記李雪峰點名、點火，督促省委其他領導和與會人員了。

林鐵是老一輩共產黨人，1922年參加革命，1926年入黨，相繼在北京中國大學、法政大學讀書，擔任過黨支部組織委員、代理支部書記。1928年在法國巴黎大學統計學院學習期間，他先後擔任過中共留法委員會委員、訓練部長、中

共留法委員會書記。1933年入莫斯
科東方大學學習，在該校中國部任
支部書記……從1949年以後一直擔
任河北省委第一書記。

正是由於林鐵當時的地位，到
會議中期才開始對他的揭發批判。6
月20日以後，根據華北局領導的旨
意，先是在河北省委領導層揭發批

林鐵和周恩來主持會議。

判林鐵。李雪峰看了河北省委書記處書記的發言記錄，給省
委第二書記劉子厚打電話提出了嚴厲批評。他說：「河北、
山西尤其是河北差，是否按兵不動？為什麼無動於衷？現在
河北省下面有些同志有意見，仍然有資產階級庸俗的自由主
義，當面不講，由來已久。這次為何仍無動於衷，雷打不
動。河北省領導如何交賬，你掩蓋不了，你不點，我點，中
央點，主席已經點了……」李雪峰的說法是可信的。當年烏
蘭夫是華北局的第二書記，以烏蘭夫、林鐵的資歷和地位，
沒有中央和毛主席旨意，李雪峰如何能夠點名批判這兩位老
一輩共產黨人？當時毛澤東不在北京，由劉少奇在京主持工
作，批判烏蘭夫、林鐵肯定是劉等人也同意的。有人說毛澤
東之所以發動這場文化大革命只是為了打倒劉少奇，如今用
「證偽」的方法就可以否定此說。當然這篇短文不可能討論
這個大課題。話說李雪峰在電話中還批評了河北省委書記處
書記、天津市委第一書記萬曉塘的發言「軟弱無力」，「不
痛不癢」。這同萬曉塘一向堅持實事求是的原則、不隨意給
別人上綱上線的作風是分不開的。李雪峰還限定時間把他的

意見傳達給河北組（含天津市）的全體與會人員。

李雪峰的指示一經傳達，形勢急轉直下，河北省各組包括天津市組立即轉入以揭發批判林鐵為中心。天津市組的《簡報》是這樣寫的：「6月24日上午，全體同志聽了雪峰同志給省委的電話指示以及省委常委擴大會議的內容，一致認為，雪峰同志對河北省的批評和指示，非常正確，非常及時，非常有力，表示完全擁護，堅決執行。一位同志說，聽了林鐵反黨、反社會主義黑線被揭發後，真是驚心動魄。北京、河北聯在一起不得了，一旦有事，不知多少人要人頭落地。另一位同志說會議快結束了，不是華北局的正確領導，雪峰同志的及時指示，這顆定時炸彈就漏掉了……」

為了揭發批判林鐵，河北省組開過幾次全體大會，我作為天津參加會議的人員也都參加了。先是林鐵個人做檢查，然後是與會人員進行揭發批判。發言沒有人肯定林鐵檢查的，都是說他的態度極不老實。一位省委負責人說，林鐵的檢查是令人不能容忍的，是繼續施展陰謀，企圖歪曲事實真相……另一位省委負責人說，林鐵是我省黨內走資本主義道路當權派的頭子，是右傾機會主義即修正主義反黨集團的主帥，在政治上實行右傾機會主義路線，也就是徹頭徹尾的修正主義路線，在組織上是實行宗派主義路線，依靠右派，打擊左派……

為了揭發批判林鐵，省裏以《請看林鐵及其一夥放了多少毒》為題目，印發了大量材料，包括河北省的《四年工作總結》等等。例如在1961年8月1日，林鐵為了緩解農村的饑荒問題，曾提出給農民留下「保命田」。他曾寫信催問此事

說：「今年很困難，在很困難情況下的地區迅速明確『保命田』（雖然是暫時的），不知已貫徹下去否？……否則，時間越拖長了越不好辦。」今天看來這不但不是什麼問題，而是關心群眾生活的表現，可是在那個年代則成為「右傾機會主義」的鐵證了。在揭發批判林鐵的同時，又牽累到他的夫人弓彤軒。弓彤軒在省委研究室，一直在林鐵身邊工作。林鐵受批判還株連了一批人。會上有人說，林鐵是主帥，主帥被揪出來了，「車馬」也要挖出來。

林鐵被揭發批判，一些人對他生活作風上一些不滿也發洩出來，其中也有的揭發離了譜。如一位省委領導人揭發林鐵思想蛻化，說他一邊看《金瓶梅》，一邊打荷爾蒙。聽了讓人發笑！毛澤東在內部講話中專門提到過《金瓶梅》，說此書只是暴露社會，不像《紅樓夢》，對社會沒有批判。當時此書只允許賣給高級領導幹部，連看此書也有等級之分。可是這種揭發批判無疑於人身攻擊了。

我在揭發批判林鐵時沒怎麼發言，主要為市委一位書記準備書面批判發言。當時《華北局工作會議簡報》印發大量揭發批判發言以及大量關於林鐵問題的材料，許多人都發了言，他作為天津市的一位領導成員也不能不發言。我下功夫連夜突擊，翻閱大量資料，歸納了林鐵的八個問題：一、攻擊毛主席、黨中央，反對總路線，反對三面紅旗；二，大刮單幹風，堅持走資本主義道路；三、大搞翻案活動，支持地、富、反、壞、右反攻倒算；四、反對毛主席關於階級、階級鬥爭學說，反對和抵制「四清」運動；五、反對和抗拒毛主席提出的社會主義文化革命路線；六、反對毛澤東思想

偉大紅旗，高舉彭真的修正主義黑旗；七、反對無產階級專政，企圖全面復辟資本主義專政；八、實行結黨營私、招降納叛的組織路線。黨內鬥爭竟如此撲朔迷離，當年我為完成這項任務感到自豪，而今卻為此事感到自咎。

華北局工作會議之後，林鐵被徹底打倒，全家人受到牽連，家也被造反派抄了，一直到「文化大革命」結束後，才獲得平反，他擔任了中共中央組織部顧問、中央顧問委員會委員。

歷史有時驚人地相似，此話一點不假。時間僅僅過了五年，1971年春節，仍然是在北京，仍然是舉行了長達一個多月的華北會議。然而，這次是李雪峰碰上了厄運。時任中央政治局候補委員的李雪峰因為九屆二中全會前後陰錯陽差的幾件事，讓毛澤東十分反感，便說他參與了陳伯達的「反黨活動」。在這次華北會議上，毛澤東讓李雪峰在會上作檢討，江青在會上點了李雪峰的名，結果李雪峰被開除黨籍，關到安徽的農場受盡磨難。一直到粉碎「四人幫」後，才為李雪峰平反並恢復了黨籍。

長期以來，黨內鬥爭延綿不斷，時而打倒這個人，時而打倒那個人，平心而論，人們心裏不是沒有一點疑慮。然而，一說這是傳達黨中央、毛主席的指示，立刻就變得堅信不移了。從上到下，幾乎都認為毛澤東一貫正確，沒有錯誤也不會發生錯誤，一切以毛澤東講的是非為是非。毛澤東說對，就對；說錯，就錯；即使自己的看法和毛澤東相左，也是從自己方面檢查，找原因。我曾聽有人講，薄一波的一位老領導、老戰友曾告戒他：毛主席講的話，如你覺得不對，

千萬不要講，你回去想想，慢慢就會知道毛主席是正確的。
這也許就是那一代領導人的悲劇所在。

說說黨內鬥爭哲學

　　為什麼講黨內鬥爭哲學呢？這次華北局工作會議是一場
黨內鬥爭，這場黨內鬥爭同歷次黨內鬥爭一樣，都呈現出共
同的思維模式和行為模式。聯繫會議上許多人的言行，聯繫
我個人的心理狀態，就不難剖析這種鬥爭哲學。

　　黨內鬥爭一個突出的特點是普遍存在「唯上是從」的
政治理念。我覺得黨內民主集中制執行得有很大偏差，最主
要的體現是對上級指示唯命是從。從華北局工作會議的整個
進程就可以看得清清楚楚。如前所述，白樺當時與「三家
村」問題沒有任何牽連，市委書記處也沒有揭發批判他的意
圖，還安排他擔任小組組長。可是《華北局工作會議簡報》
一點他的名，天津各組不問青紅皂白，立即回應，群起而
攻之。上面說一，下面說二，進一步「上綱」。河北省委的
《簡報》說白樺「吹冷風」，天津組則說他「壓制民主，限
制揭發」；河北省委的《簡報》說白樺「會下活動，轉移目
標」，天津組則說他的會下活動是「違反組織原則」；河北
省秘書組說白樺給會議定「調子」，天津組則說他是「資產
階級的保皇派」。

　　揭發批判林鐵更可以說明這個問題。林鐵三十年代初
期從蘇聯回國以後，一直在河北地區工作，歷任河北省委委
員、北嶽區黨委委員、民運部長、組織部長、北嶽區黨委黨
校校長、北方分局組織部副部長、冀中區黨委書記兼軍區政

冀中抗日將領（左起）林鐵，楊成武，（不詳），李志民，羅玉川。

委……在河北有幾十年的工作基礎，是德高望重的元老。可是在中共中央、華北局並沒有作出決定，也沒有領導人親臨指揮的情況下，只靠李雪峰打一兩個電話，與會人員就一哄而起，蜂擁而上，林鐵這面大牆便轟然倒塌了，幾百名與會人員「共誅之，共討之」，幾十年的工作基礎毀於一旦。這是為什麼？就是來自牢固的「唯上是從」的理念。上有所「號」，下必「行」焉！眾多黨員幹部，聞風而動，聽風就是雨，雷雨交加，勢不可擋，任何不同聲音也冒不出來，這是一種多麼危險的情景呀！

黨內鬥爭另一個特點是「越『左』越革命」的情緒。胡昭衡從1963年11月調來天津工作，發揚蹈厲，有目共睹，可是一旦被列為批判對象，就被抓住不放了。胡昭衡作了三次檢查，怎麼檢查也通不過。有的人說：「胡昭衡的三次檢查，第一、二次不叫什麼檢查，第三次篇幅長了，扣了帽

子，可是前面扣，後面摘，靈魂深處根本沒有觸動……」有的人給胡昭衡戴了六頂帽子：「鑽進黨內的資產階級代表人物，黨內走資本主義道路的當權派，黨內右派，國內外階級敵人的內應，黨內的『定時炸彈』，也是一個害人蟲。」胡昭衡給自己扣帽子也通不過。如他在檢查中說：「本來有資產階級個人主義，在這種氣候下，加上天津工作的客觀條件，個人主義有了惡性發展」。有人立即批判他說，天津的條件促使你個人主義有了惡性發展，天津成了大染缸，這不是對天津黨和人民的誣衊嗎？林鐵在河北省全體與會人員大會上曾作過幾次認真的檢查，但根本不會有人耐心地聽他的檢查，只會說他的檢查是「大反攻」、「大放毒」，這已經成為當時的慣例。在批判中什麼「陰謀家」、「野心家」、「大黨閥」的帽子都給林鐵戴上了。不過黨內鬥爭還有一個「潛規則」，就是在組織上沒有定性之前，在文字上都還稱「同志」，事實上批判調門越來越高，其性質早已超出了「同志」的界限。在這種「越『左』越革命」的情緒支配下，檢查，批判，再檢查，再批判……永不過關，直到最後掛了起來，聽候組織處理。這就是黨內鬥爭的思維定勢。我的入黨介紹人，在地下工作時就以他和自己的地主家庭決裂的事實對我進行教育，可是他在解放後卻因家庭問題無辜受到錯誤處理，被平反以後告訴我說，黨內鬥爭有這種「左」的傳統，一旦認定你有問題，就不容你申辯，只能認罪，否則就是和黨頑抗。這的確是很可怕的。

黨內鬥爭還有一個特點就是幾乎人人都有保全自己的行為。人的本能都有趨利避害的特點，可是共產黨人的行為

受政治價值觀支配，不得有任何反黨、反革命的行為。但是在「左」傾思想指導下，歷次黨內鬥爭的實踐告訴人們，必須和被批判的物件劃清界限，積極對他們進行揭發批判。只有這樣，才能保全自己。有些與會人員並不瞭解很多情況，可是不瞭解情況也要捕風捉影地進行揭發，無限「上綱」地進行批判。說對說錯是認識上的問題，說與不說則是立場上的問題，不發言不表態是不行的。胡昭衡在天津兩年多的時間，因工作關係必然與一些人接觸相對較多，也必然有人在不同場合說過讚揚他的話，這本來再正常不過，卻因此揭發他們之間有不正常的關係。河北受災後，林鐵主張在北部各縣先搞救災，推遲搞「四清」，被批判為反對階級鬥爭。林鐵到外地養病，有人提出，是否借養病之名去搞陰謀活動？應該追查。聽說河北省一位領導人私下透露，只有在領導層中揭開階級鬥爭的蓋子才能爭取主動，真是一語道破天機。河北省有的地區揭階級鬥爭蓋子，不惜牽連許多人。從《華北局工作會議簡報》可以看到，唐山有一條反對總路線的黑線，被黑體字點名的有唐山地委、唐山市、省委、華北局計委、中央有關部門許多人，導致人與人的關係異常緊張。保全自己，揭批別人，成為人們的行為準則。我覺得這不能怪哪個人，「唯上是從」的信念、「越『左』越革命」的情緒和「保全自己」的行為，三管齊下，促使你在「左」傾洪流中順流而下，不可逆轉。當然，人與人也不盡相同，有些人是有限「上綱」，有些人是無限「上綱」，但是「上綱上線」，則是人人有份。我們的黨內鬥爭哲學，歸根結底，是缺乏黨內民主，造成的惡果是極端嚴重的。

其實，何止「文革」凸顯了這種黨內鬥爭，回顧黨的歷史，「左」傾路線帶來的危害還有許多。當年在中央蘇區，只要懷疑誰是ＡＢ團，拉到山上就地槍斃。延安整風運動中「搬石頭」，說誰是奸細和階級敵人，立刻將誰關起來當成「石頭」。1957年的反右運動中，哪怕是對黨支部書記有意見，就會被視為反黨，就會被打成右派分子，年紀輕輕就送到鄉下勞改，全國右派打了幾十萬。1959年反右傾機會主義，彭德懷不過給中央主席寫了一封信，說了許多人想說而不敢說的真話，結果連同贊成他的觀點的人，一道打成了右傾機會主義反黨集團。全國的四清運動，不知道又整了多少不應該整的基層幹部？我以為「文革」浩劫，不過是黨的歷次政治運動發展的必然，是集歷次政治運動「左」之大成，是中國長期封建專制和「極左」病毒的集中發作，給中華民族留下了一部非常寶貴的反面教材。

五、市委工作會議狼煙四起

開開停停的市委工作會議

天津市53人出席了從1966年5月21日至7月23日在北京召開的華北局工作會議回津後，就匆忙籌備召開市委工作會議。華北局工作會議名為工作會議，實際上是黨內「文革」的開始，是揭發批判省、市領導幹部的會議。上行下效，市委工作會議必然也要如法炮製，於是確定了四項會議內容：一是傳達學習華北局工作會議精神；二是鳴放揭發；三是開展大批判；四是討論部署「文革」。

經過七天緊鑼密鼓的籌備，這次市委工作會議從7月31日開始，計畫開一個月。參加會議的有市、區局、處三級幹部，共976人。這是天津市有史以來最長的一次集中吃住的會議，住河北賓館（現為天津賓館），每人每天飯費1元，每人交4角，按個人定量交糧票，補助6角。

當時市委對這次會議做了十分周密的安排，成立了大會秘書處，劃分宣傳文教、農業、政法統戰、財貿、工業交通建設五個大口，各口分別成立領導小組，並建立了臨時黨組織。由於宣傳文教口是重點部門，市委又從其他口抽調領導幹部擔任這個口以及各小組的組長。當時這個口的與會人員在會下議論：「這次宣傳部、文教部的領導人都參加了會，但沒有參與會議的領導工作，這是不是有問題的象徵？幾個組的組長都是其他部的，實際上是市委派來的工作隊。」這一下搞得宣傳文教口人心惶惶。

各口和各小組都配有工作人員，按口和小組分別出會議簡報，由大會統一編印，發給全體與會人員。大會秘書處每天都及時掌握各組討論情況，編印《會議動態》向市委書記處報告。儘管這次會議安排得非常周密，但由於「文革」之火已經燃起，四處冒煙，內外夾攻，常常迫使會議不能按部就班地開下去。

會議才開始幾天，8月3日就發生了一起自殺事件。某局屬單位一位原副職，在「文革」中有人給他貼了大字報，說他「包庇反革命」。他思想壓力很大，曾找上級主管局政治部主任說：「有人說我支持反革命，我是否成了反革命了？」2日下午小組討論時，組長讓他講一講，他說沒有準備

好，晚飯時只吃了一個饅頭，很快離開餐廳。小組晚7時半學習，發現他沒有回來，馬上派人四處尋找。我們接到報告後立即出了《會議動態》。翌日又接到報告，該人投河自盡。其實，這個人並沒有什麼重大政治歷史問題，歷史上的一般問題已做結論，在1959年反右傾時有「錯誤」言論，受過一般性批判。本人喜好古典文學，思想有些狹隘，「文革」大字報對他刺激很大。這次來開會時，他思想高度緊張，甚至把1959年反右傾的檢查材料都帶來了。據我瞭解，「文革」初期自殺的人數比中期、後期多得多，因為這場突如其來的大動亂，把人們遵循的社會規範一下子衝垮了，很多人在心理上無所適從，恐慌不安。法國社會學家杜爾克姆在《論自殺》中解釋這種自殺現象是「社會失範」造成的。

會議中期，有些單位開始向會議送大字報，要求有關領導回單位接受批判。8月8日下午，市教育局7人送來100多人聯名寫的大字報，要求局有關領導幹部5人回局。10日下午，市衛生局幾十名幹部送來5張大字報，對市委集中召開會議的做法和局領導不在局裏參加運動問題提出意見，還要一位局領導回局，並當場給這位領導人戴了高帽。有些同志見到這個場面，情緒十分緊張。11日中午，市體委體訓班來了幾十個學員，要市體委的領導人回去接受批鬥。13日，市體委領導人又被戴著高帽敲鑼打鼓送回來。當時對來送大字報和要人回單位接受批判的，儘管都由有關領導出面接待，但是一切會議的規定乃至整個社會生活規範都被「造反有理」衝垮了，會議秘書處根本無法控制整個會議。

會議期間，中學的「文革」也迅速開展起來。8月7日，

1966年紅衛兵「砸爛」天津老西開教堂。

市委書記處討論決定，抽幾位領導抓幾所中學的「文革」。萬曉塘去16中，趙武成去南開中學，張淮三[21]去18中，馬秀中（市委常委、財貿政治部主任）去20中，王培仁（市委常委、副市長）去8中，杜長天（市委調查部部長）去市一中……各個區委回去一位書記抓本區學校的「文革」。

中共中央1966年8月8日通過的〈關於無產階級文化大革命的決定〉（即〈十六條〉）和8月14日公佈的《八屆十一中全會公報》發表以來，一向門戶森嚴的市委機關大樓以及各個區委機關頓時熱鬧起來。8月10日以後，群眾到市委機關以及市內各區區委機關門前的遊行日益增多，主要是歡呼〈十六條〉和《八屆十一中全會公報》，也有上訪、質詢的。8月16日，群眾在市委機關院內共貼大字報127張，99張是歡呼《公報》的發表，其餘是對一些問題辯論和給市委提意見。當時在對市委的態度上，學生和工人發生了分歧。8月

17日晚10時至18日晨6時，數百名學生和工人在市委門前進行了一場大辯論。某校一位初中二年級學生，將北京一份油印材料抄成大字報，大意是天津市委開介紹信將學生轟到北京（事實並非如此），這是市委的「大陰謀」，既破壞天津的「文革」，又破壞北京的「文革」。這張大字報貼出後，遭到工人們的強烈反對，雙方推出代表到大廳內辯論一夜，最後工人們占了上風，學生承認受了壞人的利用，最後高呼萬歲離去。這時天下還未完全大亂，保市委的還占主導地位，不過群眾的狂熱情緒已經湧現。

市委工作會議於8月20日至25日暫停。與會人員除有病和所謂有「問題」的140人留會以外，其他人都分別深入工廠、學校、街道宣傳〈十六條〉。24日下午到晚上，又有兩個單位來人將有的留會人員要回，有一位被當眾戴高帽批鬥。26日上午復會，傳達中共八屆十一中全會的幾個檔案後又匆忙休會。

公開點名批判的第一人

市委工作會議開始後，很快就把鬥爭矛頭指向宣傳文教口。8月2日，大會秘書處將〈揪出反黨反社會主義教育黑線頭目王金鼎〉一文印發給宣傳文教口各組。8月3日，《天津日報》第一版又以通欄大標題和整版的篇幅點名批判市委文教政治部主任王金鼎[22]。大標題是：「我市廣大革命師生和革命幹部高舉毛澤東思想偉大紅旗英勇奮戰，聲討資產階級代表人物王金鼎反革命罪行」。副標題是：「揭發的大量事實證明，王金鼎壓制革命群眾運動，抵制無產階級文化大革

命;一貫反對毛主席教育思想,依靠資產階級知識份子統治
學校,極力推行修正主義教育路線;實行資產階級對無產階
級專政,打擊工農、革命幹部子女,妄圖把學校變成培養資
產階級接班人的陣地。他是個地地道道的混進黨內的反黨反
社會主義反毛澤東思想的資產階級代表人物。」王金鼎當時
也在參加市委工作會議。他在會上表現沉著、冷靜,面對突
然而至的批判聲浪,他居然頗帶戲謔地說:「我是天津教育
界的『祖師爺』,正像毛主席說的,不打倒閻王,解放不了
小鬼。」

　　王金鼎是天津市領導幹部中受到報紙點名批判的第一
人,其實在文教系統並不是受到報紙批判的第一人。在這之
前,南開大學黨委副書記、副校長婁平和黨委委員、副校長
吳大任已先後在《河北日報》、《天津日報》上被公開點名
批判(那時南開大學黨的工作歸屬河北省)。王金鼎當時沒
有出席在京召開的華北局工作會議,在家主持工作。「文
革」浪潮是首先從學校掀起的,他作為文教系統的負責人,
首當其衝,在劫難逃。早在華北局工作會議期間,市委根據
省委的指示,已經決定對王金鼎進行點名批判。在這期間,
市委曾召集部分區局以上領導幹部到京開過一次會議,部署
「文革」工作,一位主要領導也講到對文教政治部主任準備
公開點名批判。

　　王金鼎是當年天津市老一代幹部中唯一當過教授的人。
早年天津市進城幹部裏當過教授的有市委宣傳部部長黃松
齡,人們尊稱為黃老,已於1952年調中央人民政府教育部工
作。王金鼎當教授,同他的革命經歷有直接關係。他於1938

年參加中國共產黨，曾在延安青救會工作，1942年被派到天津從事地下工作。他於當年進天津達仁學院讀書，以學生身份為掩護，開展革命工作，畢業以後在天津工商學院（後改為津沽大學）任講師，後來當了教授。解放前夕，他通過關係做過爭取國民黨員警隊伍歸順的工作。1949年4月，他和其他兩位幹部被軍管會派到河北女子師範學院建立黨支部，進行組織整頓和教學改革。1951年1月，津沽大學師生自動成立校政改革委員會，要求撤銷不執行新中國教育政策的副校長卜相賢（法國人）、教育長、秘書長等人的職務。校董事會據此撤銷了卜相賢等人的職務，並聘請該校商學院財會系主任李寶震為副校長，聘請王金鼎為教育長，受到全校師生的歡迎。1956年市委文教部成立時，王金鼎就任副部長，1960年任部長（1964年改為文教政治部），經常列席市委常委會議。我因參加會議記錄工作，聽王金鼎的發言，觀點鮮明，條分縷析，言之成理，沒有「哼哼哈哈」的官腔，絕無徒托空言。1957年3月17日晚，毛澤東在市人民禮堂給天津領導幹部做重要講話時，幽默地問大家在座的有沒有大學教授？台下只有兩個人舉了手。一位是天津醫學院院長朱憲彝，另一位就是王金鼎。當時天津日報社總編石堅正坐在王金鼎的旁邊，見王金鼎有些遲疑，便鼓動他舉起手。

報紙對王金鼎公開點名批判以後，社會上立即掀起揭發批判高潮。登報點名的當天，南開大學等70多個單位的上萬人到市委門前集會聲討王金鼎。報紙上同時發表工農兵代表多篇批判文章。1966年8月4日《天津日報》報導：「昨天，天津市大、中、小學校的廣大革命師生，看到報紙上發表了

聲討資產階級代表人物王金鼎的反革命罪行的消息後，無比歡欣鼓舞，心情萬分激動，從上午到深夜，成千上萬的革命師生敲鑼打鼓，結隊前往中共天津市委，熱烈歡呼我市無產階級文化大革命的重大勝利，熱烈歡呼毛澤東思想的新勝利……」8月5日《天津日報》通欄大標題報導：「本市廣大工農兵和革命幹部群情激憤、鬥志昂揚，紛紛舉行集會，聲討資產階級代表人物王金鼎的反革命罪行。」現在的人們看了這類報導可能很不理解，其實這反映了那個時代的政治文化。

與此同時，市委工作會議特別是在宣傳文教口，通過小組會議、中型會議以及吸收會外人員參加等方式，對王金鼎集中進行揭發批判。請看當時是怎樣批判王金鼎反對學習毛主席著作的：「王金鼎在教育系統反對學習毛主席著作，一開會就是講提高教學品質。1958年大躍進以後形勢很好，人們搞勤工儉學，他卻說勞動多了。1959年他竟提出以教學為中心。去年又提出六分之五的時間搞教學，六分之一的時間為黨團活動時間，學習毛主席著作根本就插不進去。」王金鼎1959年乘汽車去承德，司機揭發他「沿路看到名勝古跡，講起來滔滔不絕，從來沒有聽他講過一句關於毛主席教導的話，醜態百出，哪有半點革命者的氣味！」還批判他「散佈階級調和，保護包庇壞人」，說他提出在學生之間不要互相提剝削階級家庭出身，不要歧視他們，不要讓家庭出身不好的人背上包袱。1957年《人民日報》要發南開大學某教授的右派言論並加編者按語時，徵求他的意見他不同意，後來《人民日報》還是發了。人們揭發他多次為我市兩位被戴上

右派帽子的醫學專家說話，批評這兩位原專家所在的單位
「對右派太狠了」，說這兩位專家有真本事，要多調動他們
的積極性……歷史常常給人開玩笑，當年批判王金鼎的這些
事情，恰恰正是後來需要撥亂反正的。

「學習材料」成了「大毒草」

如前所述，在華北局工作會議期間，市委常委、宣傳部
長白樺因為實事求是地向會議秘書處提了一點意見，引火焚
身，受到重點批判。其實，他即使不提任何意見，在當時的
政治形勢下，作為宣傳部長這個角色也難逃滅頂之災。從華
北局工作會議到市委工作會議，以白樺為首的市委宣傳部的
工作，始終成為揭發批判的重點。

我從會議動態中瞭解到，不少參加會議的人對會議的鬥
爭方向早有預見和準備。有的區委領導人來賓館開會時就把
副部長方紀的作品帶來了，也有人把副部長李麥為《調查研
究的故事》寫序言的那本小冊子帶來了。人們後來常說「文
化大革命」就是「大革文化的命」，「文革」初期這種狀況
再鮮明不過了。果不其然，會議上作為重點批判的就是市委
宣傳部編印的《文藝學習材料》。我先把這個材料的來龍去
脈如實道來。

1960年以後，隨著黨中央「調整、鞏固、充實、提高」
八字方針的貫徹落實，中國文藝界也很快從大躍進的狂熱轉
向沉靜內斂，注重基本功建設和積極探索藝術發展規律，迎
來了文藝創作上一段真正的春天。1961年中共中央宣傳部召
開了文藝座談會。周恩來、康生、周揚、林默涵、姚臻等在

會上作了報告和講話，會上還印發了周恩來、陳雲、陳毅、
康生等中央領導人於1960年至1961年就文藝工作發表的一些
意見，作為大會的學習檔案。在會上還印發了〈關於當前文
學藝術工作的意見（草案）〉、〈關於加強戲曲、曲藝傳統
劇碼、曲目的挖掘工作的通知〉（簡稱〈文藝工作十條〉和
〈戲曲工作十條〉）以及一些關於文藝問題的參考資料。當
時天津市由方紀等二人參加了這次會議。會後，市委宣傳部
向市委書記處作了彙報。根據市委書記處的指示精神，市委
宣傳部召開了天津市文藝工作座談會，參加會議的有文藝部
門的黨員負責幹部和部分作家、藝術家，並由白樺、方紀等8
人組成領導小組，於8月14日開會。

會上傳達了中宣部召開的文藝工作座談會上周揚的報告
和結論，同時傳達了周恩來、陳毅、康生的講話，會上並印
發了中宣部下發的文件和材料，會議由白樺做總結報告。河
北省文藝工作座談會同時也在天津召開。會議期間，周揚、
茅盾還分別召集在津的河北省和天津市的文藝工作者進行了
座談，並為省、市文藝工作座談會作了報告。

會議結束時，考慮到會議文件較多，傳達不便，決定
編印《文藝學習材料》，作為內部檔發到各區委、黨委、各
文藝團體。這個材料是根據中央宣傳部印發的檔編印的，包
括：周總理在文藝座談會上的報告，關於歌舞節目的一次講
話；陳毅在戲曲編導工作座談會上的講話，在北京文藝座談
會上的講話；康生在文藝座談會上的講話；周揚在文藝座談
會上的報告及在結束時的兩次發言，在北京文藝座談會上的
講話，在高等院校文科教材編選計畫會議上的講話。

　　《文藝學習材料》主要以周揚的報告、講話為主，穿插摘用其他講話材料，文前加了簡單的前言，文中加了標題，並在文字上作了轉折連接的加工和個別文字的改動。這個材料由白樺、方紀審閱定稿，經王亢之同意，於1962年1月發出。

　　這個材料主要是貫徹百家爭鳴、百花齊放的精神。當時正值毛澤東提出大興調查研究之風，中央制定《農村人民公社工作條例（草案）》（簡稱《六十條》），對原來「一大二公」的人民公社制度在相當程度上予以否定。工業也在制定《六十條》。文藝、戲曲的〈十條〉是在這種趨向寬鬆的政治空氣中產生的。姑且不論內容如何，按一般邏輯推理，把上級的報告、講話精神加以彙編，並沒有加上自己的東西，從組織原則上講，是無可非議的。但當時這個道理講不通了，因為其時周揚已經被公開點名批判，你把黑線頭目的講話彙集成冊，這不是天大的錯誤嗎？如果你解釋說，裏面不是還有周總理等人的講話嗎？那也不行！你把文藝黑線頭目的講話與無產階級革命家的講話混合編在一起，用心何其毒也！這又是不可饒恕的「大陰謀」，你往哪裏講理去呢？

　　在市委工作會議上，大會秘書處印發了對《文藝學習材料》的批判文章，立即掀起了批判高潮。有人說看了批判文章「大快人心」，說這個材料是「徹頭徹尾的反黨反社會主義反毛澤東思想的修正主義綱領」云云。白樺自然成為會議批判的重點。有人竟說，一次在幹部自修班上見過白樺，不像個革命幹部，像個資本家。其實，白樺既當過縣委書記、地工委書記，又在華北文聯工作過，既具有老革命的氣質，

又具有文人的儒雅。對白樺的這種批判實在太離譜了。當時不僅對白樺，對宣傳部其他副部長方紀、侯笡一、李麥也都進行了揭發批判。說老實話，當時宣傳部領導幹部配備是很強的。方紀是一二・九時參加革命的老延安，是大作家；侯笡一是1934年參加革命的老同志，當過縣委書記，長期從事幹部教育工作；李麥是抗日戰爭時期的老報人，擔任過《天津日報》的總編輯。儘管如此，他們都難逃受到嚴重衝擊的命運。

中共黨內過去開展整風，常說「對事不對人」，重在教育幹部。可是在這場史無前例的大「革命」中，偏偏成了「對人不對事」。《文藝學習材料》之所以受到批判，起因就是因為周揚被打倒了。天津小站的「四清」奪權鬥爭，本來是陳伯達搞的，周揚儘管也參加過一段時間，但執行的多是陳伯達的旨意。可是在「文革」初期，因為陳伯達位高權重，人們卻眾口一詞地揭發批判周揚是破壞天津小站「四清」的罪魁禍首。為此，專案組曾找我調查小站「四清」問題。他們查閱檔案，看到我起草的〈天津市委關於小站地區奪權鬥爭的報告〉，在原件上有一處將周揚的名字勾掉，還表揚我的路線鬥爭覺悟高。我聽後不禁啞然失笑。我說，當時是根據王亢之的意見修改的，考慮周揚的名字只出現一次就可以了。

問歷史功過，孰是孰非？〈中國共產黨中央委員會關於建國以來黨的若干歷史問題的決議〉早已做了回答。但是對於這場「革命」的若干細節，至今仍值得回顧與思索。

當年我從事辦文、辦會工作已逾十年，這次是投入力量

最大、事情最難辦的會議。大會秘書處設有秘書、資料、生活三個組，秘書組組長由王左擔任，資料組組長由我擔任，王樹鶚任副組長，光資料組就有18名工作人員。我們仨就是後來被點名批判的萬張反革命修正主義集團的「黑秀才」，那時謂之「三王」。其實這是高抬我們了，我們不過都是普通的「文字匠」而已。王左於幾年前年逾古稀時逝世，王樹鶚55歲時，在市出版局黨委書記崗位上帶病工作，因心臟病發作逝世。故人已乘黃鶴去，往事如今空悠悠。在下作為一個「倖存者」，歷史責任感驅使我把這椿往事記述下來。

主管書記在劫難逃

「亢之亢之，元元黨國。一代報人，高山仰止。」這是吳冷西為《王亢之紀念文集》的題詞。中共天津市委書記處書記王亢之，確是資深的「一代報人」。記得在「文

王亢之與夫人許明

革」以前，河北省委一次邀請彭真在市人民禮堂為省、市幹部講國際形勢。彭真開頭說，我今天主要是講基本觀點，不講更多的資料，講資料不如王亢之掌握的多……當時王亢之正坐在台下前排。原來王亢之於1947年調《晉察冀日報》任總編輯，鄧拓任社長，彭真親自領導報社工作。當然彭真那樣講是自謙，那天他沒有任何提綱，站著滔滔不絕地系統地講了兩個小時，令人敬佩。

正因為王亢之的這種經歷，他五十年代初期當了天津市委宣傳部部長，之後又當了主管宣傳文教的書記；也正因為他處於這個崗位，從「文革」一開始就成為被批判的重點。早在1966年5月至7月的華北局工作會議上，天津組除了重點揭發批判胡昭衡、白樺以外，王亢之也是被揭發批判的重點。在8月市委工作會議上，王金鼎被公開點名批判以後，因為要「上掛下連」，王亢之是市委主管文教的書記，自然便成了「黑後臺」。

蘇軾在〈明君可與為忠言賦〉中說過：「目有眜則視黑為白，心有蔽則以薄為厚」。「文革」時代，在「左」傾思想統治下，真是指鹿為馬、黑白顛倒了。如果看看當年市委工作會議上對王亢之的揭發批判，不但根本不是他的什麼錯誤，恰恰正是值得稱道的優點。

有些人揭發王亢之一貫右傾，包庇右派。有個主管文藝工作部門的人員揭發，1959年以來，有關部門審查了方紀的作品，發現有問題，寫了報告報王亢之。王卻說：「方紀寫了好多好的作品，為什麼不彙集？光彙集有問題的作品。」再以後繼續審查方紀的結果，報王亢之後也都沒有下文。1959年，有關部門審查了《新港》雜誌的「自由談」欄目，發現有「右派文章」，報告王亢之，他沒有答覆。有關部門向王亢之報告，某作家寫了大量雜文，是「漏網右派」，他也沒有答覆。1960年春，天津市開會傳達1959年底北京召開的文藝會議，學習了毛澤東〈在延安文藝座談會上的講話〉，批判了方紀、王昌定等幾位作家，有關部門提出要不要寫批判文章發表，王亢之不點頭，只是講「黨史」，說

「不要殘酷鬥爭，無情打擊」。有人還提到，有的工人對孫犁的小說寫了批判文章，請示王亢之，他不答覆。後來，發現「蘇修」的刊物轉載了《鐵木前傳》，又向他反映，他仍不答覆，還質問：「你們的消息從哪裏來的？有根據嗎？」還說「孫犁有壓力了。」周谷城在《新建設》發表了一篇文章，有人寫了批判文章。有關部門請示王亢之，他說周是全國有影響的人物，天津不能批判。這些事情都成了王亢之的「罪狀」。

天津作家王昌定曾給王亢之寫過一封關於提倡「同志」稱呼的信，王亢之批示刊登市委黨刊《天津工作》。由於是辦公廳負責編印黨刊，這件事給我印象很深，反響也不錯。本來市委就有互稱同志的傳統，比如從沒有對王亢之稱王書記的，熟人還稱他為「老亢」。記得萬曉塘參加我們的黨小組會，人們都稱他為曉塘同志，從來沒有人在會上稱萬書記。在黨刊上發表這樣一封信，促進黨內的民主和平等不是很好嗎？可是卻有人說，關於同志稱呼問題，中央早有通知，王亢之授意發表受過批判的王昌定的信，這是幫著壞人「反攻倒算」！

還有一件事，過去曾有人寫過一篇批判文章，說「《四郎探母》與《南北合》是修正主義」。這次有人揭發王亢之對這篇文章十分不滿，不但在一次會議上對這一觀點進行批評，還於1964年的一次會議上說，舞臺上的帝王將相、才子佳人很多，但也不都是反社會主義的。如《梁山泊與祝英台》、《將相和》，不是社會主義的，也不是反社會主義……這些都是當年的揭發批判材料，是王亢之「右傾」的

證據。

對於作家協會的工作，有人揭發批判說，王亢之要求一是出作品，一是出人才。作家要有廣泛知識，畫家要行萬里路，批評各級黨委「重官不重學」（意思是只重視幹部，不重視藝術家），批判王亢之反對突出無產階級政治，把文學藝術引向資產階級的道路。

有人揭發批判，王亢之曾提出辦晚報要「雅俗共賞」，欣賞「文人辦報」，要把報紙辦成資產階級的報紙。王亢之在1961年文藝座談會上講到：「好好辦刊物，把出版社抓起來，加強對作品的討論，用社會方式擴大影響，搞得活潑一些。」有人卻說這實際上是提倡資產階級自由化。

市委工作會議上，王亢之出身地主家庭也是批判的重點問題。王亢之青少年時代在北京讀書，「一二‧九」運動時，第一批參加了中華民族解放先鋒隊。他家是深澤縣有名的大戶人家，被稱為「王宅半邊城」。王氏家族於二十年代相繼破產，開始分化。到了王亢之這一代，家中已經沒落，大片田地變賣，只留下一所三套院老住宅和幾畝園田。王亢之的父親也是讀書人，過去一直在外工作，晚年住在王亢之這裏。我一次去他家還見過老人家，和我說過話，是個知書達理的老人。王亢之對父母（繼母）很好。會上卻有人揭發批判王亢之供養兩個不勞而獲的剝削階級分子。

市委工作會議之後，王亢之就被停止領導工作，在家寫檢查，直到10月才恢復工作。我最後一次見王亢之是在1967年冬天，那時得知他要參加革命委員會的工作，可是他持悲觀的態度，說自己在天津長期分管宣傳文教工作，能順利過

關嗎？他說這話時臉色異常陰沉。果不其然，幾個月以後，1968年2月，他被江青誣陷為「日本特務」、「深澤縣叛徒集團」的頭目，被迫害致死。

人真是複雜的複合體。王亢之在1964年小站「四清」中積極地執行陳伯達的指示，參與迫害了一批幹部和群眾；可是自己在分管的工作中又抵制「左」傾，保護幹部，最後自己又成了「左」傾的殉難者。這萬惡的「左」傾，真是讓人一言難盡！

說些真話遭批判

1966年8月的市委工作會議，是在京召開的華北局工作會議的繼續。在華北局工作會議上被批判的中共天津市委書記處書記、市長胡昭衡，在市委工作會議上仍是第一個重點。這次參加市委工作會議的包括華北局工作會議的與會人員，同時大會秘書處又印發了《華北局工作會議天津各組揭發批判胡昭衡同志錯誤的情況》，因此，會議從一開始就掀起揭發批判胡昭衡的高潮。

《華北局工作會議天津各組揭發批判胡昭衡同志錯誤的情況》共分三大部分：第一部分為「胡昭衡同志在天津工作兩年半期間，在政治上組織上犯了一系列嚴重錯誤」；第二部分為「批判《老生常談》」，附有專題材料；第三部分為批判《一個共產黨員的誕生》、短篇小說《跳崖》、《乃紅子》。對胡昭衡的揭發批判，事無巨細，一一「上綱」。例如某區揭發胡昭衡一次視察工作，四次插話提到錢的問題。當區裏彙報街道居民生產問題時，他問怎麼給錢？某街幹部

彙報時，他又問青年幹部收入多少錢？居民委員會彙報時又
問保育員一個月收入多少錢？居民代表彙報從工廠拉爐灰修
胡同的道路時，他又說工廠還得給你們拉爐灰的錢呀！這本
來是關心群眾生活的表現，是再正常不過的，本來無可非
議，可是卻被批判為到處「宣揚金錢掛帥」。

　　會議進行的中期，胡昭衡的夫人、市委組織部副部長
林以行就胡昭衡的問題講了個人的看法。林以行也是抗日戰
爭時期參加革命的老同志。1938年夏，她在湖北襄陽師範畢
業，立即和兩位同學奔赴武漢，被介紹到共產黨領導的青年
訓練班學習，後來幾經周折，於當年8月到達延安，進入抗日
軍政大學學習，後來到部隊工作。她調天津以前，曾任內蒙
古呼和浩特市市委書記處書記。

　　林以行在小組會上說：「從《老生常談》這書說也好，
一貫看他也好，在組織上沒有結論以前，我認為胡昭衡不是
反黨反社會主義反毛澤東思想分子。我對昭衡瞭解。我們是
1940年在八路軍120師認識的。我說一點情況，幫助同志們
分析批判。根據毛主席的教導，研究問題不帶主觀性、片面
性、表面性。胡昭衡在抗戰前是學生，家庭是富農，父母參
加勞動，也是剝削階級。他於1933年參加過左翼作協，那時
在北平匯文中學讀書，愛寫文章。1933年參加反帝大同盟，5
月被捕，坐了一個月的獄。因為沒有人證、物證，經學校取
保釋放。放出後繼續在學校念書，後來到北京大學念了兩年
書。1937年參加八路軍，在120師，沒有被俘過。他在舊社會
沒有做過任何事情，是學生。抗戰中做過兩年組織工作，其
他時間做宣傳工作。日本投降後到東北，1946年到內蒙，一

直在內蒙工作18年，當過騎兵師政委。1960年擔任內蒙古自治區黨委書記處候補書記兼宣傳部長，還分管農業，下去的時間多。從1961年開始寫《老生常談》。從他本人一貫歷史表現看，是否有意識反黨反社會主義反毛澤東思想？我認為不是。他工作一貫積極，一帆風順，助長了他個人主義的發展。後來調到大城市，在大城市當市長出頭露面多，助長了他個人主義的發展。胡昭衡是屬於做過錯事、說過錯話、寫過一些不好的文章、不好的作品的人。正如〈十六條〉中第五條說的那樣，是屬於資產階級世界觀沒有改造好的知識份子。」

林以行還說：「總的來看，這是好事，很好，歡迎。不是這一場文化大革命，不可能聽到這些意見。大家毫無顧忌地講出來，這是好事。儘管有些同志揭發出來的有些事實不是這樣，也沒有壞處，將來組織上查證、核實、結論。如有的同志講，我們來天津後修房花了一萬多元，實際上是我們來以前市人委修的。如《簡報》上說，家庭燒煤、傢俱都是公家出費。我們家庭燒煤從來是自費，傢俱也按規定交折舊費。訂幾份報是公家規定，每位書記家裏都是如此。要說是錯誤，是制度不對，不是胡昭衡一個人的事情。」

林以行的發言以「簡報」的形式刊登以後，立即引起各組的聲討。若干組都出了專題《簡報》，對林以行的發言進行批判。有的說：「看了林以行的發言，義憤填膺。這是林以行公開向無產階級文化大革命挑戰，必須徹底揭露她，堅決反擊她。」有的說：「大家情緒激昂，非常氣憤，一致認為，林以行的發言是株大毒草，是公開地為胡昭衡塗脂抹

粉，明目張膽地為胡昭衡進行辯護，是對揭發胡昭衡問題的
同志進行反撲。」有一篇《簡報》有三個橫標題：一為「一
個反黨反社會主義的夫妻店」；二為「堅持反動立場，為胡
昭衡詭辯」；三為「自己跳出來的反面教員」。各組還貼了
不少大字報，要求罷胡昭衡、林以行的官，要求對胡昭衡公
開登報點名批判，同時把林以行列為「黑幫」，表示「有決
心有信心徹底鬥倒、鬥垮、鬥臭胡昭衡這夥反黨反社會主義
黑幫」。當年我作為編印《簡報》的負責人，為揭發批判
胡昭衡、林以行推波助瀾，也是難辭其咎的。歷史竟如此曲
折，當年在會議上不少揭發批判胡昭衡的人，散會後等待他
們的也是被揭發批判的命運。

　　胡昭衡夫婦，在這場「文革」災難中，幾度沉浮，受盡
磨難。市委工作會議上，胡昭衡夫婦都被戴上「黑幫分子」
的帽子。之後由於形勢發展變化，又讓胡昭衡出來參加天津
市革委籌備小組和革委會的工作，隨之也安排林以行工作。
孰料，1971年1月又湧出一陣黑風惡浪，胡昭衡被汙誣為「壞
人」、「天津五・一六總後台」，以此為罪名被軍事監護達
三年之久。林以行也被送進失去自由的「學習班」達兩年之
久。

　　1978年初，胡昭衡重新出來工作。他在1978年元旦贈夫
人林以行詩云：「嘉年喜登臨，患難夫妻親。花甲存芳澤，
芝蘭生林深。天秋氣肅殺，野寒森淩陰。風雷激蕩久，健我
與爾身。雖遭斧柯頻，削株難掘根。嚴霜見後凋，原燎露真
金。戰士暮年志，鞠躬盡瘁心。」胡昭衡先後擔任國家衛生
部黨組成員、副部長，國家醫藥管理總局黨組書記、局長。

1984年2月，胡昭衡離休。1999年11月9日在北京逝世，享年84歲。

六、炮打市委司令部

　　1966年的夏天，酷暑難當，比這天氣溫度還要高的是人們被運動煥發出來的政治熱情。整個城市響徹「拿起筆做刀槍，集中火力打黑幫」的造反歌聲，每個人都發瘋般地尋找著鬥爭的目標。8月7日，毛澤東的〈炮打司令部──我的一張大字報〉發表，筆鋒所向直指劉少奇、鄧小平，立刻點燃了各省、市炮打司令部的熊熊烈火。炮打市委司令部，也成了當時正在舉行的市委工作會議的中心內容。

　　首先是亂箭齊發和重點批判並舉。人們通常認為，「文革」中的大鳴、大放、大字報、大辯論是從紅衛兵和造反派在社會上掀起來的，其實是從黨內開始的，如同市委這次工作會議這樣。當時大鳴大放，在小組會上亂箭齊發，從市委書記處、市委常委到市委各部委的當權者，不少人在小組會議上都被揭發批判過。為了配合運動，會議《簡報》有聞必錄。據不完全統計，在小組會議上被揭發批判並在會議《簡報》上被點了名的超過50人以上。在市委書記處8位書記中，重點被揭發批判的有4人。

　　其次是對市委領導的揭發批判。有些人批判天津經濟落後，提到了政治路線的高度，指責市委不突出政治，不抓「以階級鬥爭為綱」，沒有活學活用毛主席著作，沒有突出大學解放軍、大學大慶。在這之前，從1964年以來，華北局

主要負責人曾幾次批評天津經濟落後問題。1964年2月，市委曾召開全委擴大會議，學習毛澤東〈關於加強相互學習、克服故步自封、驕傲自滿的指示〉，開展批評自我批評，檢查工作中存在的問題。市委第一書記萬曉塘作了〈振奮精神，刷新作風，為改變天津落後面貌而奮鬥〉的報告。其實，歷史證明，天津當年經濟的落後，主要是從1958年由直轄市改省轄市造成的。這種體制變更，人為地把一個面對全國的大型工商業城市，變成面對一個省、為一個省服務的城市，自然使天津經濟發展遭受很大挫折。1957年，天津工業總產值占全國的比重為5‧56％，上海為16‧1％，北京為2‧9％；而到1961年，天津就下降為4‧8％，上海和北京分別上升到18‧5％和5‧3％。

再次是批判市委對文化大革命領導不力。在華北局工作會議期間，市委17位常委除長期病號以外，只留市委常委、組織部部長馬瑞華一人在津主持全面工作，其餘都赴京開會。毛澤東在〈炮打司令部──我的一張大字報〉裏寫到：「在過去五十天裏，從中央到地方的某些領導同志，卻反其道而行之，站在反動的資產階級立場上，實行資產階級專政，將無產階級轟轟烈烈的文化大革命打下去，顛倒是非，混淆黑白，圍剿革命派，壓制不同意見，實行白色恐怖，自以為得意，長資產階級的威風，滅無產階級的志氣，又何其毒也。」毛澤東這一段話，不僅向劉少奇打出一顆重磅炮彈，也給「從中央到地方」執行資產階級反動路線定了性。從此，市委總是檢查執行資產階級反動路線，檢查，受批判，再檢查，再受批判，直到垮臺。

　　正是在馬瑞華主持全市工作期間，6月21日，在全市慶祝中央改革高考決定的大會上，第16中學的部分學生散發了給全市青年的一封信，批判馬瑞華對學生講話中的嚴重錯誤，批評市委對文化大革命領導不力，並且提出市委有黑線。馬瑞華曾將此事向在京開會的市委書記處彙報過。當時，市委很快「亮明旗幟」，說市委是革命的，組織各校師生對16中學生的這封信進行辯論，並向16中增派工作隊。6月13日，各校學生聚集在16中門前辯論時，現場秩序較亂，馬瑞華個人曾決定派公安部隊32人到現場維持秩序（上午9時半到達，11時半撤離），對學生們沒有任何限制。此事被反映到中央以後，中央、華北局對河北省委、天津市委提出批評，省委第二書記劉子厚（省委第一書記林鐵當時停職檢查）於8月5日向中央、華北局寫了檢查，並報告省委和市委決定立即採取兩項措施：一、撤銷馬瑞華市委常委、組織部長職務；二、由市委第一書記萬曉塘召開16中全體師生員工並吸收各校師生員工代表參加的萬人大會，公開進行檢討，並宣佈對馬瑞華的處理決定。

　　8月6日，萬曉塘按照日前向中央、華北局的報告內容，在萬人大會上做了檢查並宣佈處理決定，但是此事並沒有就此平息。萬人大會以後，有些人擁護，有些人則堅決反對，批判市委推出一個馬瑞華是「捨車保帥」。8月10日，全市50多個單位、兩萬多人在市委門前集會，本來不寬的泰安道上人頭攢動，水泄不通。某小學代表全體師生聲討：「中共天津市委老爺們，你們是真革命還是假革命，你們把錯誤完全推到王金鼎、馬瑞華身上，企圖推卸你們的責任。你們這個

伎倆欺騙不了我們……市委老爺們，我們一定要挖掉你們這條黑線！」也有的擁護市委的學校師生對市委的決定提出質疑，說現在市委肯定了16中是革命的，我們當時是反對者，難道我們就是不革命的；他們是左派，難道我們是右派嗎？在當時那個非左即右的時代，這種毫無邏輯的思維方式，常常使人陷入有口難辨的尷尬境地。

若問這次事件的是非功過，真是讓人無法評說。16中的學生，響應毛主席號召，敢為人先，率先起來革命，無可非議；其他學校的師生聽從市委召喚，起來保衛共產黨的組織，同樣無可非議；馬瑞華獨自在津挑起重擔，遇事挺身而出，還是無可非議。要知道，馬瑞華是抗戰初期參加革命的老同志，當過縣委書記和地委領導，進城後當過多年河西區委書記，有豐富的領導工作經驗，處理問題絕不會輕舉妄動的。省委、市委在中央、華北局的批評督促下，執行上級決定對事件做出處理，是不得已而為之。那麼，究竟誰之過呢？只能從當時的大環境來考慮。「文革」中最奇特的一種現象就是造反的和保守的、整人的和挨整的都認為自己是革命的，都認為自己是按照毛主席教導辦事的。「為了一個共同的革命目標走到一起來」的無數人，為了實現同一個目標卻打得你死我活，以至兵戎相見，血流成河。道理已經完全淹沒在人們的政治狂熱當中，哪裏還有什麼是非標準？大局全錯了，局部無疑也是錯的。可以設想，當年群眾揭發、上級定調市委有一條黑線，你承認不承認？承認等於否定自己，成了「走資本主義道路的當權派」；不承認則壓制革命，執行資產階級反動路線。這樣就使地方黨委領導陷入一

種「邏輯怪圈」，左右為難，怎麼也不是。馬瑞華不過是首當其衝的替罪者，其實當年是人人難保，在劫難逃，直到整個市委領導及其機構被徹底「砸爛」。這真是一段很奇特的歷史。

從華北局工作會議到市委工作會議，都是以揭發批判領導幹部為中心的黨內鬥爭。它既具有歷次黨內鬥爭的一般特點，又具有「文革」時期的特殊特點。這場鬥爭是毛澤東親自發動的，是任何人無法預測和把握的，乃至後來的事態發展連他自己也始料不及。我的一位朋友、日本國的社會學家橋爪大三郎就中國的「文革」與日本的新左翼做比較，著文說中國的「文革」是「史無前例的奇妙運動」。為什麼說「奇妙」？他講了一段很耐人尋味的話：「按照經典的馬克思主義論述，近代政治革命包括、也僅僅表現為資產階級市民革命以及無產階級社會主義革命這兩種類型。中國在經過艱難曲折的革命後終於建立了社會主義國家，理應在中國共產黨領導下努力從事社會主義建設。然而，這樣的黨和國家卻受到造反的無產階級大眾的批判打倒。不該發生的事情發生了。」[23]這裏橋爪說的並不準確，其一，整個黨和國家並未被打倒，共產黨的執政地位仍然堅不可摧，國體和政體也毫無改變，而是從中央到地方各級領導機構都被推倒重來了。其二，不是被造反的無產階級大眾打倒的，而是以毛主席為首的黨中央，從黨內「文革」開始，進而發動紅衛兵和造反派造反，把自己親手締造的政權來了一次所謂「改朝換代」。從社會學的角度考慮，兩者都不具備社會組織及領導機構正常更替的特點，都是無法無天的無政府主義行為，因

而互相發生衝突，內戰不休，爭鬥不已。

1966年8月市委召開工作會議之日，正是「文革」初期黨內「左」傾思潮達到高峰之時。會議對有關領導人的揭發批判，具有以下幾個特點：

首先，寧左勿右，急風暴雨。左是方法問題，右是立場問題，在黨內幹部思想中已經根深蒂固。「如今混進黨裏、政府裏、軍隊裏和各種文化界的資產階級代表人物，一旦時機成熟，就要奪取政權，由無產階級專政變為資產階級專政，更何況赫魯雪夫那樣的人物，正睡在我們的身旁。」〈五·一六通知〉猶如在每個人的後背擊一猛掌，鼓動黨員幹部沿著「左」的道路急駛。會議原定有學習時間，可是沒有學習一兩次，很快就展開了揭發批判。過去黨內宣導整風要「和風細雨」、「治病救人」，如今是「對敵鬥爭」，自然是暴風驟雨。什麼「又粗又長的黑線」、「反革命修正主義」、「復辟資本主義」等等，帽子滿天飛，棍子到處打。有些人批判當年天津市的建設規劃是發展資本主義的規劃，是擴大三大差別的規劃。當時天津是地地道道的計劃經濟，哪裏來的發展資本主義呢？1959年的反右傾鬥爭，「使黨內從中央到基層的民主生活遭到破壞」（〈中國共產黨中央委員會關於建國以來黨的若干歷史問題的決議〉語），黨中央於1962年進行了甄別平反。可是有些人連這些也要否定，說「實際上反右傾以後又犯了右傾錯誤」。有人還翻出1957年王亢之對文藝界劃右派時的批示大加撻伐，作為「走資派」的證據。那幾個月裏，懷疑一切、否定一切、打倒一切的思潮甚囂塵上，壓倒了一切聲音。

　　其次，攻其一點，不及其餘。毛澤東講到黨內鬥爭時，多次引用《昭明文選》宋玉那篇〈登徒子好色賦〉，教導人們不要像宋玉批評登徒子那樣「攻其一點，不及其餘」。可是黨內在對待劉少奇、彭德懷等許多人的批判和處理上也恰恰是「攻其一點，不及其餘」，這真是黨內莫大的悲劇。例如因為京、津距離近，周揚來天津比較多，有些人就說天津是周揚的黑據點。又如批判市委統戰部只「統」不「戰」，還提倡開什麼「神仙會」（其實這是毛澤東在廬山發明的叫法），只許階級敵人「放」，不許無產階級反擊。有些不單是攻其一點，而完全是牽強附會到了十分荒唐的地步。例如胡昭衡的小說《一個共產黨員的誕生》，寫了一個黨員名叫羅驢駒，有人竟說這是誣衊共產黨員是騾子和驢的雜種，現在看，何其荒唐也！有一年過春節，王亢之和大家見面時給大家作揖，有人牽強地說這與《燕山夜話》提倡的一樣。有人揭發，1962年王亢之接見文藝界代表，每人拿了一元錢吃了一頓，還說要大家保護身體，於是批判王亢之「這是什麼精神狀態」！

　　第三，眾口一詞，不容質疑。在揭發批判不斷升級的情況下，人人上綱上線，怎麼拔高也不為過。在北京批判了「三家村」之後，市委工作會議上也找「三家村」，可是天津從來沒有三人開專欄寫雜文的，甚至也沒有個人開雜文專欄的。於是就強拉硬拽，有人說白樺、王金鼎和方紀是「三家村」；還有人說王金鼎和衛生系統、體育系統三人是「三家村」。這純屬「喬太守亂點鴛鴦譜」，可是誰人敢質疑呢？在華北局工作會議上，有人揭發市人委辦公廳主任楊騰

說過胡昭衡是「活焦裕祿」。楊騰從市委工作會議上印發的《華北局工作會議天津各組揭發批判胡昭衡同志錯誤的情況》中看到自己被揭發的此事，特向大會秘書處寫了申訴。楊騰有理有據地否定此事。楊騰提出「何時、何地、何人」聽他說過此話？無人能夠答對。楊騰的信發表後又遭到批判，有些人說，不論楊騰是否說過這句話，可是作為辦公廳主任，難道沒有給胡昭衡抬過轎子嗎？

第四，眾叛親離，徹底孤立。在「左」傾思潮的侵襲下，人人自危，人人自保，特別是重點批判對象的身邊人、知情人、受重用的人，思想壓力很大。如果不積極揭發批判，就是劃不清界限，就有受到株連的危險。批判王金鼎時，不僅會內批判，還召開幾次中型會，吸收會外知情人參加。幾位被重點批判的領導人，「同一戰壕的戰友」最後只剩下自己的夫人。

第五，暫時掛起，等待處理。情況也不盡相同，有的在家停職檢查，有的被關押監護起來，不再贅述。

劉少奇在1966年7月底的一次會議上說：「這個運動有它自己的邏輯，不是你我所能左右得了的。」這實際上是他不便明言「文革」這場黨內鬥爭的殘酷性，作為國家主席尚不能受到憲法保護，被誣陷迫害，何況其他幹部？我曾分析過當年所有的那些所謂批判，真是集中表現了黨內鬥爭的「左」傾，見風行事，斷章取義，混淆是非，無限上綱，否定一切，把人搞臭，不許申辯。這種黨內鬥爭危害極大，教訓太深刻了。

七、市委文革辦公室記事

短命的文革辦公室

1966年8月，市委召開工作會議時期，「文革」狂飆驟起，動亂開始出現。當時除了業務部門支撐日常工作以外，市委領導全部精力都投入應付「文革」。為了適應這種形勢，市委重新建立了八大「文革」工作機構，即市委文化革命辦公室、市級機關文化革命小組、政法文化革命小組、街道文化革命小組、宣傳教育文化革命小組、中學文化革命辦公室、農村文化革命小組。當時工業、交通、建設、財貿沒有建立本系統的文化革命小組。由於宣傳教育系統的主要負責人都受到批判，宣傳教育、中學方面的「文革」負責人都由其他部委負責人擔任。

市委文革辦公室負責綜合掌握全市的「文革」情況和起草有關檔案。主任由市委秘書長李定兼任，我擔任副主任，主持日常工作。辦公室下設秘書、資料、巡視三個組，工作人員主要有市委辦公廳、研究室以及原市委四清辦公室部分人員，共30餘人。

市委文革辦公室佔用和平區鄭州道原市委高級幹部自修班的房屋。這裏的主樓是兩座並列相連的樓房，建築面積、房間佈局完全一模一樣。原來是霸縣勝芳鎮大地主蔡氏的住宅，兄弟兩人，一人一套。天津解放不久，我在原十區工作時，曾同另一位同志來這裏訪問過，還見到蔡氏兄弟其中的一位。我問他家有多少土地？他說準確的數記不清楚。據說蔡氏在清朝是掛「千頃牌」的主兒，後來其命運如何，不得

而知。1962年，我曾經在這裏的自修班參加過一次學習，為期兩個月。那時學習相當輕鬆，所謂「出氣」、「看戲」，實行「三不主義」，不打棍子、不戴帽子、不揪辮子……這次在文革辦公室則完全不同，天天住在那裏，晝夜堅持工作，經常受到造反組織的衝擊，猶如狂風巨浪中的一條木船。

當時辦公室通過各口、各區局瞭解情況，天天編印簡報上報市委。這同一般簡報可不同，天天報憂不報喜，這裏有自殺的，那裏出了亂子，幾乎沒有什麼喜可報。辦公室巡視組的人員直接到下邊瞭解情況，但用市委文革辦公室的招牌困難重重，只好借用新華社天津分社記者的名義，後來被某造反組織發覺惹了麻煩。我們當時還派人常住北京，及時瞭解首都的動向。駐京的一位幹部找人借自行車去看大字報，車子丟了，要賠償對方150元，辦公室哪裏有錢？我找主管秘書長批示，由辦公廳行政處會計科補助100元還不夠，只好由個人打借條向食堂借50元以應急。後來機關癱瘓，食堂的借款只好由我個人掏腰包了，真是慘澹經營！

辦公室另一項任務是草擬講話稿和文稿，大都是檢查之類的文字，替市委領導扣帽子，上綱上線，最後還要加上幾個呼「萬歲」的口號，真是無聊至極！

到當年12月，市委內部也造起反來，機關已處於癱瘓狀態。市委文革辦公室常常受衝擊，根本無法工作。部分幹部經過串聯，聯名給市委書記處上書，並注明「十二萬分火急」，因那時市委書記處已轉入秘密地點辦公，大家要我負責轉交。原信如下：

「趙武成、谷雲亭[24]、張淮三、胡昭衡同志：

群眾罵我們、轟我們、鬥我們，我們成了群眾造反的物件，成了固守資產反動路線的天津市委的替罪羊。這是情有可原的，但對群眾罵我們是市委的特務、保皇派、騙子這些激烈言辭，感到莫大的恥辱！有時給群眾解決不了問題相反地吵起嘴來，形成群眾鬥群眾，這都是你們造成的。

要知道，我們是革命幹部，是革命群眾。我們是有造反勇氣的。群眾對我們罵也激起了我們的革命鬥志。我們也要站起來造反了，我們已成立了捍衛毛澤東思想戰鬥隊，強烈要求市委火速整頓文革領導機構。

送上一對聯；上聯是『敢字當頭，徹底革命，快快快』；下聯是『怕字當頭，堅持錯誤，慢慢慢』；橫批是『當機立斷』。」

如何「當機立斷」？我急速向市委幾位書記彙報，建議撤銷文革辦公室，讓抽調的人員回原單位「鬧革命」。當時一陣沉默，胡昭衡首先點頭，其他領導沒有異議，就算通過了。我回去以後立即宣佈了這個決定。那天晚上，大家慌慌張張收拾檔案資料，散亂不堪，紙張狼藉，真有點像電影裏國民黨軍隊兵敗撤退一樣。辦公室秘書組組長陳文毅拿著大家交來的一大串鑰匙不知所措，我說交給我吧，心中卻暗暗叫苦不迭。當時市委下發紅頭文件成立的文革辦公室，僅僅折騰了四個月就這樣「壽終正寢」了。

這場「文革」就是要革掉各級黨組織的「命」，普遍進行奪權，重組領導班子。我們居然還天真地以為需要各級黨組織來領導文化大革命，還像過去搞運動那樣，又是組建

辦公室，又是調人寫簡報，真應了「對運動很不理解」這句話。1967年初，上海首先刮起了「一月風暴」，迅速在全國掀起了奪權浪潮。市委書記處於1967年1月18日被徹底衝垮。文革辦公室能夠正式宣佈撤銷，雖然是短命的，但不是被「砸爛」的，也算是「安樂死」吧！這四個月當中，我在市委文革辦公室經歷了一系列重要事件。

聞名全市的「八・二六」事件

1966年8月26日，來自北京和本市勞動局某技校的部分學生與市委機關工作人員發生了一場衝突，釀成赫赫有名的「八・二六」事件。市委文革辦公室就這一事件向省委、華北局寫了專題報告。事件的經過是這樣的——

1966年8月25日下午，市裏一位副市長到某技校宣講〈十六條〉，被來津串聯的北京紅旗學校和某技校部分學生圍攻，他患有高血壓，心中一急當場暈倒，被技校的老工人和部分學生組織的赤衛隊護送到醫院進行搶救。晚間，持不同觀點的學生和一些工人進行辯論，在辯論中部分學生動手打了幾個老工人。26日上午，被打的老工人來市委反映情況，要求制止打人現象。

26日下午4時多，北京紅旗學校一個自稱「孫大聖」的學生，糾集50多「紅衛兵」連同市勞動局某技校100多人到市委門前，先是在臺階下兩側做了部署，6時多開始衝擊市委大樓大門，被值班人員攔住。他們又增調人力再次衝擊，對值班人員又打又踢，衝進大樓後，直奔會議廳，包圍了前來反映情況的某技校工人和市委負責接待的幹部，還搶走了這位負

責人的檔案（內有中央文件3份和宣講〈十六條〉提綱）以及另一接待人員的記錄本，並把一些阻攔他們的工作人員推搡到會議廳進行圍攻。這裏說的會議廳，就是市委一樓大會議室，在五十年代是市委常委舉行會議的場所，我曾多次在這裏做記錄，算是天津最神聖的地方了。平時會議桌上放著暖壺，在開會期間，連服務人員都不得進入倒水。

「孫大聖」等人衝擊大樓前，對市委主要領導人指名道姓地高聲叫罵：某某黑幫頭子快滾出來，我們要砸爛黑市委！你們這些看門狗快滾蛋！他們衝進大樓後，樓上樓下四處搜查，砸各辦公室的門，大喊要揪出某某人，說什麼「把你們的主子逮住，你們一個也跑不了」，還揚言要把這個地方砸爛。他們先後毆打了服務、接待人員30多人，許多人被打致傷，有一人昏迷，同時還毀壞了兩道大門的鋼拉手，砸壞了一些茶碗。

在學生們衝進大樓時，「孫大聖」手持皮帶打人。有幾個工作人員上前將他抱住，他竭力掙脫時前額碰到門上，皮破出血。他碰傷自己後，跑回門前主席臺大喊大叫市委幹部打傷了人，煽動群眾繼續向大樓猛衝。在場一自稱是「工人」的，也上主席臺大喊，市委大樓升半旗，國旗還是三角的，這還不是黑幫？這還不是混蛋王八蛋！臺上來自北京的紅衛兵也跟著叫罵，在場的群眾越聽越不對味，有的工人站出來反駁，遭到攻擊。

這一事件到27日晨5時才平靜下來。市委根據北京紅衛兵的要求，派車把他們送回北京。

這一事件發生的當晚，市委主要領導人萬曉塘、趙武成

在鄭州道文革辦公室坐陣，徹夜未眠。市委強調，接待幹部要耐心聽取群眾意見，不得組織或參加辯論。當北京的紅衛兵在門前呼喊時，市委提出，市委門前會場，由北京紅衛兵主持，充分讓他們發表意見，罵不還口，打不還手。

這一事件完全是一些學生粗暴無禮的造反行為造成的，可是也成了市委的「錯誤」。市委於11月份在「執行資產階級反動路線的初步檢查」中這樣寫道：「『八‧二六』事件的發生，是由於市委害怕群眾、害怕革命、不敢站出來接見群眾造成的……同學們敢於鬥爭、敢於起來揭發批判市委的問題，炮打司令部，大方向是正確的。這種革命造反精神好得很！但是，當群眾起來炮打市委司令部時，市委很看不慣，很不舒服，怕打到自己頭上，因此，形成了與革命同學尖銳對立……如果我們當時有正確的認識、正確的態度，市委負責同志出面接見同學們，並且支持同學們揭發批判市委的問題，『八‧二六』事件是可以避免的。」其實，市委領導人當時即使出面也解決不了任何問題。對方說市委是「黑幫」，要打倒你，你接受不接受？你接受就得下臺，不接受如果進行解釋，又是「壓制群眾」，是執行資產階級反動路線。從當時的形勢看，地方黨政領導在這場「文革」中被打倒已經不可逆轉。9月2日，萬曉塘在市委機關辦公樓分批接見了北京和本市一些學校的學生。可是事態並沒有平息，從9月2日上午到3日早晨，北京和本市幾個學校的紅衛兵，紛紛進入市委機關辦公樓。市委機關門前的會場，同時被幾個學校的紅衛兵把持，聚集起不少人揭發批判市委的問題。

為什麼率先起來造市委反的是一些中學和技校的學生

呢？究其原因，首先是「文革」前的幾年，在各類學校開展的政治教育中，大力批判所謂的資產階級教育思想和人性論，強調階級和階級鬥爭，強調學生的戰鬥性和反抗精神，正如學生們自己所說：「我們唯一的煩惱是沒有生在革命戰爭年代，無法馬上檢驗我們對革命的忠誠和馬上為革命作出犧牲。」政治社會化一旦完成，青年人初步形成的價值觀和思維模式就有了慣性。正是在這樣一種教育氛圍中，十幾歲的學生們開始形成紅衛兵的情感模式。同情心不再被肯定，善良不再被肯定，相反，無情被當做革命的堅定性，野蠻被看做革命者應有的勇敢。當這樣一種情感和道德觀形成之後，他們順理成章地走到了造反的前列，成了最為狂熱、無情、野蠻的一代青年，成了「文革」爆發初期的「革命闖將」。

其次，他們充當了政治鬥爭的工具。「文革」爆發時，廣大工人、農民、基層幹部出於長期對黨的擁護、熱愛，是不贊成當時打倒一切的做法的，所謂的「保皇派」、「保守勢力」是很強大的。為了打破這種局面，把涉世未深的中學生組織起來，衝鋒陷陣，是政治鬥爭的需要。8月1日，毛澤東寫信給清華大學附屬中學紅衛兵，熱烈支援他們的革命行動。8月18日開始，毛澤東在北京接見千百萬紅衛兵。果然，在與「保守派」作鬥爭中，紅衛兵起了舉足輕重的大作用，直到1967年1月奪權風暴時，紅衛兵基本上是造反潮流的領頭力量，這個時期政治行動的中心，也常常是由紅衛兵集聚。天津學生一向有傚仿北京學生的習慣，首都那裏已經天翻地覆了，津城焉有不亂之理？

「紅色恐怖」的歲月

「文革」初期，造反派批判各級黨委「鎮壓革命群眾」時，使用頻率頗高的一句話就是「走資派」實行「白色恐怖」。其實，整個「文革」時期哪裏有什麼「白色恐怖」，大江南北、長城內外不如說都是「紅色恐怖」更為貼切，例如當年「一打三反」、「清理階級隊伍」等等。但是，來得最突然、最恐怖，像「紅色旋風」一樣席捲全國的，還是1966年8月下旬的破「四舊」。那時我在市委文革辦公室，天天搜集彙報，瞭解情況，分析形勢，可是誰也沒有料到這破「四舊」勢如破竹，來得那樣迅猛。

紅衛兵誕生不久，便衝上街頭，殺入社會。1966年8月，林彪號召紅衛兵「大破一切剝削階級的舊思想、舊文化、舊風俗、舊習慣」，要「弄得天翻地覆、**轟轟**烈烈、大風大浪、大攪大鬧」。於是，由北京到全國，掀起大「破四舊」的運動。1966年8月23日，首都紅衛兵破「四舊」的消息和《人民日報》社論〈好得很〉發表後，天津市各學校紅衛兵紛紛上街破「四舊」。上千家商店、數百條街巷和許

天津紅衛兵走上街頭破四舊。

多行業改換了所謂帶有封建主義、資本主義、修正主義、帝國主義色彩的名稱。「勸業場」改為「人民商場」,「惠中大飯店」改為「工農兵飯店」,「中原公司」改為「工農兵百貨商場」,「民園體育場」改為「人民體育場」,「玉清池」改為「工農兵浴池」……紅衛兵還建議把和平路改為反修路、革命路,市內各區也一度改了名稱。紅衛兵「通令」全市禁止理「怪髮型」和穿「瘦褲腿」。有的在理髮店門前貼了一幅對聯,上聯是「剪子不留情,毀你瘦褲腿」,下聯是「推子要革命,剃你阿飛頭」,橫批是「興無滅資」。有些紅衛兵說:「我們砸爛的不單是商店名稱,砸爛的是幾千年遺留下來的封建主義、資本主義的陳腐爛貨,是帝國主義、修正主義的反動毒素,是散發腐朽氣息的陳規陋習。」改名換姓也是當時風行一時的鬧劇。許多人為了跟上「破四舊」的革命時代,為了表示與舊思想、舊風俗決裂,紛紛棄舊名,換新名。有個人原名魏來喜,為表忠心,改名「衛東彪」,表示誓死捍衛毛澤東、林彪。幾年後,林彪垮臺,再改為「衛東恩」,表示保衛毛澤東、周恩來。沒多久,「四人幫」批判周恩來,他又改為「衛東青」,把周恩來換成江青。不久,粉碎「四人幫」,江青被揪出,他索性改名「衛東」,不保別人了。「文革」結束後,他對自己的姓名史感到丟臉,又還原舊名魏來喜。當年的「左」傾情緒和形式主義已經達到了登峰造極的地步!

這種「左」傾行為在市委機關門前也有突出表現。8月23日,群眾在市委機關貼大字報109張,其中一項重要內容是要求破「四舊」,有三項主張:一是要求立即取消定息和高薪

制度，要求資本家交出公債和存款，沒收官僚資產階級的房子，把資本家和沒有改造好的黑五類分子清理出各級機關。二是凡不符合社會主義時代的街道、胡同、企業、商店、公共場所的名稱更改為革命的名稱。建議天津市改為「衛東市」。三是凡不符合社會主義時代的商標要銷毀，奇裝異服、稀奇古怪的髮樣要杜絕，停止生產撲克，摔跤場、武術場要解散。這些今天看來是極端荒唐的，令人難以置信，然而確是反映了當時群眾的狂熱。

在破「四舊」中還有一種恐怖行為是抄家和打人。當年文革辦公室出了很多內部簡報，但是在新聞媒體從未公開提及抄家，只是表示堅決支持紅衛兵的革命行動。這股歪風是怎樣刮起來的呢？最近從中央文獻研究室主編的《毛澤東傳》上看到了當年抄家打人的來由。1966年8月18日，首都百萬群眾在天安門廣場慶祝中央八屆十一中全會勝利閉幕，毛主席檢閱群眾遊行隊伍。書中有以下記載：

「八·一八」大會後的一個重大變化是，紅衛兵開始衝出校園，走上街頭，聲勢浩大地開展所謂「向一切舊思想、舊文化、舊風俗、舊習慣發動了猛烈攻擊」的「破四舊」活動。

這些紅衛兵中的大多數人，充滿熱情，認為自己所做的都是正當的「革命行動」。他們政治上很幼稚，處於狂熱狀態，政策和法律觀念十分淡薄，無政府主義思潮在他們中間迅速氾濫起來，做出許多荒唐舉動。有些人更在「造反有理」的旗幟下為所欲為，造成駭人惡果。從二十日起，在「破四舊」的旗號下，北京、上海、天津等大中城市裏都相

當普遍地發生強迫抄家和侮辱人格、打人等踐踏法制的野蠻行為。更令人痛心的是，一些被任意指責為「黑五類」的人員被打致死，更多的被強行遣送回鄉。」[25]

　　1966年8月，天津開始進入「紅色恐怖」之中，開始是所謂「地、富、反、壞、右」黑五類分子作為第一代「牛鬼蛇神」受衝擊，戴高帽子遊街，被監督勞動。第二波是過去的資本家被抄家，他們的家裏被任意搜索，財產被任意帶走。當時各個學校都存放著大量的抄家物資，後來東西多了無法處理，在和平區新華體育場專門向市民賣過各類抄家物資。第三波是打老師，十分殘酷。打老師是從北京傳來的。被打的老師主要有三種人，一是學校負責人；二是業務強、有經驗、教書教得好的老師，當時被說成「資產階級反動學術權威」；三是個人有歷史問題或家庭出身「有問題」的。有些人的家被抄、個人遭到淩辱而走投無路，被迫走上絕路。文革辦公室天天接到多起自殺事件的彙報。據不完全統計，從8月27日起至29日下午6時止，全市共發生自殺事件117起，死亡79人。其中和平區所占比重最大。這個區在27日、28日兩天內共發生45起，占全市自殺總數的50%。這個時期的自殺人數在整個「文革」中最多。

　　參加抄家打人的中學紅衛兵不過十幾歲，都是建國以後成長起來的，怎麼會採取那樣殘酷的手段呢？當時覺得是不可思議的。現在想來，首先是他們對毛澤東的無限崇拜，對毛澤東發動的這場文化大革命的部署聞風而動。1966年6月1日，《人民日報》發出〈橫掃一切牛鬼蛇神〉的社論。這個題目就令人觸目驚心。8月6日江青接見紅衛兵時提出「破舊

思想、舊文化、舊風俗、舊習慣」。林彪在8月18日大會上再一公開號召「破四舊」，北京率先行動，天津跟風而動。其次，不斷強化的階級鬥爭觀念，一切以所謂「階級」劃線，嚴重輕視甚至忽略了社會成員作為個人存在的合理性，對那些被視為「牛鬼蛇神」的人，被「橫掃」無赦，其生命、財產均無保障。再次，這種群體狂熱行為一旦掀起，社會失控，行為盲動，將「人性惡」張揚到極致！

「紅色恐怖」典型地反映出極「左」文化的特徵，也呼應了把人劃分為革命與反革命、人民與牛鬼蛇神的階級鬥爭意識形態，使其獲得極端化表達。「紅色恐怖」帶給人們的是極端恐懼，它既使人屈服投降，任人宰割；又使人看風使舵，保全自己；還會使人熱衷投機，「左」得出奇！

異乎尋常的社會流動

在當年市委主管「文革」的各個機構中，以市委文革接待室的任務最為繁重。因為文革接待室不僅負責接待市委機關門前成千上萬的群眾上訪，而且還要負責外地師生來津的接待工作。當時成立了專門的天津市外地來津革命師生服務站。從8月下旬開始，紅衛兵運動已經形成全國性的「大串聯」。北京學生分赴各地，向全國播撒「文革」火種，各地學生也紛紛湧入北京「取經」。天津離首都這樣近，從外地去京的紅衛兵也有不少來天津「串聯」。8月31日，毛澤東第二次接見紅衛兵。9月5日，中共中央、國務院發出〈關於組織外地高等學校革命學生、中等學校革命學生代表和革命教職工代表來北京參觀文化大革命的通知〉，由於參加「大串

紅衛兵運動形成全國性的「大串聯」。

聯」的學生一律免費乘坐火車，他們的伙食和住宿由當地政府安排，費用由國家財政開支，「大串聯」更加如火如荼地開展起來。這樣，天津市的接待任務異常繁重。

從10月下旬以後，來津的學生數量大幅度上升。據外地來津革命師生服務站報告，每天要來2萬至3萬人。至25日零點，在津實住127000人，住進學校和9個澡堂。26日，實住164119人，28日增至173241人。

由於外地來津學生突增，車站秩序混亂，廣場經常擁擠著6000至7000名學生。24日夜間，南方某地80多名學生「臥軌」強行上車，使列車耽誤了2個多小時。

天氣變冷以後，外地學生要求解決禦寒衣服的矛盾十分尖銳，成批找服務站取鬧。有些學生說，限幾分鐘解決，否

則要採取「革命措施」。和平區某校因被褥不足，在黑板上寫道：「根據市委指示，兩三人一條被子，如強調困難、怕艱苦，請馬上滾蛋！」該校為了解決被褥不足，組織紅衛兵抄了幾十戶資本家，抄來幾百條被子，附帶抄了8輛自行車和兩千元存摺。當時雖然發生「打砸搶」，但是助人為樂的風尚還未破壞殆盡，也有一些群眾自發幫助外地學生的事情。住某小學的一名東北來津學生，丟了錢和糧票，小學教師湊了點錢和糧票給他。某廠工人在路上脫下自己的絨衣送給外地同學，隨後又回家拿了10件衣服送到區服務站，給外地學生穿用⋯⋯

外地來津學生的疾病醫療問題也比較突出。從9月11日至10月28日，住院的病人有134人，病癒出院的49人，死亡2人。東北中學生劉某，17歲，患白喉併發心肌炎，於10月27日住傳染病醫院，市服務站和市衛生局的負責人連夜趕到醫院看望，組織全市有關醫師搶救，並邀請北京傳染病院來津會診，病人的家屬也趕來天津。外地學生因衣服得不到換洗，長蝨子的不少。某衛生院採取在衣服上噴「敵敵畏」的辦法，致使10人中毒。

外地來津學生中還有要求步行「長征」的。東北某地中學生18人來津「串聯」，堅決要求從天津步行赴上海，於10月30日起程。河北省委接待站發給介紹信和一面「長征後繼隊」紅旗。區飲食公司送每人一冊「毛著」乙種本，街衛生院送每人一包常用藥。行前在他們住所開了送行會。

外地學生在「造反有理」的思想指導下，也時常提出一些無理要求。南方某市來津「串聯」的13名中學生，10月29

日向服務站提出5項要求：1、供應棉衣；2、每人借給現錢；
3、要買《毛主席語錄》、語錄牌、紀念章；4、將離津車票
提前到30日；5、印發傳單，內容一為揭發其所在的某市委的
問題，一為報導毛主席家屬中的烈士情況，要求印3萬份。服
務站答覆他們無法滿足其要求時，即大吵大鬧，指責服務站
是「黑市委的保皇派」，並揚言要組織500人來津造反。住在
中央某部駐津辦事處的100多名東北來的中學生，捲入該辦事
處機關內部的兩派鬥爭，要求參加批鬥會，批判其中的一派
是保皇派，鬧得不亦樂乎。

　　當年紅衛兵的「大串聯」，既是史無前例的社會大流
動，也是對從中央到各地黨政機關的大衝擊，為下一步的奪
權做了準備。據《毛澤東傳》記載：「紅衛兵的『全國大串
聯』產生了巨大的輻射作用，從北京開始的那種對黨政機關
的衝擊迅速擴展到全國。中央到地方的各級黨政機關紛紛被
圍攻，被『炮打』。相當多數的黨政負責人因遭到紅衛兵的
責難和攻擊被迫一再檢討，而始終無法『過關』，有的被野
蠻揪鬥以致失去人身自由，實際上已無法正常工作。許多
黨政機關陷於癱瘓或半癱瘓。社會秩序處於失控的無序狀
態。」[26]

　　當時紅衛兵「大串聯」興起的直接原因是毛澤東的幾次
接見紅衛兵，是出於對他老人家的無限崇拜。這種崇拜形成
了全國性的政治狂熱，連一些小學生也動了起來。11月3日，
從北京來天津的幾個小學生，最大的只有14歲，要求步行
去上海，每人帶一把刀子當武器，自稱根據毛主席的指示去
「經風雨見世面」。這種從狂熱到盲動的行為，在學生中迅

速傳播開來。出門「大串聯」已經成為一種時尚，實際上是一種異常的「時狂」。

中國當年是封閉的社會，地區人員之間除了探親和業務往來之外，則極少流動。我在市委辦公廳工作多年，只是跟隨市委書記出過門，但是均未離開過河北省界。一個小小中學生要出門，恐怕做夢也想像不到。而今有偉大領袖的號召，處處又提供方便條件，走遍全國不花一分錢，誰不心嚮往之？自然如同久蓄的汪洋洪水，一旦打開閘門，滾滾流來，一發不可收拾，以致北京無法承受，迫使中央發出通知：從11月1日至5日，全國各線鐵路停開去北京的專列5天。據天津站稱：中央計畫調一批空車到北京，疏散在京的200萬外地學生。但各地學生不讓空車走，繼續湧向北京，可是北京不讓火車進站，學生們只能在天津下車，不斷增大天津的接待量。12月1日，中共中央、國務院發出〈關於大中學校革命師生進行革命串聯問題的補充通知〉。〈通知〉說：11月26日前到北京的師生和紅衛兵在12月20日以前，免費乘火車返回原地。從12月21日起，在北京的師生和紅衛兵吃飯、乘火車和汽車不再實行免費；在外地串聯的師生和紅衛兵也須在12月20日前返回原地，12月21日後乘火車、輪船、汽車，不再實行免費；凡返回原地的師生和紅衛兵，一律開給直達票，中途不許停留。從這以後，大串聯的人流才算慢慢平息下來。正是：紅衛兵運動何時了？往事知多少。

八、風雨飄搖中的市委

市委第一書記鞠躬盡瘁

繼1966年8月26日紅衛兵衝擊市委機關的所謂「八・二六」事件之後，不久又發生轟動全市的所謂「九・一八」大會一事。事情的經過是這樣的：

9月18日，由市1中、18中、女6中等16所學校聯合召開揭批市委大會。這次會議是由北京紅旗學校與天津幾所學校部分學生發起，串連40多所學校，經過一周多籌備在民園體育場召開的。大會開了一天。市委第一書記萬曉塘、第二書記趙武成參加大會並講話。講話稿都是由市委文革辦公室準備的。紅衛兵代表由十幾個人發言。不少人紛紛遞條子、散發傳單。萬曉塘、趙武成在講話中強調：（1）熱烈歡迎大家的批評、揭發，虛心聽取大家的意見，支持同學們的革命行動。（2）檢查前一段市委在文化大革命中的缺點和錯誤。（3）介紹在市委內部揭批走資本主義道路當權派鬥爭的情況。（4）根據林彪講話和《紅旗雜誌》社論精神，要牢牢掌握鬥爭大方向。（5）對大家提出的許多問題，會後再做處理和答覆。講話總的精神是堅持認為市委是革命的，和當時已被誣陷為「黑幫」的北京市委不一樣，這可以說是市委對「文革」運動的一道「底線」。大會開得比預想的要緩和一些，上午到會3000人，下午只有6、7百人。用趙武成的話說，這不過是市委的「強弩之末」。不管怎麼說，書記們當時在十分緊張的形勢下，略有一點輕鬆感。

　　萬曉塘從1958年擔任市委第一書記已達八年，這八年是
天津解放50餘年最困難的時期之一。他作為市委第一書記，
一方面要顧全大局，認真貫徹執行中央的決定和河北省委的
指示、部署；一方面又要疏解天津幹部的情緒，力求天津有
所發展。這個期間還經歷了「大躍進」和「節糧渡荒」的嚴
重困難，一度還要兼管河北省劃歸天津的十幾個縣，他幾乎
跑遍了各縣廣大農村。1963年天津又遭遇了特大洪水襲擊，
他親自領導抗洪救災，真是不堪其累。再加上天津市改為省
轄市後，經濟地位和發展速度隨之下降，而當時華北局主要
領導人卻錯誤地歸之於天津工作落後，幾次提出不公正的批
評。萬曉塘忍辱負重，始終為天津工作殫精竭慮。在長期緊
張工作中，他患有風濕性心臟病、慢性胃病、習慣性失眠、
慢性腹瀉、坐骨神經痛等疾病，常年帶病工作。1966年4月以
來，萬曉塘病情加劇，以致在華北局工作會議期間在京301醫
院住院治療21天。儘管如此，他在「文革」開始以來總是迎
難而上。當天津中學的「文革」之火已經點燃時，他於6月中
旬回津，分別向幹部、職工和師生代表做了4次報告。一個中
學紅衛兵6月13日聽過萬曉塘的報告後，曾寫下這樣的日記：
「上午在體育館聽了萬曉塘的報告，很好。他這次特別提出
要分清兩類不同性質的矛盾。要好好學習主席著作和《人民
日報》、《紅旗》的社論，在風雨中鍛煉成長，學習階級鬥
爭，作革命接班人。鬥爭要有領導、有組織、有計劃；青年
有革命熱情，敢於革命，這很好，但是要沉住氣，鬥爭是長
期的等等。另外市委決定發給天津學生每人一本主席語錄，
搏得全場人的熱烈歡呼。這真是黨對我們的無比關心，真是

雪中送炭。」在當時造反聲浪甚囂塵上的時候，紅衛兵還能如此評價萬曉塘，足見他在群眾中的威望。

市委當時屢受衝擊，處境十分困難，但是萬曉塘始終沉著冷靜，力圖控制住運動的局面。當時市委機關早已無法正常開會、辦公，幾位書記秘密在睦南道招待所辦公，晝夜在那裏值班。招待所樓上有4間客房，由萬曉塘、趙武成、谷雲亭、張淮三各住一間。由於「九‧一八」大會平穩召開，19日下午，谷雲亭提議，最近我們就像抗日戰爭期間打遊擊一樣，東躲西藏，得不到好好休息。今天晚上，就放個假，除了留下值班人員以外，大家都回家看看。於是，谷雲亭、趙武成洗過澡，沒有在招待所吃晚飯就先走了。萬曉塘和家人通了電話，告訴今晚他要回家的事，接著由招待所一位服務員陪同，到理髮室理了髮，然後回到房間洗澡。

張淮三洗完澡下樓，來到餐廳，便叫跟隨萬曉塘的警衛人員馬某去喊萬曉塘來一起吃晚飯。馬某應聲上樓，看到萬曉塘的房門緊閉著，隱約可以聽到衛生間裏放水的聲音，便猜想一定是萬曉塘正在洗澡，他洗澡的時間一向比別人長，就沒有敲門。過了幾分鐘，仍不見萬曉塘下樓來，他又上樓去，先是輕輕敲門，沒有回音，加重力氣敲門仍無回音。馬某心生疑竇，急忙找服務員打開房門，發現萬曉塘赤身泡在浴盆裏，臉面朝上，自來水龍頭還開著。他們以為萬曉塘睡著了，便大聲叫他，但一點動靜也沒有，於是兩人急忙將他抱了出來。這時，張淮三也上樓來，見此情景，急忙叫萬曉塘的秘書高書田通知機關醫務室來人搶救。高書田接著又給第一中心醫院打電話求救。市委機關醫務室李永陽、呂翔之

大夫先趕來搶救，隨後一中心醫院王金達、華正行等醫護人員也趕到現場，然而為時已晚，萬曉塘再也沒有睜開眼睛。市委機關醫務所和一中心醫院搶救小組都斷定萬曉塘因心臟病暴發猝死。當晚，省、市許多領導人便紛紛應召趕來，當即商討了喪事安排，並請《天津日報》總編輯石堅到場。石堅到另一房間親筆起草出萬曉塘逝世的報導稿，當場經省、市主要領導人審定。省、市領導考慮正值「文革」期間，紅衛兵掃「四舊」，決定不事宣揚，低調處理，不舉行遺體告別儀式，翌日晨由少數領導人護送遺體去北倉殯儀館火化。但又考慮萬曉塘一生對黨的事業的貢獻，仍決定在第一工人文化宮設靈堂，22日舉行追悼會。

1960年5月1日，萬曉塘（左一）陪同毛澤東主席在海河廣場主席臺
參加五一國際勞動節慶祝活動。

　　追悼會在第一工人文化宮舉行，由河北省委第一書記劉子厚主祭，省委書記處書記、天津市委第二書記趙武成致悼詞。當我執筆起草「悼詞」時，心中不由一陣酸楚，幾天前還為這位我所熟悉和愛戴的老領導準備大會講稿，僅時隔數日又給他寫悼詞，真是人生無常啊！萬曉塘原名萬星師，字效唐。山東齊河人。早年就讀於齊河縣立高等小學，惠民鄉村師範學校。「七七」事變後，投入抗日鬥爭。1937年9月加入中國共產黨。後被黨組織派往陽信縣開展工作，任中共陽信縣工委書記。11月，日軍佔領惠民後，受中共山東省委和魯西北特委委派，到長清建立黨的組織，發動群眾參加抗日鬥爭。1938年1月任中共長清臨時支部書記。2月發動馬灣起義，建立長清抗日別動隊。後加入山東西區人民抗敵自衛團，編為第四大隊，任中隊長。5月，創建大峰山抗日根據地。任大峰山獨立營一連副連長。6月，任中共長清縣委首任書記。後任中共泰西地委組織部副部長、泰西區四大隊中隊長、大隊副、教導員，中共冀魯豫區委社會部部長兼公安局局長。1945年5月被選為晉冀豫邊區政府委員。1948年12月，參與接管天津，歷任天津市公安局副局長、局長，天津市副市長。1958年後任中共天津市委第一書記、警備區第一政委、中共河北省委書記處書記、天津市政協主席、第三屆全國人大代表、第八屆中共中央委員。萬曉塘逝世時剛剛50歲。

　　當時在追悼會的中心廣場，匯集著許多前來悼念的群眾。萬曉塘鞠躬盡瘁，死而後已，引起廣大幹部、群眾的深切同情。他逝世三天以來，從凌晨至深夜，前來致哀的廣大

群眾，不斷湧向第一工人文化宮。群眾的行為是自發的。當時市委採取「不組織、不阻止」的態度。誰料到風雲突變！萬曉塘逝世不久，他「服安眠藥自殺」的謠言竟傳播開來，他本人竟被作為「萬張反革命集團」的頭目受到批判，群眾自發的悼念活動被說成是「向黨示威，用死人壓活人。」戚本禹後來自己就說過：「萬曉塘死了以後，我去天津，看到幾十萬人遊行，我問一個小學教師：這是幹什麼？他說是追悼什麼書記的。我說，馬克思講，凡紀念死人，都是為了活人，那是利用萬曉塘整人的，他們以追悼萬曉塘為名，挑動群眾鬥群眾。現在萬曉塘的陰魂不散。」

近日讀《毛澤東傳》更清晰地看到，毛澤東發動這場「文革」不單是解決中央領導權的問題，主要是為了「防止資本主義復辟」。可是這場運動打倒一大批幹部、知識份子，最後又殃及大批響應中央號召起來造反的群眾，是他始料不及的。正如列寧所說：「歷史喜歡捉弄人，喜歡同人開玩笑，本來要走進這個房間，卻走進另一個房間。」

半癱瘓的工作會議

1966年11月4日至22日，市委召開各區局領導幹部280人出席的工作會議。這是市委在徹底垮臺之前的最後一次工作會議。會議主要是傳達中央工作會議精神，傳達毛澤東、林彪的指示和陳伯達、周恩來的講話，傳達劉少奇、鄧小平二人的問題，當時兩人在中央工作會議上都作了檢討；同時由市委作檢查，聽取與會人員的意見，批判資產階級反動路線。市委在這次會議上遭受「內外夾擊」，陷於難以自拔的

困境。

這次會議遇到的第一個難題是由誰來傳達中央工作會議精神。中共中央從10月9日至28日召開工作會議，陳伯達向會議作〈無產階級文化大革命中的兩條路線〉的長篇報告，成為這次會議的主題報告。這是陳伯達的地位在「文革」開始以後達到的頂峰。毛澤東、林彪、周恩來都講了話。天津市是由市委第二書記趙武成和市委書記處書記胡昭衡出席北京的會議。胡昭衡在華北局工作會議上受到批判以後，一直停職檢查。在中央工作會議之前，市委接到周總理辦公室童小鵬電話通知，點名讓胡參加中央工作會議。胡昭衡到北京後，周恩來曾找他談話，詢問他被揭發批判的情況，並要來《老生常談》看看。周恩來看後告訴胡昭衡說這本書沒有什麼大問題，要胡回津後堅持工作。周恩來、張春橋、江青在這次會議上對天津市委「執行資產階級反動路線」都提出了批評，河北省委劉子厚作了檢討。會議期間，趙武成要我晚上趕到他開會的住所京西賓館，當面和我講了對市委檢查的修改意見，我又連夜返回天津。

趙武成回津後，患病住院，不能出席市委工作會議。趙武成提出由當時主持工作的市委書記處書記谷雲亭傳達中央工作會議精神。胡昭衡對不讓他傳達頗有意見，立即向中央、華北局作了反映，華北局第一書記李雪峰同意由胡傳達。11月6日晚，遂由胡在市委工作會議上進行了傳達。11月11日晚，市委機關某造反組織把胡昭衡從河北賓館的市委工作會議上「揪」回去進行批判，「勒令」繼續停職檢查，不准他參加會議。胡為此寫信向中央、華北局反映，李雪峰於

15日指示讓胡工作，還批評說這是「宗派情緒」。胡復於16日參加會議。

這次會議遇到第二個難題是市委的檢查過不了關。中央〈五‧一六通知〉指出，從中央到地方各級黨委對這場文化大革命「很不理解，很不認真，很不得力」，記得人們在5月的華北局工作會議上就反思過這個問題，可是誰也走不出這「三個很不」的怪圈。全國各省市也沒有一個能檢查過關的，最後都無一例外地被奪權。當時將市委執行資產階級反動路線的初步檢查印發給出席市委工作會議的人員，大家很不滿意，提出尖銳的批評。黨內鬥爭似乎成了這樣一種定勢：當一個人或組織一旦犯了所謂「嚴重錯誤」，成了「重點批判對象」，如同「破鼓亂人捶」一樣，人人搶著給你「上綱上線」，怎麼檢查也難以通過。從「文革」以來，天津連續發生了「16中事件」等等，市委對上受到中央、華北局的批評，對下受到造反組織的衝擊，處於半癱瘓的狀態。當時除黨中央以外，地方黨委的威信一落千丈。11月9日，市委工作會議竟然發展到由一個組串連，各組聯名上書中央的地步。原信如下：

「周總理：我們向您呼籲，請中央速派人來，主持天津的三級幹部會議（注：實際是指這次市委工作會議）和領導天津的文化大革命。天津市委已經無能為力。

天津市委在文化大革命中所犯的資產階級反動路線的錯誤是非常嚴重的。這些錯誤多是發生在十一中全會以後，在中央的嚴肅批評下，市委至今還未深刻檢查，正確認識。

市委的領導班子實際上處於癱瘓狀態。萬曉塘同志病

故，趙武成同志住院，張淮三同志去京開會。書記處其他同志都有不同程度的錯誤，只剩下谷雲亭同志一人，會內會外難以支持，與當前形勢很不適應。

這次三級幹部會議十分重要，關係到天津文化大革命成敗的關鍵。遵照毛主席的指示，這次會議必須開好。但事實卻與主席指示相反，從4日開會以來，鬆鬆垮垮，領導很不得力。特此緊急呼籲，懇請迅速答覆！

天津市三級幹部會議全體同志。」

這封信上送後，在會議期間，中央、華北局派華北局書記處常務書記解學恭[27]來津瞭解情況。後來得知，當時中央已決定調解來天津工作。1966年國慶日在天安門觀禮臺上，解學恭見到毛主席。毛澤東告訴解，中央已決定調他到天津工作，讓他找總理。解後來面見總理，總理口授任命書，解作了記錄，總理當場審定後簽了字。（中央於1967年1月2日才正式發了電文，決定天津改直轄市，任命解學恭為天津市委第一書記，閻達開為第二書記）。當時總理並未和解多談，只是說陳伯達對天津瞭解多，要解找陳伯達談談。當時解學恭秘密來津曾分別找胡昭衡、谷雲亭談話。在22日會議結束之前，解學恭找谷雲亭、胡昭衡談了結束會議的一些意見。我當時在場作了記錄，大意是，領導幹部要敢字當頭，放手發動群眾，支持群眾革命；要徹底與資產階級反動路線決裂，不能重犯壓制群眾的錯誤……解還要求胡昭衡也在結束會上講講。這樣，在會議上傳達瞭解學恭的講話精神，胡昭衡和谷雲亭分別講了話，就草草結束了。

記得胡昭衡曾在小範圍向市委領導層傳達，毛澤東在聽

取中央工作會議情況彙報時，還向與會的領導幹部們交底，叮囑人們：「萬萬不能承認反黨反社會主義！」可是事實並非如此，兩個多月以後，上海掀起了一月奪權風暴，天津市委於1967年1月18日徹底垮臺，全國各省市也無一倖免。當時扣在被打倒的領導幹部們頭上的罪名，恰恰就是「反黨反社會主義分子」。

轉入地下工作的天津市委

從1966年8月以來，市委機關大樓天天面臨群眾的衝擊，市委書記處、常委會無法在市委機關開會和辦公。從9月至翌年1月，市委領導人先後在市府交際處所屬常德道招待所、睦南道招待所、雲南路招待所、河東招待所以及天津鐵路分局所屬台兒莊路招待所秘密辦公，在警備區禮堂、中蘇友協、北寧公園等多處開過會。

當時我一直在位於鄭州道的市委文革辦公室辦公，市委也曾在那裏開過會，不過那裏也不是十分隱蔽的場所，安全毫無保證。另外，我曾多次到市委秘密辦公地點彙報和請示工作，其中給我留下印象較深的還是雲南路招待所，因為市委在這裏待的時間最長。

造反派編輯的宣傳材料。

雲南路招待所即現在位

於和平區大理道的和平賓館的一部分，原大門在雲南路。解放前，這座樓房是孫震方的舊宅。孫氏系安徽人，其父是清末民初新興民族資產階級孫氏家族財團的創業人。他們出資興建這座豪宅，磚木結構的三層樓，配有花崗岩的臺階，室內為硬木裝飾，室外有游泳池、草坪、藤蘿架和歐式花壇。走進小樓，但見樓梯盤旋而上，每層房屋又自成單元，據說這是西班牙風格的建築。在河北省省會遷津蓋迎賓館、河北賓館以前，天津市未蓋過新招待所，都是利用市內原有的老樓房接待賓客，雲南路這裏算是最「高級」的招待所了。毛主席和周總理來津都曾在這裏下榻過。我有幾次開會過晚，在此過夜。當時二樓還空著一個單元，據說原系孫氏姨太太的住房，周總理和加納的恩格魯瑪總統都在這裏住過。工作人員笑說，讓我在這裏「享受」一番。其實，那時人人如熱鍋上的螞蟻，哪裏還有什麼「享受」的心情！

雲南路招待所。

　　雲南路招待所是個很隱蔽的地方。因為這條街很僻靜，又是獨門獨院，平時大門緊閉，門前也不掛招牌，很少有人出入。那時幾位書記的小轎車都換成了軍用吉普車。每逢出門時才打開大門，汽車開出以後迅速閉門。市委除了有關常委、秘書長等少數人來這裏請示彙報工作以外，連機關一般人都不知道此地。在這裏晝夜值班的，除了市委書記的秘書以外，只有辦公廳兩名工作人員。

　　市委領導人在這個地方辦公，照說是比較安全的，可是就在這樣秘密的地點，竟然發生了一次「逃難」。那是11月下旬的一個晚上，市委書記處書記谷雲亭、書記處書記張淮三和市委常委李守真等幾個人小範圍開會研究工作，我也在場。當時市委第二書記趙武成因病住院，胡昭衡、王亢之等書記還未恢復工作，書記中只有谷雲亭、張淮三倆人能堅持工作。谷雲亭原為河北省委書記處書記，天津市劃歸河北省以後調天津任職。他是一位資歷很老、待人寬厚、淡泊名利的老同志。他在一次小會上曾說，過去縣官、知府一任才幹幾年，我們這些人都幹了多少年了，不是說要「打倒」嗎？我不用打，自己就可以倒了。可是那時他又不得不出來主持全面工作。大約晚10點多，谷雲亭的秘書忽然接到緊急電話，某個大造反組織發現了這個秘密辦公地點，正要來這裏揪人。這時決定馬上轉移，兩位書記和常委匆匆分別乘車出走。我雖參加過地下工作，但資歷短淺，還未經歷過這種場面。我和張淮三的秘書劉乃賓上了張淮三的車，可是上哪裏去呢？在路上才決定去河東招待所。汽車一路疾駛，當開進那所當年原蘇聯領事館靜謐的深宅大院時，忽聽得「啞——

129

啞——」幾聲淒厲的鳥叫，一群烏鴉驀地飛起。這與魯迅在〈藥〉中寫的烏鴉有何不同？烏鴉！烏鴉！是凶是吉？

雲南路招待所暴露之後，市委領導辦公地點就秘密轉移到河東招待所。這裏還保留了蘇聯房間的特色，臥室高大、大床鋪、大澡盆、大馬桶、大拖鞋，統統比我們用的都大兩號。這時胡昭衡出席中央工作會議之後回來參加市委領導工作，趙武成病癒出院也來這裏上班。當時市裏的工作機構儘管已經癱瘓或半癱瘓，可是仍有許多急如星火的事情需要處理。一次市糧食局告急，本市存糧僅夠供應一周的。趙武成急忙向河北省委劉子厚、閻達開請示求援，省裏緊急向天津調運糧食才得以緩解。過去人們一講到天津市劃歸河北省一事，就講到其弊端，當然這也是符合事實的，但是任何事情都不能絕對化，不可能百弊而無一利。1963年那場百年不遇的洪水，若不是河北省全力以赴，犧牲大片農田，天津是難逃被淹厄運的。這次又是河北省在關鍵時刻解了天津市的燃眉之急。

值此非常時期，日常工作上的問題雖然好辦一些，但對造反派的無理要求，則根本無法處理。趙武成有一次在幹部俱樂部接待某大學造反組織，這個造反組織大打出手，將對立面的人員打傷。他們對趙武成進行批鬥、圍攻，硬是逼迫趙武成在他們寫好的材料上簽字，認可他們的行為是正確的。這時，如果你簽了字，就犯了支援一派壓制一派的錯誤；不簽字就對你進行批鬥。當時的市委領導按照中央的要求，對待群眾組織，只能支持，不能反對；沒有權力，只有責任。趙武成當然沒有簽字。於是，造反派把他「熬鷹」般

地關了一夜，最後連他們自己也人困馬乏，這才放趙武成脫身。

1967年1月，市委秘密辦公地點又從河東招待所遷至天津鐵路分局台兒莊路招待所。當時各級黨委都處在「文革」的政治旋渦中，疲於應付無休無止的批鬥，已經基本癱瘓。有位原區委書記打來電話，尖銳批評市委領導自己躲起來，不管他們的死活。我接到一位原區委副書記來電話求助，他因為被群眾圍攻下不了臺，帶著哀求的口吻，讓市委想個辦法。可是市委又有什麼辦法呢？趙武成曾喃喃自語：一籌莫展啊！當時辦公廳只有趙占坡等兩位工作人員晝夜值班，十分辛勞。有人看到市委大勢已去，氣數將盡，便向市委機關某造反組織告密，把市委領導在台兒莊路招待所辦公的秘密和盤托出。該組織遂於1月18日抄了這個秘密點。這樣，從1948年12月建立的中共天津市委算是「壽終正寢」了。

我由此想到這場「觸及靈魂」的革命，它顛覆了固有的社會規範，撕下了虛假的面具，拷問著每個人的靈魂。不論是革命者，還是被革命者，或是既革命又是被革命者，其人性、人格、人品均暴露無遺。因此我對早已故去的趙占坡以及當時堅守自己崗位的同人，其中也包括電話交換臺的服務人員，更由衷萌生出一種敬意！

震驚全市的三輪二社事件

1966年8月底，繼北京紅衛兵和天津市勞動局某技校學生發生衝擊市委機關的「八·二六」事件之後，緊接著又發生震驚全市的三輪二社事件。

　　河東區三輪二社是1958年社會主義改造高潮中，組織原來個人單幹的貨運三輪工人成立起來的。全社共有職工903人，其中幹部42人，工人861人。這個社機動車隊負責人某某，對當時社裏的分配制度有意見，對黨支部不滿。「文革」開始以後，某某於8月下旬串聯幾名工人發起組織「紅衛兵」，準備「奪權」。8月27日，某某等聯絡來某中學的紅衛兵，協助召集全隊青年工人開會，正式成立「紅衛兵」組織，選某某為主席，另有四人為副主席。事後，黨支部不同意給紅衛兵袖章上加蓋公章。某某大為不滿，找來某中學紅衛兵大隊長向黨支部交涉。那個年代，一個紅袖章可不得了！戴上這個紅袖章，到哪裏都暢行無阻，神聖不可侵犯。當晚，某某等佈置10餘人分別到各隊搜集幹部的材料，為奪權作準備。

　　8月29日晨，某某等藉口社裏的廣播員歷史不清，強行佔領了廣播站。

　　當日上午，這個社召集各隊職工代表開會，通過文革籌委會委員名單。事先，某某從一位前人事保衛幹部那裏搜集了社裏幹部的所謂「歷史問題」資料。會議進行中，某某等人突然上臺，拿起話筒叫嚷：「黨支部已經變質，淨用國民黨、三青團當幹部，是走資本主義道路的當權派，我們要奪他們的權。他們組織的革委會是非法的……」。這時被某某約來的某中學紅衛兵也上臺講話，為某某助威。一些不明真相的工人也隨聲附和喊了起來。緊接著某某等人將支部書記陳某及其他幹部、工人等20餘人關押起來，篡奪了社裏的領導權。

　　這些人奪權以後，宣佈三輪二社文革籌委會「非法」，強行解散原有紅衛兵；接管黨支部、人保股等部門及全部檔案、文件、印章。他們抓人、抄家，以「窩藏手槍、電臺」、「有人命」、「大盜竊犯」、「大流氓」等等罪名，非法抓捕關押幹部、工人47人。部分幹部、工人的家庭被砸抄。他們酷刑拷問，用多種刑罰，折磨被關押的黨員、幹部和群眾。先後被酷刑折磨致死、致殘、致傷的達30餘人。

　　更為嚴重的是，黨支部書記陳某慘遭殺害。8月29日，他們將陳毒打一頓，脖子掛上磚和石墩子，強迫跪在凳子上。30日拳打腳踢，棍擊鞭抽，將陳打得全身青紫，晚上跪磚，跪三角鐵，扒光衣服泡在水缸。31日又用門弓子、木槍、鐵器等毒打全身，並往傷口上潑鹽水……經過晝夜折磨，陳某終於在9月1日1時50分去世。陳某慘遭殺害後，某某等表現緊張。有人煽動說：「你們不要怕，陳有嚴重問題……工人的嘴，紅衛兵的手，打死十個八個不要緊！」被「造反有理」衝昏頭腦的人們，根本不會去認真調查陳某的問題，在那個極「左」的年代，只要給人戴上嚴重政治問題的大帽子，似乎就可以「殺無赦」了。

　　市、區聞訊後，9月2日下午，市公安局、河東區委負責人帶領幹部到該社瞭解情況，檢驗屍體。造反派狂叫「打倒一切當權派」等口號，用木棍、鐵器相威脅，將市、區負責人推搡到一間小屋內扣押，並強行搜身和搶走法醫拍照的膠片，晚間不准吃飯，一直扣押達10個小時之久。堂堂公安局長執行公務竟被群眾扣押，現在聽來有些滑稽，可在那個時代，造反有理成了至高無上的原則。一切「當權派」在紅衛

兵、造反派面前，只能順從，不能違抗。那時我坐在文革辦
公室裏辦公。如果有兩個帶紅袖章的造反派進來要帶我走，
我只能乖乖地跟他走，別無選擇。

　　當時市委政法工作領導小組就此事件向市委書記處寫
了專題報告，市委書記處進行了討論。三輪二社事件被揭露
以後，在全市引起很大震動。市內以及郊區廣大群眾紛紛集
會遊行，聲討這一暴行，追悼被殺害的陳某。據不完全統
計，連日集會遊行和到三輪二社追悼、聲討的人數達50萬人
次。到三輪二社的群眾，有的因極度激憤當場暈倒。許多群
眾貼大字報、散發傳單，到市、區領導機關要求嚴懲兇手。
市司法機關很快逮捕了參與打人的「兇手」，以「反革命報
復罪」追究刑事責任。為什麼會出現這種局面？應當說這與
黨長期以來在群眾中形成的威信和群眾對黨的信任是分不開
的。人民群眾在「文革」初期不可能看出這場運動的性質，
依然像從前一樣認為要在各級黨委的領導下開展運動，所以
當時出現了相互對立的兩派群眾組織。被稱為「保守派」的
一方組織成員多為黨團員或積極靠近組織，傾向於保守現狀
的群眾。在代際傳承的產業工人中，保守派更有較大的勢
力。他們對社會上一些人無法無天的造反行為十分反感，在
三輪二社事件發生後表現出極大憤慨是理所當然的。

　　在1966年10月中央工作會議上，中央領導人卻就廣大
群眾聲討殘殺陳某事件以及廣大革命群眾緬懷萬曉塘而自發
進行弔唁活動，嚴厲批評天津市委，說這是用「死人壓活
人」。為此，在我代市委起草的〈中共天津市委關於在文化
大革命中執行資產階級反動路線的初步檢查〉中對三輪二社

事件專門寫了一段檢查。其實，群眾對一位基層黨支部書記受迫害表示憤慨何錯之有？自發地緬懷萬曉塘而進行弔唁活動何錯之有？怎麼會「壓活人」呢？實在無法解釋。

「文革」結束以後，天津市中級人民法院重新複查此案，並經中華人民共和國最高人民法院刑事裁定，原判定被告人「借『文化大革命』之機蓄意進行反革命階級報復」，「定反革命階級報復罪不當，裁定予以改判」。天津市中級人民法院依法判決被告人的「反革命階級報復罪不能成立，宣告無罪」。

多少次政治搏殺，總是從群眾運動開始，又以運動群眾結束。在運動中，人人都覺得自己「造反有理」，說別人「受蒙蔽無罪，反戈一擊有功」。實際上所有的人都被蒙在鼓裏，到頭來都成了受愚弄的工具。一場沸沸揚揚的三輪二社事件過後，剩下的只是幾個孤零零的冤魂。

九、在政治漩渦中掙扎

我為市委寫檢查

我從1955年1月從天津市南開區委調市委辦公廳工作以來，政治運動連綿不斷，那時「筆桿子」們的一個重要任務就是代市委寫檢查。我也有過多次寫檢查的經歷，可是令我刻骨銘心的還是1966年「文革」初期為市委所寫的檢查。

從1966年「文革」以來，市委屢受衝擊，始終處於被動局面。從8月開始，市委先是就某一事件做檢查，9月開始，市委就「文革」期間所犯錯誤進行檢查。到了10月份，按照

中央批判資產階級反動路線的要求，市委開始檢查執行資產階級反動路線問題。我起草檢查就這樣逐步升級。記得市委第二書記趙武成在京參加中央工作會議期間，召我赴京專門談寫執行資產階級反動路線的檢查。從此市委圍繞這個問題不斷地檢查，直至徹底垮臺。

那時為市委起草檢查，首先要反覆學習中央關於資產階級反動路線的提法。當年林彪在國慶講話中的提法是「資產階級反對革命路線」，從10月《紅旗》第13期社論開始使用了「資產階級反動路線」的提法。聽說周恩來曾請示毛澤東，資產階級反動路線這個提法合適嗎？毛澤東用三個英文詞回答說，原來用counter-revolution（反革命），後來改為anti-revolutionary line（反對革命路線），最後還是用reactionary line（反動路線）好。批判資產階級反動路線，判定了各級黨委領導機關的錯誤性質，形成了廣泛衝擊領導機關和領導幹部的聲勢浩大的造反運動。

我從9月就負責市委「檢查」的起草工作，後來改為執行資產階級反動路線的檢查，由我和當時擔任市委文革辦公室資料組組長的運起榮共同承擔。那個年代起草檔一般都是一人執筆，因為這個檢查文字量大，時間又急，故請運起榮參加，我倆每人負責一部分。運起榮寫作文從字順，來得也快，成了我的好搭檔。有人可能不明白，象「文革」這樣一場「觸及人們靈魂的大革命」，領導者怎麼會讓我們代筆起草「檢查」呢？這是中共黨內在歷次政治運動中的一貫做法。例如高崗、彭德懷當年也都是由秘書代寫檢討，然後自己再進一步「上綱上線」。但是這個「檢查」能不能過關，

不是取決於檢討寫得如何，而是根據路線鬥爭的需要，這是中共黨內不成文的規矩。

市委執行資產階級反動路線的檢查起草出來以後，提交1966年11月4日至22日的市委工作會議討論，立即遭到與會人員的批判，無非三條：事實沒有擺清，批判不深刻，根源挖得不深。有的說，市委要徹底「脫褲子」，徹底革命！天啊！究竟怎麼才算徹底革命？市委「檢查」中開頭就說：「市委在這場無產階級文化大革命中，違背了以毛主席為代表的無產階級革命路線，違背了毛主席親自主持制定的〈十六條〉，執行了資產階級反動路線，犯了方向、路線錯誤。市委的錯誤是十分嚴重的，使文化革命受到損失，並帶來嚴重後果。市委的心情是十分沉重的。我代表市委向大家作檢查，並向全市革命職工、革命師生和革命幹部請罪⋯⋯」這「檢查」究竟還要怎麼拔高？再拔高只有下臺了。其實，群體的政治行為往往是「偏激」的，說你行，一切都行；說你不行，怎麼檢查也過不了關。

面對尖銳的批評意見怎麼辦？只有兩條，一是補充事實，對「文革」發生的問題不厭其煩，一一敘述；二是「上綱上線」，不管批評者給市委扣了多少頂帽子，一一戴上。當然，「檢查」結尾要照例三呼萬歲，當時寫了五個口號：「革命造反精神萬歲！無產階級文化大革命萬歲！偉大的、光榮的、正確的中國共產黨萬歲！偉大的戰無不勝的毛澤東思想萬歲！偉大導師、偉大領袖、偉大統帥、偉大舵手毛主席萬歲！萬歲！萬萬歲！」這樣，檢查越改越長，不斷膨脹，最後增加到18000餘字。

市委於1966年11月29日將「檢查」下發全市各基層黨委（總支、支部）。「通知」說：「現在把〈中共天津市委關於在文化大革命中執行資產階級反動路線的初步檢查〉材料發給你們，請你們分別向幹部職工傳達。在這場文化大革命中，基層領導幹部由於執行了資產階級反動路線，犯了程度不同的錯誤，責任主要在市委。請你們動員大家向市委提意見，徹底揭發批判市委的錯誤。」若在平時，市委承擔責任，基層自然可以解脫，可是在「文革」中，哪一級組織也難逃滅頂之災。

根據中央、華北局的指示，市委要到群眾中去檢查。當時由於市委第一書記萬曉塘逝世，第二書記趙武成患病住院，由書記處書記谷雲亭主持全面工作。當時決定由谷雲亭向中學紅代會通報市委的檢查，聽取意見。那一天上午，按約定時間，由我隨同谷雲亭到第19中學參加中學紅代會的會議。主持會議的紅衛兵代表是市委某部委領導人的兒子，估計會手下留情的。主持會議的人先是帶領大家讀了幾段《毛主席語錄》，然後由谷雲亭簡要說說市委檢查情況，由我來讀「檢查」的全文。儘管我讀得很快，還用了將近一個半小時。當然不可能順利過關，接著是一通批判。一個女學生指著我腦門說：你們這個檢查是老太太的裹腳布，又臭又長！我木然地聽著，因為從「文革」開始以來的磨煉，已經是「遇橫逆之來而不怒，遭變故之起而不驚」了。

這次與中學紅代會代表見面以後，中學紅衛兵革命造反總部於12月14日印發了鉛印大傳單「評天津市委的初步檢查」，說市委不僅鎮壓學生運動，還「殘酷鎮壓工人運

動」。說檢查是「抽象承認，具體否認」；「有意掩蓋罪行，對抗中央指示」。最後提出「我們最強烈要求：徹底改組天津市委，毛主席派人來！」大標題是「宜將剩勇追窮寇」。這場「文革」的一系列部署，確實使市委淪為無路可逃的「窮寇」了

歷史早已判明，「文革」是「給黨、國家和各族人民帶來嚴重災難的內亂」，自然是全錯了，我起草的那個「又臭又長」的檢查自然也是全錯了。然而，正如世上沒有絕對純的事物一樣，僅從一個小小的中學生當年敢向市委說「不」這一點來看，也不能說「文革」百害而無一利呀！

被「揪」的感悟

負責主持市委全面工作的谷雲亭。

我當年作為市委文革辦公室的負責人，雖然沒有什麼實權，但是也可以秉承市委的意旨，下發通知，聽取彙報等等；可是後來日子越來越不好過，我本人也面臨著被「揪」的命運。

第一次是被「揪」而未走。1966年10月下旬的一天晚上，我從市委秘密辦公地點去雲南路招待所開會，得悉Z組織要來那裏揪人，於是分頭逃走。我乘市委書記處書記張淮三的車到河東招待所住了一夜，翌日晨便分手，我回鄭州道文革辦公室上班。我在辦公室坐定不久，Z組織便來了十幾個人要找市委書記處書記谷雲亭。Z組織並非一般群眾造反組織，而是公安系統的一個大組織，一

進門就偵察好前門後門的行走路線，你休想逃脫。他們為什麼找谷雲亭呢？當時是谷雲亭負責主持市委全面工作。他們決定罷一位負責人的官，要谷雲亭表態同意。那時市委已經沒有不准罷官的權力，但要承擔罷官的責任。

我是文革辦公室負責人，Z組織當然唯我是問。我自然不能告訴他們谷雲亭的去向，其實當時我也不知谷去哪裏。後來聽說他和秘書先是到一位住處比較安全的領導人那裏過了一夜，天亮後乘車去南郊區委吃的早餐，又奔西郊區委，然後回市。據說Z組織有跟蹤車，因此轉了一大圈才甩掉「尾巴」。

我說不出谷的去向，自然過不了關。一幫人圍著我質詢、批判，然後就是讓我和他們一起讀《毛主席語錄》，大都是「革命不是請客吃飯」一類的詞句。我要去廁所，也有人跟著，想溜也溜不掉。中午吃飯，也有人跟著到食堂，監視你用飯。等到下午，他們逼我打電話找谷。當時市委領導人都用市委機關電話交換臺內線。雖然機關內部已經開始造反，但是交換臺服務得很好。市委領導人走到哪裏，就讓秘書將所在地的電話告訴交換臺，以便聯繫。交換臺接線員的耳朵特靈，熟人一說話，他就聽得出來。生人找市委領導人，他們不會告訴你。我拿起人工臺的機子，說找谷雲亭，可是又怕他們真的找到了，於是沒有等到回答，忙說：哦！你們不知道呀，即把機子放下。當然我這種伎倆瞞不過Z組織，於是又受到批判……這樣折騰了一整天，他們才離去。

第二次是1966年12月，一個臨時工造反組織來了兩個人，揪我走。我不敢不走，文革辦公室的人不敢阻攔。造反

派可以隨意揪鬥當權派，這是「文革」以來形成的潛規則。一下樓就令他們失望，問我的汽車在哪兒，我說只有兩個軲轆的破自行車。到他們佔用的睦南道的一所樓，一進門，樓道裏亂哄哄不少人。揪我的人很得意地向樓道裏的人介紹我的身份。原來他們揪不到市裏的負責人就拿我「濫竽充數」，所謂「沒有朱砂，紅土為貴」。我被囚禁在一間屋裏，想不到碰上市勞動局的一位處長韓濤，解放初期我們在一起工作過，多年不見了。當時我作為這個組織揪到的所謂市裏的「當權派」，韓濤作為主管部門的實權派，他們認為「奇貨可居」，不肯放我們。我們相視苦笑，想當年解放天津時一起進城翻身做主人，如今卻一起成了階下囚，有點像哲學家們愛講的否定之否定，也頗有佛家所說的命運輪迴的感受。

從這個臨時工造反組織成員們議論的問題來看，他們主要是想通過造反轉為正式工人。因為當年的臨時工，是體制外的邊緣人，政治上經濟上都無法和正式工人相比。「文革」以前，人們的經濟待遇是比較平均的，但是政治上是不平等的。聽說有一個高中畢業生，功課不錯，就因為父親是歷史反革命，大學不錄取，只好當臨時工，勞動不錯，可是因為家庭問題總是不能轉正。

那時我還未戒煙，到了黃昏，煙快吸完了。我說要出去買煙，想借此看看出入的環境，以便伺機逃跑。我想如果買好一點的煙，他們又要批判你有資產階級思想，於是買了兩包一毛多錢的「永紅牌」香煙。夜裏，我抽著「永紅」煙，室內不讓熄燈，通宵燈火也是「永紅」。有人輪流看守我

們，如果你打瞌睡，就讓你讀《語錄》，類似「熬鷹」。

面對這奇特的「政治」，我索性一支接著一支地吸起煙來，一夜之間吸了一包。我們被當作「奇貨」看來還是有用的。翌日下午，韓濤被另一造反組織借走了。這時我心裏一沉：韓濤和我成了可以被人借來借去的奴隸了，不知什麼時候也會把我借出去。從昨天就想趁上廁所的機會溜掉，可是去廁所是往裏去，想出門逃走要往外走。最初看守人在廁所門口監視著，後來就不跟著去廁所了，只是敞開屋門進行監視，讓你無法走掉。韓濤走後又過了約莫一個時辰，室內只剩下一個看守，我假意靠著椅子閉目養神。這時屋門大開，進來幾個人，是另一造反組織的，與看守人談事情隨即辯論起來。我想時機到了，慢悠悠地站起來，從容地抽出一支香煙點著，踱出屋門假裝去廁所，先是往裏走，隨後一轉身跟著迎面走過來的兩個人向外走去……乖乖！正是靠著這支香煙的掩飾，我才鎮定自若地溜之乎也。

後來又有兩次，一次被囚禁在重慶道，一次被拉到牆子河邊受凍……不過適者生存，物競天擇，倒也越來越有應對的經驗了。

轉移檔案的風波

「文革」初期迫於日益緊張的形勢，為了保護黨和國家的機密，將檔案轉移到安全的地方，本來是很正常的事情。但是對於我來說，不啻是一場衝擊波。

1966年夏成立的市委文革辦公室，是在鄭州道市委四清辦公室基礎上建立的。在這之前，社會上「文革」之火已

經燃起。一天早晨，我和市委四清辦公室秘書組長鄧棣華正在鄭州道值班時，宣傳系統某單位幾十人為本單位的問題找上門來。我們把他們請到小禮堂就座。這小禮堂實際上是主樓旁的一個大會議室。我和鄧棣華站在前面接受質詢。他們提出小禮堂為什麼沒有掛毛主席像？為什麼沒有語錄牌？他們還讓我倆背《語錄》，那時是初次上陣，精神很緊張。這裏過去是市委的高幹自修班，不少學者曾在這裏講過課。在「四清」中李立三還在這裏講過話，劈頭一句話給人留下深刻印象：「我是認識毛主席最早的，可對毛主席著作是學習得很不好的。」那時誰也未想到要掛領袖像和語錄牌呀！

我們從這件事情不禁想到需要盡快處理一下這裏的遺留問題，其中包括「四清」檔案的安全。市委辦公廳有一個大保險庫存放檔案，是原開灤礦物局留下來的，非常牢固。但是四清辦公室沒有保險庫，將來一旦受到衝擊，檔案怎麼辦？正苦於沒有辦法，有一天天津警備區第二政委韓德富恰好來市委四清辦公室（當時四清辦公室有一個民兵組歸警備區領導）。我們向韓政委提及此事，韓說可以把文書檔案拉到警備區存放。當年9月，社會上更亂了，我決定在晚間悄悄把若干箱文書檔案運到警備區存放。

1967年1月18日，市委書記處唯一的一個秘密辦公地點被造反組織查抄以後，這一屆市委算是壽終正寢了。1月21日，市委某造反組織緊接著宣佈奪權，在市委機關大食堂召開市委機關領導幹部會議。當時因為市委各位書記、常委大都被社會上各個造反組織揪走，參加會議的只是部分部委的領導人。一位原造反組織的主要負責人講話，說過去是你們在臺

上講，我們在臺下聽；現在顛倒過來了，是我們講，你們聽。我聽後不由暗暗苦笑，心想我何時在臺上講過呢？我不過是給臺上講的人「做嫁衣」而已。這位負責人先是講了市委已經被徹底砸爛的大趨勢，然後宣佈正式奪權。最後宣佈造反總部對於領導幹部採取分級管理的措施，市委常委和辦公廳辦公室副主任以上的幹部歸造反總部直接管理，市委其他部委的領導幹部由部委造反組織管理。可能是因為辦公廳接觸市委領導多，造反組織在對「當權派」管理上也把辦公廳的幹部「破格提拔」了。所謂接受造反總部管理，就是要求每天上班接待群眾，個人行動要向總部報告。當時市委辦公廳在市委大樓一樓的辦公室已無法辦公，只能在市委小禮堂耳房接待。那時機關已經癱瘓，沒有任何權力，沒有任何資源，什麼問題也不能解決，真是活受罪。

當時我從傳單上看到，河北省委第一書記劉子厚向河北軍區轉移「黑檔案」被揭露，群眾造反組織衝擊河北軍區。我看後驀然一身冷汗！心想向警備區轉移檔案是我個人決定的，如果被揭發出來造成衝擊警備區的嚴重後果將是不堪設想的。怎麼辦？最好把這些檔案取出來。可當時市委已徹底垮臺，只好向造反總部報告。一天晚間，造反總部聯絡其他造反組織帶我到警備區一起去取這些檔案。當時韓德富政委並不在場，我們先是一起見警備區一位部門負責人。我給他們惹了禍，他怒氣衝衝地對說我：「你們是蛇一樣心腸！」天啊！牛鬼蛇神，我真的成了「蛇」了！造反總部的那個人過去與我相識，他沒有責難我，但在那種場合下態度也是嚴肅的。他們讓我承擔責任，立字為據。我想事已至此，既無

法上推又無法下卸，去他媽的，該怎麼辦怎麼辦吧！於是信筆寫道：「我決定將『四清』黑檔案轉移到警備區，陰謀把矛頭指向偉大的中國人民解放軍。由此造成的一切後果由我承擔。」我窩窩囊囊地在文革辦公室幾個月，這時儼然成為慷慨就義的英雄了。當然，我也未「就義」，造反組織也從未為此批判我，他們也從未利用這些檔案揭發什麼內幕，此事就平息了。

由此，我不由想到那時的造反組織。他們當年發端於紅衛兵組織，從1966年10月全國批判資產階級反動路線開始，造反派興起。首先是大學、中學的造反組織，其次是工廠企業，到12月下旬至1月上旬，形勢所迫，市直機關才陸續成立造反組織。這是當時的形勢決定的，一是響應中央號召，二是生存的需要，因為一旦成了造反派，就可以舉著「造反有理」的旗幟暢通無阻。這種造反組織可以隨意建立，既不用登記註冊，也不用請示報告，純粹是無政府主義的產物。這場「文革」從上到下就是用無政府主義衝垮中央各部門、各省市的「有政府主義」。批判資產階級反動路線，幾乎使整個領導幹部群體從運動的領導者變為被衝擊的物件。他們的形象從共產黨領導的化身、人民利益的代表，變為錯誤路線的執行者，壓制群眾的官僚。「文革」實際上是以「無政府」衝垮「有政府」，再依靠支左軍人重新建立政權——「革命委員會」，從而再恢復「有政府」。但是，對待「支左」的態度，有支持者也有不支持者，有「溫和」派也有「激進」派，這樣又分成兩派，內戰不休，武鬥不止。

從天津市級機關來看，在造反組織中占主流地位的是

「溫和」派，因為整個幹部
的隊伍素質比較好，事實上
並沒有一個打砸搶分子。他
們起來造反，大都是形勢所
迫，當然其中也有過去不得
志，想在「文革」率先表

天津市委機關內造反派的徽章。

現一番的人。如1967年市級機關在市委黨校「集中鬧革命」
時，一位原造反組織小頭目啟發我們說：「你知道如今有多
少人都能熱修馬丁爐嗎？為什麼潘長有獨獨出名，因為他是
第一個。」他所說的潘長有是天津的煉鋼工人，1950年在我
國首次熱修馬丁爐獲得成功，同年獲全國勞動模範稱號，後
來擔任天津市總工會、河北省總工會副主席，天津市勞動局
副局長，全國總工會第八、九屆執委。這個小頭目以此鼓動
我帶頭「反戈一擊」，但我沒有為之所動。十年以後，這個
在「文革」中第一個「熱修馬丁爐」的人倒了楣。看來不論
什麼時候，「第一」總不是那麼好當的。

十、萬張集團冤案的由來

　　凡是經歷過天津「文革」的人們記憶猶新，天津最大
的冤假錯案就是所謂「萬曉塘、張淮三反革命修正主義集
團」。萬曉塘原任市委第一書記、張淮三原任市委書記處書
記。這個冤案在粉碎「四人幫」之後已徹底平反。這個冤案
是怎麼製造出來的？是誰首先揭發的呢？是學校紅衛兵造反
組織嗎？當然不是。他們根本不瞭解情況。是市委機關造反

組織揭發的嗎？也不是。他們大都是各部委的一般幹部，並不太瞭解上層情況。是「四人幫」頭子點名誣陷的嗎？也不是。讓我從萬曉塘、張淮三在「文革」初期的遭遇說起吧。

萬曉塘由於長期帶病工作，極度勞累，心臟病突然發作，於1966年9月19日不幸逝世，前文已有專題記述。可是這樣一個一心為公的優秀領導幹部，去世後卻被人造出「服安眠藥自殺」的謠言，為日後誣陷他是萬張集團的頭子埋下了伏筆。

張淮三是「一二‧九」學生運動時參加革命的老同志，1945年下半年受黨的派遣，來天津開展地下工作，任中共天津工作委員會委員、秘書長，青年工作委員會書記，冀中區黨委城工部天津市內三人領導小組成員。1948年1月，他在津被國民黨反動派逮捕入獄，經受嚴刑拷打、多次審訊，堅貞不屈，保持了共產黨員的氣節，保護了天津地下黨組織。由於敵人得不到口供，沒有證據，於5月被釋放。出獄後，他根據黨組織的決定，回到解放區繼續投入革命鬥爭。由於張淮三有被捕的經歷，市委某部委一位負責幹部貼大字報揭露張淮三是叛徒，引起很大震動，儘管市委組織部有的幹部也貼大字報澄清事實，否定張淮三是叛徒，但是在當年極「左」思潮氾濫下，「叛徒」問題難以洗清。地下工作者被捕後如被殺害是烈士，被釋放則是叛徒，已經成為「左傾」的思維定勢。

在萬曉塘被誣陷為「自殺」、張淮三被誣陷為「叛徒」的情況下，已為製造一個「萬張集團」冤案提供了有力的「根據」。誰首先揭發批判「萬張集團」的呢？某市級大機

關於1966年12月7日以「革命群眾」名義貼出「炮轟天津市委，火燒萬曉塘」的大字報，第一次提出「以萬曉塘為首的宗派主義集團」。這張大字報曾被其他群眾組織翻印傳播。也正是在12月間，張淮三接到通知被護送去山西太原參加會議時，遭到軟禁，後又押解回津被「監護」起來。這一切都是在絕密情況下進行的。我當時作為在市委領導核心身邊的工作人員也不得其詳，只知道這是華北局的旨意，當然更不敢多問。12月上旬，市委第二書記趙武成接待市委機關群眾組織代表時透露了張淮三的叛徒問題。1967年1月13日在市委各部委、文革辦公室負責人會議上，趙武成首次提出揭發批判萬張反黨宗派集團問題。顯然這不是趙武成個人或市委書記處的意見，而是來自上級——華北局的指示。事實上在1966年11月29日至30日，華北局書記處專題討論天津文化革命問題，指出「天津市委半年來貫徹執行一條資產階級反動路線，十一中全會以後有了發展」，明確提出「萬張反黨宗派集團」問題，決定張淮三離職反省等等。

這樣看來，揭發批判「萬張集團」的決定似乎是來自於上面，來自於中共中央華北局。可是後來看到1967年4月7日「中央首長接見天津駐軍及幹部群眾代表的講話」才得知，當時起關鍵作用的原來是陳伯達。在這次接見中，周恩來在講話中指出：天津工作，伯達是長期關心的，蹲過點，農業在小站，工業在鋼廠。首先揭發萬張集團的是天津的同志，伯達看了他的信，注意了這件事，派解學恭同志去天津，將張淮三調離天津⋯⋯周恩來還指出：在天津，萬張集團控制達七、八個月之久，執行和發展了劉鄧路線，還不能把趙

武成說成他們一夥的,還要他自己檢查交代。陳伯達在1967年接見某大學造反組織時說:「劉鄧路線在天津的忠實執行者的代表是萬張反黨集團,千萬不要忘記這個集團在天津的各種罪惡,要把批判劉鄧的反動路線和批判萬張反黨集團結合起來。」

「萬張反黨集團」後來改為「萬張反革命修正主義集團」。作為一個「集團」,當然不只是兩個人,而是株連了一大批人。部分市級和部委領導人作為「骨幹分子」,受到軍事監護的10餘人,各部委、區局還有一大批幹部被冠以「萬張集團」的「代理人」或「幹將」受到揭發批判,基層黨組織負責人被株連的更是不計其數,其中很多人和萬曉塘、張淮三並不熟悉甚至根本不相識,也被拉在一起了。

1967年春,社會上散佈了多種揭露萬張反黨集團的組織系統圖。我手頭還保留有某大學造反組織印發的一份「組織系統分佈圖」,分為核心、內務、組織、宣傳、工青婦、政法、統戰、工交建和財貿8個系統,共46人。其中內務系統有路達、李定、陶正熠、王左、王輝。為什麼當年市委有好幾位副秘書長和若干辦公廳處長以上的幹部,偏偏劃上我們5人呢?只因為我們5人是接觸市委領導最多的人。這裏把鄙人列為內務系統成員真是高抬我了,在以往的傳單中,我只不過被列為「黑秀才」或「黑爪牙」。大學造反組織怎麼能列出這樣的名單呢?部委的一般幹部恐怕也列不出來,有人估計很可能是某些知情的領導幹部提供的。

從「萬張集團」冤案的由來使我深深感到,這場文化大革命,實質是自上而下地發動群眾運動,藉以進行黨內鬥

爭，實現徹底打垮所謂「劉少
奇資產階級司令部」的目標。
在運動初期真正起作用的仍是
黨內各級領導骨幹，一般幹部
和群眾不過是被運動、被愚弄
的角色而已。

文革中造反派散發的材料。

從1967年初以來，在「文
革」揭批所謂「萬張集團」
中，由於張淮三是天津地下黨
學生運動的負責人，同時對上
又聯繫到前北京市委劉仁（原華北局城工部部長），故株連
了一大批地下黨員。1967年4月7日中央首長接見天津駐軍及
幹部群眾代表講話時，康生插話說：「你們天津的同志對張
淮三的走狗和爪牙還注意得不夠，張淮三同前北京市委劉仁
有很多很多聯繫，這是個很壞很壞的反革命分子，建議對萬
曉塘、張淮三、劉仁也組織調查團，很好地調查一下。」

對於康生的「指示」，不少人聞風而動。我看到就有兩
份對於天津地下黨的「調查材料」。一份的標題是《徹底追
查叛徒張淮三領導的地下組織》，副題是「挖出敵人埋下的
定時炸彈」。這份「材料」是由四個工廠企業和兩個學校聯
合搞的，署名為「天津工人聯合調查團」。「材料」中列出
地下黨員122人，其中在天津的有77人，在北京的有22人，
在河北省的有4人，其他工作地點不詳的9人。我解放前在天
津雖然只是一般地下黨員，居然也名列黑榜。「材料」裏面
提到的具體人名和工作地點，差錯很多。一時間，我們都成

了共產黨內部的「定時炸彈」！某大學造反組織署名的另一份「調查材料」，標題為《絞死萬張反革命修正主義集團的直接後臺彭真、劉仁》，並稱是京津地下黨城工部專集，列出建國前從中央晉察冀分局、冀中區黨委、華北局城工部的領導幹部到部分工作人員以及進入京、津以後地下黨員擔任領導幹部的名單，說什麼「地下黨組織嚴重不純，在城工部中，叛徒、特務受重用」等等。

天津地下黨組織真是「嚴重不純」嗎？天津早期黨的發展及黨組織的建立，是在革命先驅李大釗的關懷培育下促成的。老一輩革命家周恩來、劉少奇、陳潭秋、蔡和森、彭真、鄧穎超、林楓、姚依林、薄一波、劉瀾濤等，都在天津領導過驚心動魄的革命鬥爭。從1924年7月天津有了第一個黨的領導機關到1949年1月15日天津解放，天津地下黨經過無數次的嚴峻考驗，由小變大，由弱變強。地下黨在解放戰爭時期，向解放區輸送了大批幹部，至1948年解放前夕，幾個系統共有地下黨支部93個、黨員1394人，出色地配合天津戰役，完成了黨交給的迎接天津解放的任務，保證了天津市委進城和接管天津工作的順利進行。「調查材料」還說劉仁在城工部時就曾講過：「來的人裏有一半不是特務就行」。這完全是憑空捏造。事實證明，那個時期來的地下黨員沒有一個是打入黨內的特務分子。

當年不僅是對地下黨進行調查，而且把地下黨的骨幹都列為重點審查對象，許多人受到揭發批判，製造了許多冤假錯案。天津地下黨「地方系」的領導骨幹劉文、趙琪、李桐、孔昭慈等被誣陷為叛徒、特務，被關進監獄一年多。劉

文、趙琪都是1939年參加地下工作的老同志，劉文是抗戰時期的中共平京唐點線委員會在天津市建立的第一個黨支部的書記。曾任天津地下黨秘密交通的趙岩，解放天津時冒著生命危險把國民黨城防圖送到城工部，為天津戰役作出重大貢獻，竟然也受此案的株連，在楊柳青農場被關押一年多。這些人基本都在原河北省天津中學上過學，又使這個學校的一批地下黨員、民青成員都受到株連，有的被迫害致死，有的被逼得精神失常……

在「文革」中，所有地下黨員都無一例外地被審查一遍。我們市立中學（現在的天津市一中）地下黨支部於1948年上半年在耀華中學、工商附中各發展了一名地下黨員，有一段時間，我曾經負責聯繫過他們。為耀華中學馬鉞入黨一事，有關部門找我調查過多次。馬君在一個中學當校長，第一次找我調查，我證實他是共產黨員，他因而當上了學校革委會主任。但他不久被撤下來，又找我調查，逼我承認他不是共產黨員。起因是當年發展馬入黨的人已去世，無法找到入黨介紹人來證明。我說我接轉過他的組織關係，某某人確系他的入黨介紹人。調查者說，我們查過這個人的檔案，他不是黨員，怎麼能介紹馬鉞入黨？我說既然如此，還要我證明什麼？他們一看不行，又拉上學校的「軍宣隊」一起來找我，上來先「打態度」，上綱上線，嚇唬一番。這樣僵持不下，我靈機一動，出了這樣一個證明：「我當時確認他是共產黨員，如果他確不是共產黨員，則很可能是民青或進步群眾，而我誤認他是共產黨員。」這個「如果」是假設的，猶如英語語法中使用過去式的虛擬語氣，以這種語法表達的假

設，事實上是不存在的。就這樣，調查者居然接受了。後來找我調查工商附中王嘉禾入黨又遇到同樣的麻煩，因為王君和馬君都是同一入黨介紹人。我依照給馬君寫證明的方法如法炮製，又應付過去了。我知道，靠這樣的證明是定不了案的。果然，後來有關調查者又都來找我，請我重新證明他們是共產黨員。

屈原《九章・懷沙》云：「變白以為黑兮，倒上以為下；鳳凰在笯兮，雞鶩翔舞。」從當年地下黨的遭遇就可以看出，這場「文革」就是顛倒黑白的「革命」，就是變地下黨為叛徒特務。當時的邏輯是，被國民黨逮捕過的不是烈士就是叛徒，地下黨員沒有被捕也有特務嫌疑。一位當年參加地下工作的老幹部被逼供無奈，拍案而起，質問辦案人員：難道在現實生活中只有《紅燈記》裏的李玉和與叛徒王連舉兩種人嗎？用這種邏輯觀察處理紛繁複雜的社會生活，真是一種悲劇。

十一、市委的最後一幕

「文革」時期流行的歌曲中，有很多如「文化大革命的烈火把我們百煉成鋼」這樣的詞句。其實，「文革」烈焰炙烤的豈止是人，一切事物在那場蒸騰的大火中都在被燒，而首當其衝的就是各級黨政領導機關。「文革」伊始，我目睹了天津市委領導機關如何抵擋不住造反運動，日趨癱瘓直至「壽終正寢」，尤其是1967年1月18日市委垮臺的最後一幕，真是刻骨銘心，忘卻不掉。

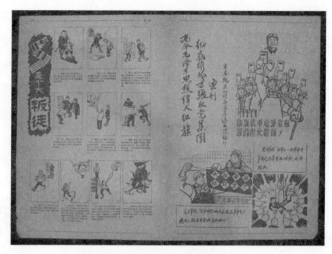

文革中造反派散發的「萬張反黨集團」畫刊。

　　市委召集最後一次會議是在1967年1月13日晚間。那時市委文革辦公室已經撤銷，人員四散，我像個沒頭蒼蠅一樣，和辦公廳的幾個人躲在鄭州道主樓旁的小樓上。我那天接到電話通知，晚上7時半召開各部委文革辦公室負責人會議，7時在成都道口的公安醫院住院部集合。我們那時的裝束是制服棉褲、棉襖、棉帽子、高腰棉鞋，將棉帽子放下來遮住兩耳，再戴上大白口罩，只露出兩眼。這樣既能在被揪出戶外時可以保暖，又能防止被造反組織認出來。那天晚間很黑，沒有月光，沒有星光，10米之內認不出是誰，只有走到眼前才能分辨出來。辦會的人分批帶著與會人員步行到常德道警備區禮堂舞臺的幕後開會。我們跟隨著帶路人悄悄地走著，默默無語，等待著我們的可能就是一片黑暗。

　　會議由市委第二書記趙武成主持。他講了講當前的「文

革」形勢和任務，調子低沉，顯得蒼白無力。他提出要揭發批判「萬張反黨宗派集團」引起大家震驚。因為這是市委第一次提出這個問題，他沒有說明這是華北局的旨意。與會人員對此並不理解，沒有怎麼討論就匆匆結束。散會去廁所時，和平區委書記王中年氣衝衝地對我說：「王輝，不要聽他媽的定調子，誰有什麼問題讓大家揭發嘛！」我無言以對，只是有點惶惑。從這以後市委再沒有開過什麼會議，直到1月18日垮臺。

14日上午，我接到通知，讓我搬到台兒莊路的市委書記處的秘密點裏去工作。當時在那個秘密點辦公的有幾位書記和各自的秘書。辦公廳只有兩名工作人員晝夜值班，處理公務。我們和幾位書記一起用飯，可是如同被囚禁在一所房屋一樣，大家常常是沉默無語，每個人都心事重重。當時一切都陷於癱瘓，唯一的幾部電話是由市委機關電話交換臺安裝的內線。各部委、區委雖然不知道這個秘密地點，但是通過交換臺的總機可以打電話過來。當時來電話請示市委的大體上有三類問題：一是被造反組織圍攻，下不了臺，要求市委給解圍。當時「造反有理」是硬道理，誰能說不？誰能給你解圍？二是造反組織要求罷某某人的官。這些幹部過去都是市委或哪一級黨委任命的，都有一定的組織程式，現在讓市委領導個人如何表態。三是兩派之間的矛盾和衝突，市委更不能支一派壓一派。面對這些問題，市委當然是束手無策。

1月17日，市委文革接待站強烈要求見市委領導人。這天下午，我跟隨市委書記處書記王亢之去接待站。大家當場提出許多尖銳的意見。當時市委各系統文革部門處在第一

線，首當其衝，工作陷於絕境。有一個系統文革辦公室的幾個人由於找不到主管負責人，就找到我頭上，因為我是市委文革辦公室負責人。我告訴他們，我也沒有辦法。於是他們就拉我站在小白樓路段的牆子河邊凍我，還有兩人看著我，實際上是「陪凍」。我理解他們受到造反組織衝擊，又找不到負責人，無人站出來負責，心裏憋著一團火，自然拿我出氣了。這時接待站的工作人員對市委領導提出了尖銳批評。王亢之表示虛心接受，可是有什麼辦法解決呢？沒有。因為整個黨政系統都癱瘓了，無法指揮，況且對造反組織不能說一個「不」字，能有什麼辦法呢？王亢之說：「我進城17年來從未遇到過這樣困難的處境……」說這話時他不禁潸然淚下。那天下午王亢之才講完，外邊又來了造反組織，接待站的人為了保護我們，迅速帶我們躲進另一間小屋。到了吃晚飯時，王亢之拿出兩毛錢，我也拿出兩毛錢，實際上每人只收我們一毛，代買兩個麵包充饑。到晚上9點多，大家才讓我們回去。那時沒有手機，無法與秘密點聯繫。王亢之說可以乘公共汽車到黃家花園下車，讓我回家，他去妹妹家住一夜。

18日晨我去秘密點，一進門才發現這裏已被市委機關造反組織佔領了，辦公廳王左被找來通知會議，下午在河西區俱樂部召開市委機關全體幹部大會，勒令市委書記處幾位書記與大家見面。當天下午，解學恭、趙武成、胡昭衡、谷雲亭、王亢之、宋景毅等到會。機關造反組織代表上臺進行了質詢、批判。會後，幾位原書記分別被其他造反組織揪走了。至此，從1948年12月15日中央批准成立的中共天津市委

徹底解體了。

　　表面上看，是造反派用「造反有理」的理念和無政府主義的大民主，衝垮了天津市的黨政領導機構，但是從中央來說則是「有政府主義」的，毛澤東和中央文革小組始終淩駕於這場運動之上，又有強大的人民解放軍作為堅強後盾。就在1月18日當天，中國人民解放軍天津駐軍對本市58個倉庫、電臺、監獄、工廠等重要目標實施軍管和警衛。1月23日，天津駐軍奉命進行「三支兩軍」工作（支農、支工、支左，軍管、軍訓），正式介入天津市「文化大革命」。1月29日，軍事接管《天津日報》社。2月14日，接管市公安局，成立天津市公安局軍事管制委員會。2月15日，成立天津市「三結合」的「奪權籌備小組」。[28]解學恭任組長，蕭思明[29]（軍隊代表）任副組長……中央首長先後11次接見天津各方面的代表，直接對天津市文革中的重大問題表明態度。12月1日毛澤東批准成立天津市革命委員會，才出現了所謂的「海河兩岸盡朝暉」（《人民日報》社論題目）！從天津市1949年解放到1966年文化大革命，同是一個執政黨領導，同是一個人民政權，我竟然經歷了兩次軍管，中國革命成功後的道路太曲折了！

　　1967年1月18日是中共天津市委在「文革」中徹底垮臺的日子。我是1949年跟隨解放軍的腳步進城參加接管的，當時天津的市委領導班子是解放前夕經中央批准組成的。1948年12月15日，中共中央電覆中共華北局，同意黃克誠、黃敬、黃火青、許建國、黃松齡、吳硯農、丘金、楊英9位同志為中共天津市委委員，黃克誠任天津市委書記，黃敬任第一副書

記，黃火青任第二副書記。解放後，經過市委兩屆代表大會以及天津改為省轄市後領導成員的調整，至「文革」前，市委主要領導成員均已改換。當時市委書記處由8位書記組成。市委第一書記萬曉塘病逝以後，由第二書記趙武成主持工作，想不到僅僅維持了三個多月的時間就「壽終正寢」。

一個省、市一級的黨委，難道僅僅讓幾個造反組織一沖就垮臺了嗎？當然不是。市委當時如同一個人患了絕症，已經是「奄奄一息」，垮臺是必然的，時機是偶然的。讓我把市委垮臺的「致命」原因和有關情況再加以回顧。

天津市在「文革」中不過是中國的一個局部，對於地方局部起決定性作用的還是全國的大局。從1966年5月16日中共中央通知吹響了「文革」的號角，毛澤東〈炮打司令部——我的一張大字報〉實際上指明了運動的方向。從1965年以來毛澤東一系列講話中可以看出，他認為我國存在著資本主義復辟的嚴重危險，認為只有靠「天下大亂」才能「達到天下大治」，要靠「奪權」來重新組織幹部隊伍。在毛澤東的親自發動下，「奪權」活動在全國範圍迅速展開。1967年從1月7日以來，在上海「一月風暴」奪權的影響下，天津日報社、天津人民廣播電臺、天津電視臺、市電信局、市公安局、市計委、新華書店等單位相繼被造反派奪權，大大加劇了天津市的混亂局面。天津市紅衛兵也在全市大中學校掀起奪權浪潮。1月14日至15日，天津市85個工人造反組織、學生紅衛兵及北京駐津群眾組織聯絡站，在上海造反派發出〈告上海全市人民書〉後，向市委連續發出〈緊急通令〉和〈緊急通知〉，集中批判市委資產階級反動路線。

回想起來，市委書記處從1966年5月下旬開始，就沒有精力抓日常工作了。在如火如荼的造反浪潮中，市委東躲西藏，處境岌岌可危。到了9月以後，學校紅衛兵和各個造反組織更是把鬥爭矛頭集中指向天津市委。我手頭還保存著一份某校於1966年11月25日編印的《天津市委主要領導幹部六月份以來報告、講話彙編》的大批判材料。該「彙編」搜集了多件報告、講話、文件並附有「省市委有關領導幹部在文化大革命中的言論摘錄」，仿照批「三家村」的辦法，每篇都加按語和批註。《彙編》在前言中說：「天津市委的反我們造定了！毛主席說：『天下者，我們的天下；國家者，我們的國家；社會者，我們的社會；我們不說，誰說？我們不幹，誰幹？』一切革命同志們，讓我們拿起筆做刀槍，向資產階級反動路線，向鑽進黨內的走資本主義道路的當權派猛烈開火，不反出一個高舉毛澤東思想偉大紅旗的天津市委，我們誓不甘休！」

當時市委對下受到無法抵擋的衝擊、批鬥，對上得不到中央的指示和任何支持，而且受到中央的嚴厲批評。據趙武成回憶：「周總理嚴厲批評天津市『以死人壓活人』，我思想極為抵觸。周總理說，這是有組織有計劃組織50萬人悼念萬曉塘同志，絕不可能是自發的。他在大組會議上多次提出尖銳批評，這一點我始終沒有接受。」[30]據我所知，當年萬曉塘因心臟病突發逝世後，市委確實沒有組織下面進行悼念活動，市委當時對於請示這個問題的答覆是「不組織、不阻止」，群眾自發參加悼念，市委何罪之有？再如傳達中央十月工作會議的問題，當時只有趙武成、胡昭衡參加了這次

會議，趙武成因病住院，胡昭衡在「文革」初期受過批判，有些幹部思想沒有轉過來，不同意胡昭衡傳達，並且將胡揪走。陳伯達、李雪峰卻聯名電話指責天津市委：「胡昭衡同志參加了中央工作會議回去以後，又沒有鎮壓群眾運動，連個罪名也沒有，為什麼不讓他傳達？這是極端惡劣的宗派主義！自己搬石頭砸自己的腳，用這種辦法維護自己過關，是過不了的，其結果適得其反。為什麼胡昭衡參加了中央工作會議不能傳達？這樣太嚴重了，連一點共產黨員的氣味都沒有了。」這樣上壓下擠，市委難逃垮臺的命運。

1967年1月2日，中央決定：天津市由河北省省轄市改為直轄市，解學恭任天津市委第一書記，閻達開任市委第二書記。按照正常手續，中央決定將天津市改為直轄市，理應同時任命市委各位書記、常委等整個領導班子，但卻只任命了上述兩個人，而且閻達開並沒有上任，不難看出中央這樣任命只是個過渡，絲毫沒有保留天津領導班子的意圖。同年2月25日，由革命群眾代表、解放軍代表、革命幹部代表三方面組成的天津市「三結合」的「奪權籌備工作領導小組」宣告成立，天津市委、市人委被徹底拋棄。由此可見，促使天津市領導班子解體垮臺，乃是毛澤東和黨中央在「文革」中的「偉大戰略部署」。

至1967年1月，全市各級黨組織均陷於癱瘓狀態。市委機關已經被社會上各個造反組織佔領，辦公桌都被橇開，辦公室門上貼著各種造反總司令部的紙條，混亂不堪，一塌糊塗。在1月18日市委垮臺之前，跟隨市委幾位書記的只有各自的一位秘書、一位司機，還有筆者帶領辦公廳的兩位工作人

員，這就是當時的全部人馬。外部唯一還可以為市委幾位原書記服務的是市委電話交換臺。1月18日，市委秘密點被抄，幾位書記被揪走，電話被掐斷，奄奄一息的市委自然一命嗚呼了。歲月悠悠，辦公廳那兩位同人均已故去。此事說來複雜，看來也簡單：這場史無前例的文化大革命，是自上而下地敲響了各省、市委及各級黨委的喪鐘。

回想起來，「文革」恍若一場遙遠的噩夢，卻又是一場驚心動魄的搏鬥；它將我們民族引入不堪回首的歧途，卻又是我們探求社會主義道路的一次結果；它充分展示了社會和人生的許多缺陷乃至醜陋，卻又淋漓盡致地表現了歷史的真實。唯其真實，它便具備了永久的震撼力。於是，其中的許多故事，會流傳到今天、明天、後天。

下 篇

中共天津市委、市革委從重組到倒臺
（1967 — 1978）

一、中央對天津「文革」一錘定音

中共天津市委於1967年1月18日徹底垮臺以後，同一天中國人民解放軍天津駐軍奉命對電臺、監獄、倉庫和重要工廠等58個重要目標實施軍管和警衛。1月23日，中共中央、國務院、中央軍委發出〈關於人民解放軍堅決支持革命左派的決定〉，要求人民解放軍支持左派廣大群眾，堅決鎮壓反對無產階級革命左派的反革命分子、反革命組織。駐津中國人民解放軍奉命進行「三支兩軍」，正式介入天津「文化大革命」。（「三支兩軍」即：支工、支農、支左，軍管、軍訓）。1月29日，中國人民解放軍天津駐軍軍事接管天津日報社，30日《天津日報》停刊，31日復刊，出版《天津日報》軍字第1號。至此，毛澤東親自發動的這場「文化大革命」，用「大民主」的方式衝垮了天津市委，又命令軍隊介入進行

軍管，對於一個省級地方政權進行一場特殊方式的「政變」已經完成，餘下的就是重組新的領導班子了。

2月14日，奉國務院、中央軍委的命令，天津警備區司令部接管天津市公安局，成立天津市公安局軍事管制委員會。66軍副軍長劉政[31]任主任。公安局軍管會成立後，相繼宣佈「天津政法公社」[32]等三個群眾組織為「反動組織」，勒令解散。2月25日，由中央任命的天津市「三結合」的「奪權籌備工作領導小組」（由革命群眾代表、解放軍代表、革命幹部代表三方面組成的領導班子，也稱「奪權領導小組」）成立。解學恭任組長，蕭思明任副組長。成員有鄭三生[33]、楊銀聲[34]、江楓、胡昭衡及9名群眾組織負責人。5月19日，該組更名為「天津市革命委員會籌備小組」。解學恭、江楓、趙樹光[35]、胡昭衡為地方領導幹部，蕭思明、鄭三生、楊銀聲均為軍隊領導幹部。

3月7日，中國人民解放軍天津警備區成立「抓革命促生產指揮部」，由警備區副司令員牛喜原領導。指揮部下設工業和農業辦公室。各區和基層也成立相應的指揮生產機構。「抓革命促生產指揮部」成立後，基本上代替了原市人民委員會（市政府）的工作職能。

3月24日，天津市奪權籌備工作領導小組成員解學恭、江楓、蕭思明、鄭三生、楊銀聲等5人向毛澤東主席、中共中央、中央文革、全軍文革、北京軍區報送〈關於天津市奪權問題的請示〉。內稱：天津市3月15日至3月22日，先後召開了貧下中農、市級機關革命幹部、大專院校紅衛兵、中學紅衛兵及革命職工5個代表會議（簡稱「五代會」），按照各自

的代表人數，分別選出參加天津市代表會議的代表371人。市
革命委員會名額，初步確定49名。中共天津市革命委員會核
心小組擬由解學恭、蕭思明、江楓、胡昭衡、鄭三生、楊銀
聲、趙樹光等7人組成。

　　3月27日，天津代表團赴京向中共中央彙報成立天津市革
命委員會準備工作的情況。代表團成員有解學恭、蕭思明、
鄭三生、胡昭衡、趙樹光、江楓等人，以及50名「五代會」
代表及特約代表。4月7日、9日和10日，中央領導人三次接見
天津代表團全體代表。

　　天津市在這次彙報中，一些代表提出了不同的意見，又
陸續增加了部分代表。所提不同意見主要是對解放軍支左和
李雪峰的工作有不同看法。李雪峰原為中央書記處書記、華
北局第一書記，於1966年5月接任彭真的職務，擔任北京市委
第一書記。因種種原因在北京難以工作，年底被派來天津工
作，遭到有些造反組織的反對。

　　江青在4月7日接見天津代表團時有一個簡短發言，表
揚造反派，突出地表揚天津駐軍。她說：「戰友們！我對天
津的情況瞭解得不多。但我對天津的造反派有深刻的印象。
我記得在去年萬張集團迫害你們的時候，有兩批人念著《語
錄》步行來北京，有的鞋子都走掉了。我們知道以後，派車
把你們接來了。這種精神很值得我們學習。3月28日，我聽
過天津一次彙報，也聽了其他一些省的彙報和群眾組織辯
論。事物總是有比較的。我多方面地比較了一下，對66軍蕭
思明同志的彙報，印象是深刻的。我過去並不認識蕭思明同
志，人民解放軍滿腔熱情地做群眾工作，愛護革命左派，給

江青在文革時期的照片。

我印象很深。我認為66軍做了大量的工作。同時，對沒有團結進來的左派組織，不知如何是好。他們是些老好人，這一點，我可以證明。別的地方不是這樣。天津抓人很少，比北京少。有的地方抓人多，甚至發生慘案。這一點我不向你們隱瞞。這樣的軍隊不簡單，只抓了幾十個人。……我覺得天津駐軍是最好的，抓人少，沒有開槍。天津從反革命大亂，打、砸、搶到建立起新的革命秩序，時間並不長嘛！」

江青在這裏硬說天津是反革命大亂，什麼時候「反革命大亂」的？從未出現。這不過是江青信口開河。當時江青的表現與中央文革其他成員有很大不同，她很少參加接見群眾，即便參加也是遲到早退，這次也是講完就退席了。她的身份特殊，講話也比別人得到的掌聲多。在她講話中間經常有人鼓掌，最後又是長時間的掌聲。

當時由於群眾代表存在分歧，中央要求天津繼續作兩派的聯合工作，推遲成立天津市革命委員會的時間。在4月10日

的接見中，陳伯達、康生講話，周恩來最後作了長篇講話。

周恩來除了講大聯合以外，首先為李雪峰做解釋工作，說：「李雪峰同志執行了資產階級反動路線，對北京、天津都有影響。雪峰同志在北京有文字檢討。剛才雪峰說了，印出來給你們看看。我認為檢討是誠懇的，是願意改正錯誤的。」周講到這裏，話鋒一轉，講了一大段批判天津的話：

「天津發生的問題，遠遠超過了雪峰同志執行反動路線的影響。天津的文化大革命，開始有兩個系統領導——省委和市委。後來天津劃為直轄市，省委不管了。開始省委管大學，市委管中學、工廠企業、財貿。有這種複雜的情況。從市委講，今天你們清楚了，知道有個萬張反黨集團。開始很迷惑了一些人。我們發現是在中央工作會議上。萬曉塘死了以後，幾十萬人悼念，搞什麼名堂？我們很奇怪。當時僅僅是懷疑。天津的工作，伯達同志是長期關心的，蹲過點，農業在小站，工業在鋼廠。我只是有時開會，去天津一下，沒有直接蹲過點。萬曉塘的死那麼多人悼念，我有懷疑。在中央工作會議上，我問趙武成、李頡伯，越問越覺得離奇。追出了八月底就有個三輪二社事件，壞人煽動紅衛兵上了當，一個支部書記被冤枉打死了，也是市委鼓動幾十萬人去追悼，責怪紅衛兵，實際上不是向壞人示威。當時正是紅衛兵衝擊全國的時候，使中學紅衛兵在那一次受到很大的壓力。萬曉塘死又是一次。9月18日上午，趙武成檢討，有幾千人；下午萬曉塘檢討只有幾百人。萬曉塘的檢討根本沒有壓力，算不上檢討，不像樣子，像談話一樣。這樣的檢討怎麼會逼萬曉塘死呢？這個問題還要再追查。兩次受到壓制，中學紅

衛兵受到很大壓制，工廠、機關也受壓制。這跟上海、北京
不同。全國也少有這樣的事。對當時天津的紅衛兵運動，對
天津的文化大革命運動，用群眾示威施加壓力，直接把劉鄧
的反動路線擴大、加深了。萬曉塘死了，跟著出來個張淮
三，不僅繼續執行反動路線，而且還繼續佈置搞陰謀，在工
交口安插他的親信。剛才江楓同志的揭發就說明了問題。首
先揭露萬張集團的是江楓同志。伯達同志看了他的信，注意
了這件事，派解學恭同志去天津，把張淮三調到山西。他心
裏有鬼，沒等找他談話就自殺，沒有死又調回來了。接著又
搞公安局的反革命奪權，有些小將受了騙，承認了錯誤。在
天津，萬張集團控制達七、八個月之久，執行和發展了劉鄧
路線。這是主要的。（康生插話：你們天津來的同志對張淮
三的走狗和爪牙還注意得很不夠。張淮三同前北京市委劉仁
有很密切的聯繫。這是個很壞很壞的反革命分子，他們還埋
藏了很多壞東西，塘沽也有，財貿、工交系統也不少。你們
應該把矛盾擺正！）後來經過討論，告訴了解學恭同志。張
淮三在公安局『一・二〇』政法公社奪權以前，實際上早有
佈置。江楓同志實際上早就沒有權了，張淮三的佈置是一通
到底的。就像彭真、劉仁早已被揭出來，可是他們的黑手還
伸在北京公安局。（康生插話：你們天津南開大學、天津大
學搞了很多叛徒集團的調查，做了很好的工作。我提議，你
們對萬、張、劉仁也組織個調查團，很好地調查一下。）就
是在你們鼻子底下嘛！你們要好好地調查。萬張同劉仁有聯
繫，同彭、羅、陸、楊有聯繫。北京公安局軍管，才想到天
津公安局軍管。北京公安局欺騙了北京政法學院的革命小

將。天津是公安局內部奪權，也蒙蔽了一些小將。取締『政法公社』，是鄭維山同志[36]親自去的。『一·二〇』以後很亂，廣大人民不滿，比北京反映還大。軍管以後，才扭轉了局勢。如果沒有解放軍，局勢扭轉不了這麼快。你們想一想，如果從5月16日算起，到2月14日，九個月了。如果從6月1日算，也繼續了八個多月。這麼長時間，天津的領導是癱瘓的。……我完全同意伯達同志的解釋，全國鬥爭的鋒芒應該對準劉鄧，他是最大的走資本主義道路的當權派。天津主要是萬張反黨集團。一個死了，一個還在嘛！康老的話很重要，你們應該很快地做調查工作。當然，要實事求是，不要擴大打擊面。只有把這個集團挖深了，天津的主要矛盾才能解決……」

就這樣，周恩來的講話，把天津「文革」主要批判萬張反黨集團作為方向定了下來。我們雖然迄今並不知道中央關於此事的決策內幕，但是從這個講話至少可以清楚地看出，萬張集團是江楓揭發的，陳伯達採納的，周恩來同意的，當然最後要經毛澤東批准。這是當時的接見記錄，言之鑿鑿。因此，把萬張集團冤案推到江青「四人幫」身上，扣在解學恭身上，扣在某一造反者身上，都不是實事求是的。同時還可以看出，這場「文革」是毛澤東親自發動和領導的，但是周恩來也是「文革」的重要執行者。當然，他在「文革」中保護了不少的幹部功不可沒，可這只是反映了一方面的情況，實際上，他在保護幹部的事情上不得不非常小心翼翼，可以說是一直在看毛澤東的臉色行事，是不敢也不能違抗毛澤東的旨意的。

二、造反者的悲劇

我在這裏不按人們習慣的說法，將「文革」初期起來造反的人稱之為造反派，而只稱他們為造反者，何故？因為起來造反的人們，事實上並沒有成為真正的政治派別，儘管那時有許許多多的造反組織，但都是響應黨中央的號召，跟隨毛澤東起來「造反」的。他們打著同樣的旗幟，呼著同樣的口號，幹著同樣的事情，這能說是不同的政治派別嗎？

我認為，所謂「派」，可以有思想上的派別，就是有共同思想觀念的人群，與他人的思想觀念相衝突而形成一種派別；可以有政治派別，在政治上有共同的政見和利害。按照這個要求，審視在「文革」中蜂擁而起的造反組織，都構不成一派。他們只是對某領導幹部的態度不同，是批還是保而形成對立的組織，即使因觀點相同而相互串聯、聯合，也形不成一個政治派別。這場「文革」，是毛澤東親自發動和領導、中央和中央文革直接指揮、以解放軍為後盾的政治運動，各種群眾造反組織，不過是適應當時政治需要的工具而已。

造反組織的三個時期

從全市範圍講，天津的造反組織興起於1966年8、9月間，至1967年12月6日以天津市革命委員會成立為標誌，退出政治舞臺，存在了不過一年零幾個月的時間。有些造反組織的生命更為短暫，例如與「五代會」相對立的「天津無產階級革命派大聯合籌備委員會」（即「大聯籌」）於1967年

7月15日成立，至11月22日解散，僅在世上存在了一百來天。1968年全市各區、縣、局，各基層單位革命委員會相繼建立，造反組織已經全部解體。

天津市造反組織運動大體上可以分為三個時期：

第一個時期，從1966年8、9月至1967年1月，是批判資產階級反動路線、衝垮市委領導機構的時期。

從中央「五一六」通知開始，毛澤東八次接見紅衛兵，掀起紅衛兵運動，造反組織首先在大中學校以「紅衛兵」的形式建立，如天津大學的「八一三」，是1966年8月13日成立的；河北大學的「八一八」，是8月18日成立的。他們開始是批鬥本單位的當權派，批判市委執行的所謂資產階級反動路線，在本單位奪權，衝擊市委領導機關，直到1967年1月18日中共天津市委徹底垮臺。

第二個時期，從1967年1月至8月，是批鬥走資本主義道路當權派和造反組織相互內戰的時期。

1967年1月14日至15日，在上海「造反派」發出「抓革命、促生產，徹底粉碎資產階級反動路線新反撲」的〈告上海全市人民書〉後，天津市85個工人造反組織、學校「紅衛兵」組織及北京造反組織駐津「聯絡站」，連續發出〈緊急通令〉和〈緊急通知〉，對天津市委「推行反革命經濟主義，進行資產階級反動路線新反撲」提出「嚴正警告」。[37]

這裏說的只是85個組織，當時究竟全市有多少大大小小的造反組織呢？誰也沒有統計過，可謂多如牛毛。1967年1月我被一個造反組織揪到市委機關大樓裏轉了一圈，發現市委大樓裏就有幾十個掛牌子的造反組織。當時

兩三個人也可以成立一個戰鬥隊，連「十幾個人，七、八條槍」都湊不起來，也叫什麼「總部」、「總司令部」等等。但全市也形成幾個比較大、有影響的造反組織，如天津大學的「八一三」、南開大學的「衛東」、河北大學的「八一八」、市委機關的「聯委」、市公安局的「造反總部」、市勞動局第二技校和反修錦綸廠的造反組織以及「工礦造反總部」等。

當時市「奪權籌備小組」（後改為天津市革命委員會籌備小組，簡稱革籌小組）和天津駐軍支左聯絡站按照中央的要求，於3月15日至22日，先後召開了貧下中農、產業工人、市級機關幹部、大專院校和中學紅衛兵等五個系統的代表會議。這「五代會」自然是各個造反組織組成，例如幹代會主要領導成員是市委機關「聯委」和公安局「造反總部」的負責人。「五代會」成為當時執政者依靠的主要力量。

在這個時期，各個單位造反組織開過許多批鬥會，不僅限於本單位的所謂「走資派」，而且擴展到本系統，例如財貿系統的鬥爭目標是「宋馬趙」，喊得很響！宋是指市委分管財貿的書記宋景毅，馬趙是馬秀中、趙步崇，是市委財貿政治部的正副主任。實際上當時市政府也設有財經委員會，但其正副主任並沒有被列為財貿系統前幾名批鬥對象，看來鬥爭的主要矛頭還是對著黨內的「走資派」。有些大造反組織，鬥爭目標則是市級領導幹部。還有一些批鬥會經常拉一些人陪鬥。如果夫妻雙方都擔任領導職務，則將夫妻雙方拉到一起批鬥。聽說一次批鬥原副市長楊拯民（當年與張學良一起發動西安事變的楊虎城將軍的長子），竟錯把原市委一

位書記的夫人（原市委工交政治部副主任）一起拉出來同台
批鬥，真是「亂點鴛鴦譜」。在這個期間最大規模的批鬥
會，是4月4日至9日，天津市「五代會」和文藝、體育、新
聞、財貿等系統的群眾組織，分別舉行萬人以上參加的「批
判最大的走資本主義道路當權派」大會。最大的走資派是劉
少奇，天津的代理人是萬張反黨集團。

　　這個時期天津也發生過幾起武鬥衝突事件，但是同全國
各地比，天津的武鬥規模並不嚴重。全市範圍發生武鬥只死
亡6人，天津中級法院認定在「文革」初期武鬥死亡共11人，
可能包括基層單位武鬥致死的人數。這個死亡數字同其他
省、市比，可能是最低的。從1967年4月以來發生衝突的事件
有：

　　4月24日，天津市「大聯籌」三千餘人衝擊天津駐軍支左
聯絡站，至28日撤出。「大聯籌」是天津職工隊伍中與「五
代會」對立的造反組織，他們到支左聯絡站門前靜坐，要求
軍隊給予支持。

　　4月27日，天津大學、體育學院等院校學生，在天津大學
發生武鬥。天津人民出版社1994年出版的《天津市四十五年
大事記》中記載：「天津大學、南開大學、體育學院、河北
大學等院校學生，在南開大學發生萬人武鬥。」[38]這與事
實有很大出入。實際經過是這樣的：在群眾組織紀念毛澤東
〈正確處理人民內部矛盾〉發表十周年紀念大會上，因市革
籌小組成員胡昭衡出席會議，天津大學「八一三」和南開大
學「衛東」兩個組織當場反對。他們提出胡是「假黨員」，
沒有資格參加會議。這就與保護胡昭衡出席會議的體育學院

造反組織發生衝突，但未形成武鬥。會後，體育學院的一些運動員拿著打棒球的球棒，乘大卡車到天津大學示威。體育學院的運動員雖然身體矯健，是武鬥的能手，但是敵不過天津大學人多勢眾。天津大學的人將體育學院的車子包圍起來，車上的人員也被揪下車來。

5月12日，天津鐵路分局總調度室被砸搶，調度通訊設備被毀，部分值班調度人員被打傷並被架走，致使津浦、京山線鐵路運輸調度指揮中斷25個小時。[39]

7月7日，河北大學「井崗山」和天津市工礦企業無產階級造反總部、工農學革命造反野戰兵團等組織三千餘人，打砸了天津三五二七工廠，燒了兩輛救火車，在車間破壞、搶走了部分設備。工代會的負責人請示駐軍支左聯絡站領導，將工人從工廠後門撤走，未發生人員傷亡。7月8日23時，陳伯達在北京人民大會堂接見了天津駐軍支左聯絡站負責人，作如下指示：「工廠是國家的財產，社會主義的財產，人民創造的財產，你們忍心破壞嗎？請你們好好想一想。工人是老百姓，是國家的主人翁，你們可以用對待敵人的辦法對待勞動人民嗎？要把我的話貼到街上，貼到每一工廠。我上邊的話是提醒受蒙蔽群眾的。現場不要動，要由五個代表會議組織人去參觀。」[40]

7月24日，高等院校的「天工八二五」等組織查封了《天津日報》，至9月17日復刊。

8月9日，「大聯籌」組織攻打天津政治師範學校，火燒該校大樓。次日，「大聯籌」又攻打天津六○九軍工廠。天津政治師範學校有兩個造反組織，一個是紅代會，是「五

代會」方面的，另一個是紅革會，是對立面「大聯籌」方面的。雙方發生矛盾，紅革會把「大聯籌」引來，製造放火燒學校大樓的事件，但沒有把大樓完全燒毀。由於「大聯籌」與站在工代會一方的六〇九廠發生矛盾，第二天下午「大聯籌」又開始攻打六〇九廠。工代會則根據陳伯達和支左聯絡站的意見，組織人員保衛六〇九廠。這是天津市最大規模的一場武鬥，共死亡6人。8月11日20點，陳伯達、鄭維山對六〇九廠事件作出指示：「你們（指攻打六〇九廠的『大聯籌』）這樣做是錯誤的，錯誤不要犯得太多了，第一次、第二次是可以原諒的，不要把自己引到沒有出路的道路上。我們國家是大好的形勢，無產階級文化大革命取得了偉大勝利，要搞好抓革命促生產，不要做破壞國家財產的事，不要上少數壞人的當，群眾力量是偉大的，毛澤東思想是深入人心的，希望你們回到毛主席革命路線上來。」[41]

第三個時期，從1967年8月至1967年12月，是制止武鬥，促進大聯合，籌建市革命委員會的時期。

按照中央、中央文革的要求，天津市組織了一個由「五代會」和對立面「大聯籌」共同參加的赴京代表團。從8月15日至12月8日天津市革命委員會正式成立，這個期間中央首長先後十一次接見天津赴京代表團。天津赴京代表團由天津駐軍、幹部代表和兩派群眾代表組成，開始10餘人，後又擴大至約30人，開始是談判制止武鬥，之後是協商大聯合，最後是協商籌建市革命委員會。

中央十一次接見天津赴京代表團

中央首長第一次接見。時間：1967年8月15日21時50分至16日1時。地點：人民大會堂安徽廳。參加接見的有陳伯達、謝富治（時任中央政治局委員、國務院副總理）及北京軍區司令員鄭維山等人，陪同接見的有天津市革命委員會籌備小組解學恭、江楓和天津駐軍負責人楊銀生（66軍政委）。每次陪同接見均為這幾個人。被接見的有雙方代表。這次主要談制止武鬥，開始主要是「大聯籌」的代表發言，講六〇九廠武鬥的問題，「五代會」代表也發了言。陳伯達、謝富治都不斷地發言，批評武鬥問題。「大聯籌」面對面地同陳伯達、謝富治辯論。例如陳伯達說，天工「八二五」（天津工學院8月25日成立的造反組織，參加了「大聯籌」）你們覺得亂得夠了嗎？天工「八二五」的代表趙健敏回答：我們是不希望亂的，亂不亂不取決於我們，而是階級鬥爭的規律，是天津支左的問題，請首長注意66軍的問題。中國共產黨的組織原則之一是下級服從上級，而且還存在著下級對上級特別是對黨中央的盲目崇拜，像趙健敏這樣普通的大學生，竟敢和中央領導人當面頂撞，也只是在「文革」特定的時期特定的情況下出現的。

中央首長第二次接見。時間：1967年6月16日22時至17日2時30分。地點同前。當年人民大會堂建成後，由各省和直轄市自己佈置一個廳。天津市因為當時剛剛改為省轄市，故還沒有天津廳，至70年代初期才有了天津廳。這次參加接見的有陳伯達、謝富治及軍方的李天佑、鄭維山等人，被接見

的有雙方代表。這次繼續解決制止武鬥問題。陳伯達進場後
先問大家：你們打電話沒有？扣的人放了沒有？雙方在回答
問題時，互相辯論，爭吵不休。陳伯達說：昨天沒有放的就
算了，現在就放，12點（指當日夜12時）前全部放完。不放
就不談判了，就散會。同意不？在雙方都表示同意後，陳要
雙方各出三個人簽字，中間休會，要兩派打電話通知放人之
後再談。17日1時30分繼續開會，陳伯達同意雙方各派一名
代表、軍管會出一名代表回去檢查放人的情況，並要求雙方
協商擬定制止武鬥的協定。天津形成尖銳對立的兩派發生武
鬥，當地軍隊也制止不了，而必須由中央領導人出面調解，
這讓人難以理解，然而這就是當年真實的歷史。

　　中央首長第三次接見。時間：1976年8月18日1時30分至
4時30分。參加接見的有陳伯達、謝富治、戚本禹及軍方的
李天佑、鄭維山等，被接見的有雙方代表。戚本禹是中央文
革小組成員，就在這次參加接見後不久，因為揪「軍內一小
撮」觸犯解放軍，後來被抓了起來。「文革」初期同戚本禹
一起上臺的王力、關鋒也因破壞文化大革命被抓起來，構成
所謂「王、關、戚」事件。會議開始，陳伯達先問，昨天回
天津去的人回來沒有？（即檢查放人落實的情況），並要求
雙方各出5名代表一起去協商制止武鬥的協議。「五代會」和
「大聯籌」交替發言，發生爭論。戚本禹講話很嚴厲，說今
天達成制止武鬥協定以後，如再發生殺人、放火、打人，就
把這個組織定為法西斯組織。可能是戚已得知揪「軍內一小
撮」引起毛澤東的反感，所以他在會上也講到不能隨便提揪
「軍內一小撮」，但已為時晚矣！會議最後由群眾代表宣讀

了雙方制止武鬥的協議，全體鼓掌一致通過。

中央首長第四次接見。時間：1967年8月19日3時30分。當時晝夜都顛倒了，中央所有接見都在晚間和夜間進行，真是夜以繼日。參加接見的有陳伯達、謝富治及鄭維山等，被接見的有雙方代表。當陳伯達、謝富治走進會場時，群眾組織代表起來鼓掌。陳伯達說，不要鼓掌了，不歡迎，鼓什麼掌！不是為了讓你們鼓掌的。認為鼓掌我會高興，不會高興的！謝富治插話說，不武鬥，我們就高興了。接見時陳伯達批評了前一天「大聯籌」衝擊「五代會」的遊行隊伍。「大聯籌」的代表解釋說，這不是有計劃有組織的。謝富治問「五代會」：你們遊行隊伍有沒有說刺激話刺激對方？（「五代會」回答：沒有），我替你們擔心，可能你們控制不住你們的隊伍……看來謝也是從中調和。謝還講到「大聯籌」的白金生不像三輪工人，白金生馬上回答自己就是三輪車工人。像白金生這樣的身份，不是產業工人，是不受中央領導人歡迎的，他後來多次受到批評。謝詢問了白的歷史後，對他說：你由集體工廠的工人到去蹬三輪，這是一個倒退，你必須承認這一點。無論如何，中央領導人和一個普通工人這樣有來有往地平等對話，在平時是不可想像的，也算是「文革」時期特定的一點「民主」吧。

中央首長第五次接見。1967年8月24日22時45分至25日2時。參加接見的有謝富治、鄭維山等，陪同接見的除原有三人外，還有天津駐軍的鄭三生（66軍軍長）。會議通過了雙方達成的抓革命、促生產的協定。會議還討論了六四一廠協定、塘沽協定，雙方在會上發生了激烈的爭執。鄭維山講

了一段話之後，天工「八二五」的趙健敏質問鄭維山。鄭維山大聲說：「你這是讓我把剛才講的話收回嗎？難道強姦犯、搶劫犯就不要處置嗎？」說完後因有事退席。謝富治說兩派都缺乏自我批評的精神，先後三次領著大家讀毛主席關於批評和自我批評的語錄。謝富治是1930年參加革命的老紅軍，曾是赫赫有名的陳（賡）謝（富治）兵團的政治委員，於1972年病逝。（1981年被宣判為林彪、江青反革命集團的主犯之一）。謝作為有多年豐富經驗的中央領導幹部，怎麼調解兩派的衝突竟然三番兩次地讀語錄呢？這是因為，「文革」顛覆了往日的一切社會規範，當時誰也不能碰跟隨毛澤東造反的造反派，他們可以「懷疑一切，打倒一切」。這也是各級領導幹部在「文革」中束手無策的根本原因。

中央首長第六次接見。時間：1967年9月8日零時50分至5時30分。參加接見的有陳伯達、謝富治、江青、戚本禹。陪同接見的有鄭維山等，天津陪同接見的除原有三人外，還有蕭思明（66軍原政委）。會議開始，陳伯達、戚本禹先到的，先談協定執行情況。「大聯籌」的白金生要發言，陳伯達說又是你，算了吧，換一個！結果「大聯籌」的趙凡和工代會的林啟予簡要說了執行情況。這時江青在謝富治陪同下進入會場，全場起立，高呼毛主席萬歲！江青有個特殊身份，除毛澤東、林彪就是她，高踞於其他政治局委員、中央文革小組成員之上。她一出場就講話，而且講話非常富有煽動性，人們不由得就跟著亢奮起來。她講話過程中人們總是不斷鼓掌、呼口號。她說：「謝富治同志要我來看看同志們。天津市夜裏有人出去搶東西，姦淫婦女，對這種東西要

專政！（熱烈鼓掌）我為什麼說是『東西』呢，因為他們是反動的。人民憤怒極啦！我們有責任。我們的軍隊寬大無邊，對不對？（眾：對！）但你們要支持軍隊，要發動群眾，把壞人孤立起來。強姦婦女的這些人十分可惡，我都不好說出口。這些人要抓起來槍斃！（長時間熱烈鼓掌，高呼『無產階級專政萬歲！』、『毛主席萬歲！』）好！我看同志們是贊成的，因為這是廣大人民的利益。要協助軍隊、軍管會辦好這件事，不要把軍管會搞垮，把無產階級的權威搞得威信掃地。軍隊的同志們腰桿要挺起來，不要怕他們。好，我還有事，現在退席了。」（大家鼓掌，高呼「向江青同志學習！」江青喊：「向同志們學習！」）江青走後，陳伯達、謝富治講話，要「五代會」、「大聯籌」都要檢查自己，主要是批評「大聯籌」，包括塘沽的問題和強佔天津日報社在的問題等等。「大聯籌」的人也不斷插話作些辯解。謝富治提出：「最近總理、伯達、康生、江青同志作了一系列的重要講話。今晚講完了以後，放放江青同志的錄音。」果然，接見結束以後，大家聽了江青的講話錄音。這裏唯獨放江青的講話錄音，可見其在「文革」中的特殊地位。

中央首長第七次接見。時間：1967年9月14日凌晨2時10分至5時40分。參加接見的有陳伯達、謝富治及鄭維山，被接見的有天津市及石家莊、唐山、張家口地區群眾組織代表，這些地方的駐軍首長和幹部代表也陪同參加。這次接見主要是繼續促進大聯合問題。陳伯達上來就高呼：在毛主席的宣導下，大聯合萬歲！群眾跟著呼喊：在毛主席的宣導下，大聯合萬歲！陳接著說，今天就是一個大聯合的會議，祝同志

們大聯合成功。陳先問，天津已經聯合了沒有？眾答沒有。陳作了長篇講話，對「大聯籌」有批評有表揚。「大聯籌」代表說他們自己捉了28個壞人，陳伯達帶頭鼓掌，說你們做了一件好事。謝富治說，自己抓自己一派的壞人，合乎毛澤東思想。謝還問「五代會」抓了沒有？「五代會」彙報說通過內部整風，大家交換了意見。謝富治在講話中又強調要學習江青的講話。他說：「最近總理、中央文革小組同志根據偉大領袖毛主席和林副主席的指示，講了很多話。特別是江青同志在9月5日接見安徽省群眾組織代表時的講話，大家聽了沒有？（眾：聽了）那是代表我們毛主席司令部講的話，對當前文化大革命有很重要的意義。所以大家要好好學習這個講話。」

　　中央首長第八次接見。時間：1967年9月26日0時27分至2時20分。參加接見的有周總理、陳伯達、謝富治及鄭維山等，被接見的除了天津市還有保定赴京代表團。開始陳伯達未到，謝富治先講話，表揚天津工人階級聯合起來了。謝講話時問道：「大聯籌」的趙——來了嗎？趙健敏見謝富治叫不上自己的名字，趕緊答道：「來了。」謝說：老先生，你怎麼不能聯合呀！周總理問趙：你是按主席指示辦事，還是以我為核心？趙說：我主張「五代會」內外造反派聯合起來，我不主張以「大聯籌」為核心，以「大聯籌」為核心是錯誤的。周說：大家都聽到啦！趙說：「五代會」加強擴大了，我們「大聯籌」就解散。周說：你是天工的吧？天工一派是革命派，但你們不能否定「五代會」的革命派。周恩來還講了很多鼓勵天津工人的話，說自己：「像我這樣的人，

快七十了，我還是要緊跟毛主席，學到死，改造到死，跟到死。」當陳伯達進場後，群眾起來鼓掌，周總理退席。陳伯達開頭說一些鼓勵和祝賀大聯合的話，還說到保定協商氣氛不如天津，說到此處他帶頭高呼：向天津的無產階級革命派學習！眾人齊呼：毛主席萬歲！那是一個喊口號的時代，一個人一天不知要喊多少口號！當有人在發言中稱陳伯達「首長」時，他又說：「我是小小老百姓，我沒有什麼官名。你看我有什麼官名？你們都是各個組織的勤務員，我連個勤務員都沒有當上。」後來「批陳整風」時，陳伯達「小小老百姓」的說法不知被人們批過多少次，其實這並不是什麼實質性問題。「文革」初期，他接見群眾代表最多，大都是說些促聯合的話。據我所知，陳伯達在天津的主要問題，一是直接抓了小站地區的所謂三個反革命集團，再就是在製造所謂萬張反黨集團上起了重要作用，可是「批陳整風」時天津對他的這些原則錯誤都沒有批，批得都不是地方。他那時之所以挨批，就是因為向林彪靠近了。

中央首長第九次接見。時間：1967年10月10日晚11時至11日淩晨4時20分。參加接見的有陳伯達、謝富治、鄭維山等。這次主要接見的對象是天津的「大聯籌」。如前所述，從1967年初舊市委垮臺，市革命委員會籌備小組成立和軍隊支左介入以後，天津各種造反組織形成了「五代會」和「大聯籌」兩大派，「五代會」是擁護和支持革籌小組和支左部隊的，「大聯籌」則是反對派。中央、中央文革和天津市革籌小組、支左聯絡站的目標是以「五代會」為基礎，將「大聯籌」吸收進來，促成大聯合，儘快建立革命委員會。所

以，陳伯達開始講了一大段話之後說：「你們這裏有沒有趙健敏，趙健敏來了沒有？你們到前面來講嘛！聽說你有一套意見，今天就是要聽聽你的意見，看你的意見站得住站不住嘛！」趙健敏講了對9月30日政治協議的意見。陳伯達提問，趙回答，充分闡述自己的意見，「大聯籌」幾個代表也都起來說協議通過時不夠民主。陳伯達挑撥說，有一種野心家想壟斷天津，想隨便玩弄天津老百姓！陳講話時一再說「你們背後有人操縱」，「你們抱著大石頭，兩三塊、三四塊大石頭」，「抱著石頭迷路了」。隨後，一些造反組織就開始揭露「大石頭」，例如說閻達開（原河北省委書記處書記，後任天津市委第二書記，但沒有上任）是天工「八二五」的「大石頭」，只因閻當時被揪到天津工學院。事實證明，造反組織誰也沒有抱著什麼「大石頭」，這不過是陳伯達無端猜疑。這次接見時間長，陳伯達、謝富治等人談話很多。在陳伯達的壓力和挑動下，「大聯籌」內部發生衝突，先是趙健敏和工礦企業造反總部的程國富吵了起來，隨後工礦造反總部的何光臨站起來揭發趙健敏的問題。接著有人又說何光臨是兩面三刀，陳伯達則為何光臨開脫。陳伯達、謝富治、鄭維山等人都把主要矛頭對著趙健敏。當場有人表示對趙健敏的問題不理解，陳說理解不了慢慢來嘛！有人表態說還要和趙一起戰鬥，陳問：你向誰戰鬥？答：走資派。陳問：哪個走資派？答：萬張反黨集團。陳說：你曉得萬張集團的人在你們背後操縱嗎？這樣，陳伯達最終把矛頭引向萬張集團。其實哪裏有什麼萬張反黨集團的人在背後操縱？況且哪裏來的萬張集團？憑空捏造了一個反黨集團，又把一切罪惡

統統歸之於這個集團，真是荒唐的政治釀造了一個荒唐的世界！

中央首長第十次接見。時間：1967年11月22日晨2時45分至5時29分。參加接見的有陳伯達、謝富治、鄭維山等，被接見的有雙方代表。當時天津赴京代表團住在北京，晝夜等候，隨叫隨到。陳伯達開場說：對不起，把你們從睡夢中叫起來了，恰恰是今天我們在這裏談話有點時間。這次主要還是陳伯達講話。陳伯達在歷次接見中已經認識了不少人，他在講話中首先提到「大聯籌」在座的張承明。張是天津反修錦綸廠的工人，陳引導他說「大聯籌」就是不好。陳還講到小站的問題，劉秀榮要求發言，陳又批評了她。劉秀榮是小站地區一個小學年輕的教員，也是「大聯籌」的，是與受陳伯達支持的小站四清中上臺的西右營黨支部書記王鳳春對立的。陳質問劉秀榮：「你是受什麼人委託？你是『大聯籌』的，你搞的恰恰是復辟！」劉馬上進行辯解。在場的王鳳春這時也幫腔指責劉秀榮。接著，南開大學「八一八」告「衛東」和「八一三」現在還圍攻他們，「衛東」否認此事。「五代會」和「大聯籌」雙方代表發生爭執。陳伯達對「大聯籌」的白金生、趙健敏又一次表態，說：「白金生這個人我很反對。趙健敏來了嗎？（趙：來了）趙健敏這個人我是反對他的。」陳伯達、謝富治反覆強調貫徹執行毛澤東按系統大聯合的指示，不贊成「大聯籌」這樣的跨行業組織。陳伯達多次點「大聯籌」的名，說：「要把參加『大聯籌』的群眾同頭頭區別開來，『大聯籌』有些頭頭搞了很多壞事，親者痛，仇者快，他們做的壞事是不能容忍的，對一些頭頭

做的壞事，參加『大聯籌』的群眾不能替他們負責任。」這次接見，中央的態度很明確，就是批評「大聯籌」，促使他們分化、解體。

　　中央首長第十一次接見。時間：1967年12月2日21時23分至22時58分。參加接見的有周總理、康生、陳伯達、江青、謝富治、姚文元、吳法憲及鄭維山，被接見的有天津革命委員會常委、委員及全體赴京彙報代表團成員及天津駐軍負責人。這次是宣佈中央批准天津市成立革命委員會的報告。周總理主持會議，由工代會、農代會、大專紅代會、中學紅代會發言，林敬予代表赴京代表團宣讀邀請信，邀請中央首長出席天津市革命委員會的成立大會。開始由陳伯達講話，又提到了趙健敏。周問：哪個是趙健敏，我認識一下（趙起立）。陳講話後，康生、江青先後講話，周總理最後講話，開頭用了較大的篇幅談學習毛主席指示、讀毛主席書的問題，還提出了文化界和公檢法的問題，說：「江青在上

江青、陳伯達、康生、張春橋文革中接見群眾。

月9號、12號有兩篇講話，天津沒有反映（江青：天津搞了個防空洞，什麼全國業餘作者代表大會），背著中央文革，得不到你們的反映。江青同志去年11月在文藝大會上的講話，今年也講了，但根本沒有什麼反映。文藝、戲劇、電影、教育、廣播、新聞，回去要查一查，為什麼會這樣，至少你們沒有很好地抓，學校也沒有什麼反映，在抓叛徒上是有成績的，為什麼這方面不行？天津、北京很近。文藝界黑幫在北京活動，在天津也有，應該注意。」周還提到天津的公檢法，說：「天津公檢法是萬張反黨集團產生的重要基地，現在挖得還不深，以前天津在舊社會是個國內外反革命分子窩藏的地方，有很多租界，地富反壞右在那裏活動，到現在還有他們的房產，剝削階級在天津很多，叛徒天津也有人嘛！僅從這段話就可以看出，周的講話也是夠「左」的，而且把江青捧得那麼高！當年的「文革」是黑暗的，可卻是最透明的，中央領導這次接見的講話很快公之於眾。唯一沒有公佈的是周恩來最後對萬曉塘自殺的說法表示懷疑，他認為當時並沒有多麼大的壓力足以促使萬曉塘自殺，讓天津回去再認真查一查。[42]

毫無疑問，中央領導人的十一次接見和表態，對天津「文革」的進程起了決定性作用。可是這些當年「推動」歷史前進的人物卻落得同樣的下場，參加接見的領導人除了周恩來以外，幾乎無一例外地分別被列入林彪、「四人幫」反革命集團，甚至連鄭維山、李天佑這樣的高級將領也受到牽連；被接見的兩派群眾代表當年為了誰最革命爭得你死我活，到頭來也幾乎無一例外地全部被列入「三種人」的名

單，無論是「造反」的還是「保皇」的都受到「革命」的懲罰。

「文革」最後的殉難者

在今天大多數中國人的集體記憶中，恐怕「造反派」已經成了「文革」罪孽的兩個最重要的集體記憶之一：上層是「四人幫」，下層則是「造反派」。在某種程度上，造反派成了誣陷、陰謀和暴力的抽象代名詞，承擔著「文革」中所有罪惡的大半責任。

人們通常把「文革」稱作一場浩劫，在浩劫中自然有大批人員蒙難。回顧一下運動的過程，運動初期受衝擊的無非是這樣幾類人：（1）資本家。運動初期紅衛兵掃「四舊」時首當其衝，被抄家、批鬥；（2）知識份子。學校教師、各類專家、醫生中的所謂「反動學術權威」，被批判、勞動改造；（3）各級領導幹部，被當作「走資派」批鬥、打倒；（4）地、富、反、壞、右分子以及政治歷史上有問題受過審查的人，有些被遣送回鄉。天津市共有41571人被遣送農村。這幾類人後來都陸續落實了政策，尤其是各級領導幹部，大多先後官復原職，失掉的都找了回來。唯獨造反組織的負責人，在接下來的運動中不斷受到整肅，例如1970年的「一打三反」運動，緊接其後的清查「五一六」運動。留在各級革委會中的屈指可數的原造反組織代表儘管早已洗心革面，絕對擁護重建的共產黨統治秩序，而且除上海浙江等少數地方外，其他地方的前造反人物與「四人幫」並無組織聯繫，可是粉碎「四人幫」之後，開展揭批查，幾乎所有造反組織的

負責人都受到清查，被提拔擔任一定領導職務的都被免職，參加過武鬥的受到刑事處罰。

從參加天津市革命委員會的群眾組織代表來看，當年都是積極響應毛主席、黨中央號召投身文化大革命的，本身沒有打、砸、搶行為，本來不應追究他們的責任。可是只要擔任一定領導職務，就不可避免地被拉下馬，甚至無端被開除黨籍。這裏舉一個典型例子：

巴木蘭，女，1931年生，抗戰勝利前在膠東解放區參加革命，1946年參軍，1950年參加抗美援朝，1955年轉業到地方工作。她於1966年2月調市委工交政治部宣傳處工作不久，「文革」就開始了。中央批評天津市委執行所謂資產階級反動路線之後，當時市委書記谷雲亭動員市直機關停止工作10天，集中進行揭發批判市委的問題。10天過後，她根據個人的筆記並綜合工交政治部一些人的發言，寫了兩張揭發市委「資產階級反動路線」的大字報，在市委機關內外影響很大。這是巴木蘭在「文革」中響應中央和市委的號召，唯一的「造反」行動。實際上她在當時反對奪市委工交政治部的權，反對抄副處長以上幹部的家，反對封市委交換臺，在市委機關有一定影響，所以市委機關群眾組織「革命造反聯合委員會」（簡稱市委聯委）成立時，她成為這個組織的「核心」領導人。天津市革命委員會成立時，巴木蘭作為機關幹部代表被推舉為常務委員，並先後擔任過市文化局革命委員會副主任、市婦聯副主任。想不到這便成了1985年5月18日開除巴木蘭黨籍的第一項罪名──「造反起家」。巴木蘭被開除黨籍的第二項罪名是「迫害張淮三同志」，只是因為她由

組織委派曾在「萬張專案組」工作過。第三項罪名是「攻擊鄧小平同志」，定罪的依據是別人交代在「批鄧」時，曾與巴木蘭說過：「鄧小平上來咱們都得下去。」第四項罪名是「未能轉變立場和認識」。在揭批查中，她被停職審查了7年，天津市紀律檢查委員會於1985年作出結論和處理決定：「巴在『文革』中造反起家，迫害張淮三同志，攻擊中央領導人鄧小平同志，後果嚴重。且至今未能轉變立場和認識。同意開除其黨籍。」

巴木蘭是抗戰時期參加革命的老幹部，造反中只是按中央的部署參加「文革」運動，沒有越軌行為。張淮三既不是她揭發的也不是她參加定案的，而是中央定的案，她只是參加過一段專案審查工作。那時參加揭發批判的人很多，搞專案審查又不是由她決定的，怎麼能夠據此給她定罪呢？至於攻擊鄧小平，她在1975年時任市委赴武清普及大寨縣工作隊隊長，應召來市委參加部署批鄧的會議後，回工作隊沒有傳達貫徹，連帶回來的批判材料都藏而不露，但是任巴木蘭再三申辯，還是僅憑別人的一句話就給她定了罪！

在其後的歲月裏，「造反派」的外延不斷擴大，幾乎成了一個集惡勢力之大成的記憶公約數，囊括了「文革」初期的「造反派」和「保皇派」；大中學校裏的紅衛兵頭頭；1967年奪權中進入革命委員會的幹部和群眾代表；在「清理階級隊伍」和「一打三反」中製造冤錯假案的專案組的責任者，大都歸入「造反派」的陣營。其結果是文革中錯綜複雜的政治迫害現象被簡單化了，迫害的主要製造者──黨和國家機器的責任被輕描淡寫了。天津市在揭批查運動中，共逮捕

33人。其中有軍管幹部也有老的局長，絕大多數是群眾組織負責人。對群眾組織負責人的處罰，多為冤案。這裏舉一個典型例子：

林啟予，1936年生，抗日名將吉鴻昌的外甥。1965年天津大學動力系畢業，分配到市發電檢修大隊當實習技術員。「文革」開始以後，他在廠內組織戰鬥隊。1967年2月開始參與社會上的造反活動。他一貫緊跟中央、中央文革和市革籌小組、支左聯絡站的部署，成立市革命委員會籌備委員會時當選為工人代表。按照中央指示以「五代會」的形式組織大聯合時，他成為「工代會」的核心領導人。1967年12月成立市革命委員會，他擔任了常務委員。1969年11月，他主動要求去「6985」工廠（即籌建中的天津涉縣鐵廠），在那裏工作四年並取得一定成績。他於1973年入黨，並當選為第四屆全國人民代表大會代表，後來又調回天津籌備市總工會，總工會成立後又去組建天津地震局，任黨的核心小組組長、局長。天津市地震局剛剛組建，他主持工作就經歷了唐山大地震的考驗，沒有出現重大失誤，工作是有成績的。

解學恭為第一書記的市委垮臺以後，林啟予於1978年10月2日被隔離審查，9日被捕。1979年底，天津市中級人民法院以「打砸搶罪」判處林有期徒刑10年。所謂打砸搶的緣由是這樣的：1967年夏，與「五代會」對立的組織「大聯籌」挑起武鬥，形勢混亂。「大聯籌」打砸搶了三五二七廠之後，又圍攻六〇九廠。在六〇九廠被圍困時，市革籌小組及時上報中央、中央文革，陳伯達指示「攻打六〇九廠是錯誤的」，動員天津工人階級保衛六〇九廠。林啟予作為「工

189

代會」負責人，回應中央和市支左聯絡站的號召，積極組織工人隊伍保衛六〇九廠。雙方在武鬥中共死亡6人，其中六〇九廠一個工人因自製土炮失靈爆炸自斃，「工代會」一個開推土機（此推土機是奪得對方的）的工人被軋死。在支援六〇九廠途中，「工代會」一個工人被對方用小口徑步槍打死。「大聯籌」自己誤殺一人。這樣，「大聯籌」沒有攻打下六〇九廠，接著對該廠實行了軍管。六〇九廠軍管後，「大聯籌」隊伍撤回時又有兩人被群眾打死。法院不問是非曲直，就以他是「工代會」負責人，以「積極組織策劃並調集武鬥人員並親自參加武鬥」為由進行宣判。當時參加武鬥的是「大聯籌」和「五代會」雙方，矛盾的主要方面是「大聯籌」。可是法院的判決對「大聯籌」的負責人，一般都判5年，而「五代會」的一般都判10年。為何如此判決？就是因為「五代會」的人員，在革委會成立之後得到了提拔重用，而「大聯籌」的人員都靠邊站了。你們是既得利益者，理應嚴懲。這裏面包含著一種極端的復仇心理。據說有的「文革」中被關押過的領導人不分青紅皂白地說：「我坐了多少年監獄，他們的刑期不能少於我，錯了以後再說。」

　　為什麼像林啟予這樣一直緊跟中央、市委部署的人反而受到重刑處理呢？這裏反映了形而上學的「左」傾思維，不是肯定一切，就是否定一切。中央決定徹底否定「文革」，把責任一鼓腦地推到江青「四人幫」身上，而地方上呢？在「文革」時期的執政者首負其責，尤其是向參加各級領導班子的群眾組織負責人算帳。其實，這樣做是非常不公平的。如果僅僅因為他們當年執行的是中央、中央文革及市革籌小

組、支左聯絡站等指示，因此就說他們都有問題，實在不足
為憑。在「文革」中，他們都是共產黨的執政者，不是國民
黨。你代表共產黨在那裏執政，按照中央和市委的指示辦
事，難道有什麼原則錯誤嗎？再進一步說，他們是毛澤東和
黨中央在其執政的特殊階段所倚重的政治力量，實際上是
直接或間接地執行著毛澤東和其他「文革」領導人的政治意
圖。因此，他們在主觀上是要維護這個體制，而不是顛覆這
個體制。表面上看黨政領導幹部似乎是受害者，但「造反有
理」的口號是毛澤東發出的，是他以黨和國家領袖之尊，動
員群眾組織在他的領導下造各級黨組織和政府的反。各級黨
政機關被毛澤東及其高層助手當作「奪權」的物件，但並不
意味著這場奪權造反是平民反抗國家機器。事實上，在奪權
的高潮時，毛澤東掌握著國家機器的最高權力，指揮著造反
派為他奪取省以下國家機器的控制權。說到底，奪省以下黨
政機關的權實際上仍然是黨的意志及國家行為的表現。林啟
予們的「罪名」是被人偷換了的概念。

　　再說，「文革」中的執政者是不是幹的都是壞事呢？當
然不是。他們當中的絕大多數起碼是清廉從政的，而且幹了
不少好事。天津1976年大地震遭到那麼嚴重的破壞，幾百萬
群眾團結一致，戰勝了重重困難，取得抗震救災的勝利，沒
有黨和政府的領導，怎麼解釋這件事情？應當說「文革」十
年，正是靠著當時從中央到地方執政者同心戮力，才使我們
黨和國家安然度過了這場「浩劫」。而在當年的這批執政者
中，既有領導幹部也有群眾代表，他們的初衷應當說是一致
的。然而，「文革」結束後，執政者中的群眾代表百分之百

成了壞人，這從思維邏輯上都說不過去。當年是毛澤東和黨中央號召群眾起來革命，革命失敗了，把責任推給群眾，群眾組織的負責人都成了「造反起家」的「三種人」。那麼，又是誰讓他們起家的？這不是他們個人的行為，而是共產黨把他們培養提拔起來的，而今卻成了替罪羊。有人寫了這樣一個對聯，上聯是「群眾鬥鬥群眾：最終遭殃」，下聯是「幹部鬥鬥幹部：官復原職」，橫批是「歷來如此」。

不僅是被提拔的造反者受到處理，在「文革」中被提拔起來的年輕幹部、勞動模範，也幾乎都被審查、免職。「一朝天子一朝臣」，在天津凡是受到解學恭提拔重用的都受到牽連。當然也有例外，如某年輕領導幹部，只因當年本部門的一把手是老資格又是反解學恭的，因此這位年輕的領導幹部就被保住了，以後又得到提拔，最後當了市級領導幹部。這一情況只能說明，中國至今基本上仍然是個人治社會。

揭批查之後，事情還未就此結束，1983—1989年間發動的「清查三種人」運動，又把一場新的「清理階級隊伍」推向了全國。在「批判資產階級自由化」的時候，鄧小平提出「文革」中的造反者是「最危險的三種人」。「說他們最危險，是因為：一、他們堅持原來的幫派思想，有一套煽惑性和顛覆性的政治主張；二、他們有狡猾的政治手腕，不利時會偽裝自己，騙取信任，時機到來，又會煽風點火，製造新的動亂；三、他們轉移、散佈和隱蔽在全國許多地方，秘密的派性聯繫還沒有完全消滅；四、他們比較年輕，也比較有文化。他們當中有些人早就揚言十年、二十年後見。總之，他們是一股有野心的政治勢力，不可小看，如果不在整黨中

解決，就會留下禍根，成為定時炸彈。」[43]為此，中共中央在1982年12月30日和1984年7月31日連續發出〈中共中央關於清理領導班子中「三種人」問題的通知〉和〈中共中央關於清理「三種人」若干問題的補充通知〉。什麼是「三種人」呢？按這兩個檔案的解釋，是「追隨林彪、江青反革命集團造反起家的人、幫派思想嚴重的人、打砸搶分子」。一開始，這一運動還只是中共黨內整黨運動的一部分，但是很快就發展成了一個波及全國全民的政治運動。對全國高校參加過造反的學生，還特別「青睞」，於1983年4月23日向全國頒發了一個〈關於「文化大革命」期間高等院校學生造反組織重要頭頭記錄在案工作的意見〉。文件中說：「對『文化大革命』期間高等院校學生中造反組織的重要頭頭和有嚴重問題的人，應由原所在院校認真負責地將經過調查核實的材料，通知這些人現在所在單位的黨組織和有關省市、自治區黨委組織部門，記錄在案。」「今後，凡從『文化大革命』期間的在校學生中選拔領導幹部和選派出國人員，用人單位都必須主動與這些同志原所在院校聯繫，取得他們在校期間的表現材料。高等院校黨組織應積極協助。」換句話說，這些被「黑材料」記錄在案的年輕人成了隱性的「黑五類」，被打入另冊。

同時，在清查「三種人」中，對老幹部要比青年人寬得多。鄧小平說：「老幹部在『文化大革命』中說了違心的話，做了違心的事，不能叫『三種人』。那個時候，不說違心的話行嗎？有些事明明自己不贊成，不違心地去做行嗎？不能把那時在特殊情況下說過一些違心的話，做過一些違心

的事的，也說成是『三種人』。」[44]至於支左的軍隊幹部，一般都沒有事。如當年被指責為保解學恭的市委有關部門，其主要負責人是支左的軍隊幹部，回原部隊後誰也沒有受到牽連。

文化大革命是一場極其錯綜複雜的歷史事件，造反運動捲入了數以千萬計的民眾，決不是用非黑即白的「階級分析」的套路可以說得清楚的。幾十年過去了，歷次政治運動包括反右派都得到了平反，而這類冤案卻永無平反之日。今天提出造反者的問題，並不是一個簡單的為他們「平反」的政治訴求，更不是要掩蓋「文革」中造反派組織及其個人確實犯下的任何錯誤和罪惡，而是表明嚴肅的歷史研究的態度。歷史的發展總是要有人付出代價，做出犧牲的，問題在於，是用這沉重的代價掩蓋歷史真相，還是用以換取真正的歷史教訓——

三、天津市革命委員會的成立

參加起草市革命委員會成立的報告

1967年10月的一個晚上，王亢之的秘書李鴻鈞突然來我家，說王亢之讓我馬上去參加會議，有緊急任務。我們乘車直奔遵義道大院。那時市革籌小組和支左聯絡站分別在遵義道原市委、省委領導人所住的兩個大院裏。這裏原來是外國人遺留下來的一座座高級別墅，天津解放接管後改為市委領導人的宿舍，改省轄市以後，省委主要領導人也搬了進來。1967年市委被奪權以後，領導人被揪走，家屬被趕出，人去

樓空。這兩個大院內的十幾棟樓房，成為市革籌小組和支左
聯絡站的辦公室，革籌小組的成員也都住在這裏。

我們直奔會議室，胡昭衡、王亢之主持會議，部署為成
立市革命委員會起草兩個文件，一個是工作報告，一個是向
毛主席的致敬電。執筆人由李鴻安牽頭，參加的人有我和胡
昭衡的秘書范五禾（市人委辦公廳研究室副主任）、《天津
晚報》副刊編輯生壽凱。

我過去與李鴻安不相識，後來得知他是天津地下黨工
運系統的，解放初期在工會系統工作，後調河北大學哲學系
任教，理論基礎很好。六十年代中共中央華北局成立後，他
調華北局政治研究室。1967年社會動亂時，他給解學恭寫信
要求回津工作，開始幫助處理群眾來信，後來進入寫作班
子。1967年建立市革命委員會時，市革委辦事組的政研組由
66軍的宋文任組長，李鴻安和另一位地方幹部任副組長。
1973年市委成立政研室時，李鴻安任主任，那位地方幹部任
副主任。當年的政研組和後來的研究室，都是解學恭的智囊
班子，而我擔任辦事組的秘書組組長主要是負責辦公室值班
的，後來擔任辦公廳主任也主要是辦事的。據我所知，從宋
文到李鴻安等，他們的思想都不「左」，都給市委提出過很
多很好的建議，後來李鴻安等幫助解學恭寫的檢查也比較深
刻。儘管如此，也無濟於事，也沒能幫助解學恭過關。在解
學恭垮臺以後，李鴻安等和我也都受到株連。

當時我們四個人怎麼分工寫呢？由李鴻安主筆，三個
人參加，一句一句地商量，再一起反覆推敲。後來許多報告
都採取這種方法。我不是很習慣這種方法，況且我又不了解

情況。在1967年7、8、9最亂的三個月，江楓安排我和萬曉塘的秘書高書田、趙武成的秘書左文等住到西監獄躲起來，讓我們翻翻檔案，寫點揭發材料，其實也沒有寫出什麼新材料。我覺得江楓可能是想把我們保護起來，因為我們都是知情人，如果被反對派組織揪走，揭發出不利於他們的材料（如否定萬曉塘是自殺的）也不好。況且我個人和江楓的關係還不錯，因為在小站「四清」中我們接觸過。我住在監獄時，江楓給我打過一次電話，那時他是市革委會籌備小組的成員，而我則是靠邊站的幹部，真是感到不勝「榮幸」。革委會才成立時，有一次我和江楓坐到一起，他個別對我說：「你要大膽工作呀！」不錯，我當時一直沒有伸直腰桿，何談大膽工作？江楓、王亢之如果沒有很快垮臺，或許他們真要拉我一把呢！福耶禍耶？我加這一段題外話是想說明，儘管「文革」中人們口口聲聲說要同傳統觀念決裂，但人與人的關係仍離不開孔老夫子的哲學，不管誰站出來工作也要首先找那些和自己熟識的同道之人。

那時我和李鴻安等天天坐在那裏一句一句地摳，用的基本上都是當時的流行語言，甚覺無聊，說不定草稿中沒有用上我的一句話。生壽凱是北京大學中文系的高材生，他編晚報副刊時，我寫過一些雜文，曾經打過交道。記得起草給毛主席的致敬電時，生壽凱搜索枯腸地來了一句：「滔滔海河流不盡，曲曲凱歌唱不完」。這句話用上了，成了「致敬電」的生花之筆。我深深感到當時拿筆桿之難，從這時我暗下決心，一定儘快脫離「寫手」生涯！果然天遂人願，市革委會成立以後，我擔任了辦事組的秘書組組長，從此就以辦

事為主了。

這兩個報告，經過反反覆覆地討論修改，一個月後才算定稿。11月21日，天津市革命委員會籌備小組正式向中共中央報送〈關於建立天津市革命委員會的請示報告〉，抬頭是這樣寫的：「毛主席、林副主席，總理、伯達、康生、江青同志，並報中央文革」。落款是鄭維山、解學恭、蕭思明。這個報告有三個附件：一、天津駐軍負責人蕭思明、鄭三生、楊銀生署名的〈關於在天津支左工作中的檢查〉。二、天津市赴京彙報代表團代表簽字的〈天津市赴京彙報代表團雙方關於立即堅決、徹底制止武鬥的協定〉。三、〈天津市赴京彙報代表團雙方關於「抓革命，促生產」的協議〉。

中央批准天津市成立革命委員會

中央於12月1日發出〈中央批准天津市成立革命委員會的報告〉。原文如下：

（一）中央認為天津駐軍在無產階級文化大革命的「三支」「兩軍」工作中，堅決執行了毛主席、林副主席的指示，做了大量的工作，取得了很大的成績，中央是滿意的。在天津某些支左工作中，雖然犯有某些缺點、錯誤，但是，從今年四月以後，在中央和廣大群眾的幫助下，已經改正。蕭思明、鄭三生、楊銀生同志這次所作的「關於在天津支左中所犯錯誤的檢查」態度是好的、誠懇的。中央同意這個檢查。

天津市革命委員會籌備小組，在九個多月中，在宣傳毛澤東思想，推進革命大聯合，革命的三結合，革命的大批

判，做了很多工作。他們在工作中的某些缺點錯誤，四月以後已經有了糾正。中央同意鄭維山、解學恭、蕭思明三同志的報告。

（二）天津是我國一個重要工業城市，長期受帝國主義的影響和中國赫魯雪夫最大走資派和他們的代理人萬曉塘、張淮三反黨集團的影響。他們結合美、蔣、日、蘇修特務，沒有改造好的地、富、反、壞、右分子，妄圖用各種卑鄙手段進行破壞活動，階級鬥爭非常尖銳。對此，廣大革命群眾和全體指戰員應當提高警惕性。要堅決同上述敵人作鬥爭，加強革命群眾之間團結，加強軍民團結，積極回應毛主席的「擁軍愛民」的偉大號召。希望天津市的人民解放軍，無產階級革命派廣大群眾，緊跟毛主席偉大戰略部署，牢牢掌握鬥爭大方向，為無產階級文化大革命立新功。

1967年12月6日，天津市革命委員會宣告成立。

（三）中央同意天津市雙方赴京代表團簽訂關於「立即、堅決、徹底制止武鬥」的協議和「抓革命，促生產」的協議，是符合偉大領袖毛主席最新指示精神的。當地駐軍和革命群眾組織，都應採取有效措施，切實保證貫徹執行。

（四）中央同意天津市廣大革命群眾、人民解放軍和籌備小組的意見，立即成立天津市革命委員會。革命委員會以九十七名委員組成，並由解學恭同志任主任，蕭思明、鄭三生、江楓同志任副主任。

中央祝賀革命委員會的成立，這是偉大的毛澤東思想和偉大領袖毛主席革命路線的偉大勝利。

毛澤東在報告前面批示：「很好，照辦」。

12月6日，天津市革命委員會宣告成立。在97名市革委委員中，軍隊幹部22名，地方幹部18名，群眾組織負責人57名。在31名市革委常委中，軍隊幹部6名，地方幹部6名（空1名），群眾組織負責人19名。市革委建立了「黨政合一」的辦事機構，下設一室、三部、六組，實現「一元化」的領導。7日，《人民日報》、《解放軍報》聯合發表社論〈海河兩岸盡朝暉——熱烈歡呼天津市革命委員會誕生〉。8日，市革委召開第一次全體會議，通過〈高舉毛澤東思想偉大紅旗，誓把天津市辦成紅彤彤的毛澤東思想大學校〉和〈天津市革命委員會關於實現革命化的幾項規定〉的決議。

在市革委會成立的這一天，市革委會委員和市革委機關工作人員在原市委大樓集中，掛天津市革命委員會招牌，在地下室吃憶苦飯。吃的是粗糧摻糠蒸的窩頭和熬的粥。吃憶苦飯前，由解學恭講話。王亢之事先告訴我，為解學恭寫

一個簡短的講話稿。我想肯定是解學恭交代下來的任務，此事從未經歷過，如何寫呢？我想無非說說其意義吧！「我們今天吃憶苦飯，牢記階級苦，不忘血淚仇，要永遠……永遠……」，用這種排比段落，簡明扼要寫了大約五六段，給了王亢之。那天解學恭照稿念之。這是我唯一的一次個人為市革委起草的一分簡短講稿，也是和王亢之最後一次打文字交道，因為兩個多月以後他就被迫害辭世了。

令人不解的幾個問題

我們當時在市革委大樓辦公，在辦公室集中住宿，早上集中出操跑步，徹底軍事化了。我天天懵懵懂懂地在機關值班，許多問題想也不敢想，問也不敢問。如今想來，僅從建立天津市革命委員會來說，很多問題引發了我聯翩的思考。

首先，1949年共產黨用槍桿子打下了天津，建立了自己的政權。但是，「文革」中又由中央支持，發動群眾，以軍隊為後盾，推翻了自己親手建立的政權。革委會的組成，軍隊幹部為主，地方幹部有一些，但是各部門主要掌權的是軍隊幹部。軍隊幹部的權威大大高於地方幹部。從1967年1月人民解放軍「介入」地方的奪權鬥爭以來，軍隊代表不但做為「三結合」之一參加了革命委員會，而且還在革命委員會內部居於主導地位。據當時統計，先後成立的29個省、市、自治區的革命委員會，有二分之一強的省份由部隊代表擔任「一把手」；另外，各級革命委員會的成立，要由相當一級的軍隊領導機關批准。中共中央、國務院、中央軍委、中央文革小組曾聯合發出說明規定：在尚未建立省市革命委員會

的地區，成立革命委員會籌備小組，地專級由省軍區或軍審查，報大軍區批准；縣級由省軍區或軍批准。這種特殊的領導關係，也直接決定了軍隊代表在地方的地位。天津市革命委員會成立後，支左聯絡站還在決定重大事項。地方上部分從軍隊轉業的幹部，也大都被啟用了。其實，從六十年代初期起，毛澤東對軍隊幹部就有著特別的信任，認為軍隊受修正主義思想的影響較小，1963年後，大批軍隊幹部被抽調到地方黨政系統，同時在黨政機關、高等院校和大中型企業普遍建立起政治部，1965年末，改組中央人民廣播電臺，由軍隊人員擔任主要領導，實行半軍事化的管理，使軍隊在國內政治生活中的地位日益突出。這些做法彷彿又回到奪取政權的戰爭年代了，真是令人百思不得其解。

其次，「文革」中中央在正式的文件中指控萬曉塘、張淮三是反黨集團，可他們都是中央管的幹部，都是經中央批准任命的。他們就是共產黨在天津的代表，怎麼一下子成了反黨分子？他們究竟怎樣反黨了？中央還說「他們結合美、蔣、日、蘇修特務，沒有改造好的地、富、反、壞、右分子……」。萬曉塘、張淮三進城後一直在天津工作，萬曉塘進城後就抓公安工作，負責鎮壓反革命，怎麼反倒成了特務和壞人的後臺呢？張淮三被國民黨逮捕入獄，出獄後黨組織早有結論，怎麼突然間又成了「叛徒」？這些都是堂堂正正經過毛澤東批准的中央文件，能把責任都推到當時還羽翼未豐的「四人幫」身上嗎？黨內鬥爭重蹈過去王明路線時「殘酷鬥爭，無情打擊」的覆轍，真是令人百思不得其解。

再次，聯繫到毛澤東的問題。解學恭被開除黨籍回到天

津居住時，我和他聊過，他說完全徹底否定「文革」不行。我問其故，他說從1970年以後，毛不管中央所有日常工作，中央文件都是準備好了由他簽發。日常工作由周總理負全責。鄧小平恢復工作期間，日常工作由他負全責。如果完全否定了「文革」，周、鄧主持工作該如何算？他的說法有一定道理，事實上在「文革」期間黨政財文大權並沒完全落在「四人幫」和林彪集團的手裏。因為林彪儘管是副統帥，但是在地方上沒有實權。政治局日常召開會議，都由周恩來主持，鄧主持工作時由鄧主持。解學恭所提不能完全徹底否定「文革」也不對，我以為發動「文革」是錯誤的，必須否定；只是「文革」十年的工作不能徹底否定，包括經濟、科技、外交等等，周恩來、鄧小平等在這個期間主持全面工作上有很大功績的。但是，毛澤東作為「文革」的始作俑者，畢竟難辭其咎。例如天津市成立革命委員會，儘管早已經安排好了，但文件還是他簽發的。其中點名批判萬曉塘，給萬扣上「反黨」的罪名，他不能不知道吧！其實，他對萬是了解的。在萬擔任天津市公安局長時，他幾次來津或路過天津，都是萬曉塘親臨現場做保衛工作。毛澤東第一次訪蘇，萬在天津登上專列親自護送他出境。1957年3月17日，毛澤東在一次講話中提到正確處理人民內部矛盾時，還風趣地說：「我們不能再用萬曉塘的辦法了。」因為萬曉塘在解放初期是負責鎮壓反革命的，毛澤東以此警示不要混淆兩類不同性質的矛盾，可見對萬印象之深。毛澤東和黨中央親手培養、使用的幹部，親自安排的地方黨委，又親手把他們整垮打倒，真是令人百思不得其解。

又次，聯繫到周恩來的問題。從原中共天津市委垮臺到造反派的大聯合，乃至成立革命委員會，中央的主要領導者和執行者是周恩來。哈佛大學教授麥克法夸爾曾向我提過一個問題，說「文革」中如果周不積極支持毛澤東將是個什麼局面？當然歷史不可能用「如果」來推測。不過如果周不支持毛，很可能出現兩種情況，一是動亂更大，危害更重；二是可能促使「文革」結束得早一些，損失小一些。誰又能說清這種隨機現象呢？近年來，對周恩來在「文革」中的表現有兩種截然不同的看法，一種是說周在「文革」中保護了許多人，是人民的好總理；一種則認為他是為了保自己，「助紂為虐」，起了推波助瀾的作用。從天津的「文革」來看，他也只能在大的形勢之下，無奈地放棄他保不住的人，保他能夠保的人。在1966年11月中央工作會議上，周恩來對時任中央文革小組組長的陳伯達，講了一大段說陳是黨內理論家的話。陳提出天津市委有萬曉塘、張淮三反黨宗派集團，他也跟著批萬張集團；天津市革委會剛成立不久，江青在1968年2月21日發動了一次「地震」，他不僅沒有抵制，而且附和了。他對萬曉塘也是比較熟悉的。1962年夏，周恩來在北戴河召開城市工作座談會，萬曉塘開會期間向我們多次提到周，周還給萬寫過信（當年市委副秘書長和我隨同萬赴北戴河做服務工作）。周多次來津，也都是萬接待。有一次我們聽萬說，每天喝一杯茅臺酒，可以預防感冒，並說總理來津就是這樣。周恩來果真認為萬是壞人嗎？我看未必如此，大局所迫使然。毛澤東要打倒這批省市委領導人，他也跟著走了。但是後來有人在「批陳整風」中要奪解學恭的位子，他

卻設法保住瞭解。（當然解的地位比萬高，毛、周對解更為信任）當時在清查陳伯達家時，發現有解學恭寫給向陳彙報天津「文革」的材料。因為解學恭來天津時，周曾告訴解工作上要找陳伯達請示彙報。周恩來知道情況後，立即通知讓解作檢查，以求得主動。解寫了檢查上報，周看後不滿意，讓紀登奎派其秘書來津儘快幫助修改。紀登奎的秘書來津加了個夜班完成了任務，保解學恭一時過了關。有人這樣說：「毛澤東死時，並不知道他會失敗；周恩來死時，並不知道他會成功。」對周恩來在「文革」中的是非功過作出評價的確是一件困難的事，不過我們至少可以說，周在「文革」確是盡力保了許多人，他並不「左」，整人並不是他的本性，但是他大概是對於毛澤東的意圖看得比較透，不得不說違心的話，做違心的事。

1996年9月，中央文獻出版社出版了《毛澤東詩詞集》，其中有毛澤東在1966年6月寫的一首〈七律．有所思〉，也是談他對文革感受的：

> 正是神都有事時，又來南國踏芳枝。
>
> 青松怒向蒼天發，敗葉紛隨碧水馳。
>
> 一陣風雷驚世界，滿街紅綠走旌旗。
>
> 憑闌靜聽瀟瀟雨，故國人民有所思。

一場史無前例的「文革」，給我們留下了多少可憶可思的事情啊！沿著歷史的軌跡，孜孜以求地探索，總會到達

認識的彼岸，那時我們再回首這些往事，拂去的是思想的迷惘，得到的將是一分清醒。

四、天津市革命委員會第一次改組
—— 記所謂「二‧二一」事件

突如其來的絕密會議

1968年2月21日，我上班不久，就聽到一個絕密的消息，那就是市革命委員會一大批人，昨天神不知鬼不覺地都去北京參加什麼會議了。我那時任市革委會辦事組秘書組組長，市革命委員會委員和許多群眾代表都去北京開會，我為什麼一無所知呢？當時秘書組有兩位軍隊幹部，他們也不知道情況。當時市革委會副主任江楓的楊秘書也來秘書組打聽此事，秘書組同樣告訴他不知道。他發牢騷說，哪有這樣的事情呀，通知領導人去開會而不告訴秘書！江楓是天津市「革命幹部」參加領導班子的代表，市革委會的副主任。這才時過兩個多月，人們和楊秘書做夢也不會想到江楓要出事了！

後來得知，這次去北京開會是由支左聯絡站組織人分頭通知的。市革委秘書組管會務的王水田直接到市革委委員家挨戶通知，只通知本人21日上午9時到幹部俱樂部開會，也不說什麼內容，只告知多帶點衣服。（王本人也一無所知）聽說他們到了俱樂部靜靜等候，快吃午飯時給每人發一袋麵包充饑，下午統一乘解放軍的大蓬車進京，先去第二炮兵司令部那裏住下，晚上去京西賓館開會。參加這次會議的有天津

205

召開會議的京西賓館。

市革命委員會委員和天津市革命群眾代表以及駐津部隊、文藝系統代表約千餘人。

人們在「文革」中扮演的角色是複雜的。革命委員會委員和群眾代表在前一段鬧革命時一度成了「主人」，而參加這次活動直到開會前居然一無所知，又成了只會喊口號的工具。嗚呼！人啊！

其實，不僅是一般群眾代表，就是時任中共天津市黨的核心小組組長、天津市革命委員會主任的解學恭對此會事先也是一無所知。據跟隨解學恭的秘書回憶，他隨同解赴京開會時，因為當時他的家在北京，想給家裏打個電話，可是京西賓館各個房間的電話一律卡斷，服務台的電話又不准使用。解學恭等人先到的京西賓館，可是人家不讓進，還要在外面等候，估計就是還沒有來得及處理好電話問題。

這件事為什麼搞得如此神神秘秘？原來是後來擔任天津市革命委員會副主任的王曼恬，給江青寫了一封告密信，

文革中風靡一時的
《新時代的「狂人」》。

說天津市出現了「黑會」和「黑戲」。她所說的「黑會」是指1967年全國造反高潮中，各地一些文藝界的造反派聯合在天津召開的「全國工農兵文藝戰士座談會」。王曼恬說這個會議是陰謀奪文藝界的權，後面有黑手，就是天津的方紀和孫振。她所說的「黑戲」是指天津人民話劇院「11‧3」革命造反隊排演的《新時代的「狂人」》。這個戲是以當時聞名全國的陳里寧事件編排的。陳里寧原是湖南省湘潭縣委辦公室的一個工作人員。從六十年代初期起，他就給中央寫信、撰寫文章批判劉少奇，後來被公安部作為反革命要案審查，再後來被關進北京秦城監獄。大約在1965年，公安部認為陳里寧有精神病，遂把他從監獄轉到精神病醫院治療。文化大革命開始，一些高等學校的紅衛兵瞭解到蘇聯克格勃對待政治犯的一種重要手段就是把人關在精神病院加以迫害。受到這個啟發，這群紅衛兵就到精神病院查找這類病歷，很快發現了陳里寧，向中央文革小組反映。戚本禹讚揚說：這個人很了不起，那麼早就看出劉少奇是「修正主義者」，我自愧不如。一九六七年初陳里寧事件被披露後，全國各地的群眾普遍地將陳里寧事件訴諸舞臺，形成了「文革」中的一次重大的群眾性自發文藝運動。其中最為轟動、影響最大的是天津人民話劇院「11‧3」革

命造反隊排演的六場話劇《新時代的「狂人」》。該版本在
六十幾天內共演出了47場（包括在北京12場），觀眾達五萬
餘人。不料，陳里寧又被發現還有攻擊毛澤東的言行，很快
打成了反革命。

王曼恬是毛澤東表兄王星臣的女兒。她的信觸動了江青
敏感的神經。「文革」中江青是「文化革命的旗手」，她豈
能容忍別人染指文藝界，而且還敢妄稱奪權。陳伯達出獄後
曾在回憶錄中寫到：「在天津剛有些秩序時，江青聽了她在
天津的一個耳目的話，就夜間叫幾十輛大卡車，把天津那時
所有活動分子都弄到北京來，我阻止此事已來不及，還被迫
去參加。此會一結束，天津市副市長王亢之回到天津自殺，
天津市公安局長江楓被禁閉。」這就是「二·二一」事件的
起源。

中央首長接見

1968年2月21日晚9時半至11時半，周總理、陳伯達、康
生、江青、姚文元、謝富治、吳法憲、汪東興、葉群等人以
及中國人民解放軍各總部、各軍兵種和北京部隊負責人接見
了天津赴京的代表。周總理、陳伯達、康生、江青、姚文元
在會上講話。[45]

這次會見異乎尋常地由江青主持。江青開門見山地提
出所謂「二黑」問題。江青一出場就說：「同志們好，向同
志們致敬！向同志們問好！」會上熱烈鼓掌，向江青同志致
敬、向江青同志學習的口號不絕於耳。江青首先問大家：
「在你們天津，去年『全國工農兵文藝戰士代表座談會』，

有這麼一個黑會，知道嗎？（眾答：知道。）黑的！還有一個黑的戲，叫做什麼《新時代的狂人》，有沒有？（眾答：有。）黑的！今天就想和同志們談一談。這是個什麼原因，講講道理。」其實，在場的有多少人知道

周恩來、江青在文革中。

這所謂「二黑」？可是群起回應。群眾不僅是會喊口號的工具，而且是盲從的、一呼百諾的、指到哪裏就打到哪裏的工具。

　　陳伯達接著講話，他濃重的福建口音很難懂，由葉群作翻譯。陳伯達首先迎合江青講了所謂「黑會」、「黑戲」問題。他特別點了一些人的名。他說：「在我們國家內，有周揚為代表的一條文藝黑線，它在全國有相當的一個黑網。比如在天津，他就有一夥，像方紀、孫振、白樺、李超、董楊等等。」陳伯達所說的白樺、李超並不是文藝界的人士。白樺是市委常委、宣傳部長，「文革」開始就受到揭發批判。李超原為市委組織部幹部處處長，後任市委政法部副部長，他與文藝界並沒有關係。陳伯達在1964年來天津專程去小站地區的西右營看周揚，之後又抓了「小站四清」的典型，與王亢之、方紀、江楓本來都熟識，而且也是瞭解的。但如今江青抓這些人的問題，陳伯達看風使舵，極力開脫自己。他

說：「我在天津做了一些事情，一些四清問題的工作，當然在這裏就接觸到一些人……像方紀之流他們去年不知是什麼道理，到北京來，因為過去在四清工作中碰見過他們，認識了他們，因此我也跟他們談了話，我那時跟他們說過三條，要他們不要登臺呀，不要伸手呀，不要上當呀，你們這些小報裏都反映了……但是方紀他們還是要表演，還是要登臺呀，我跟他們說是一回事，他們反其道而行之又是一回事……」陳伯達進而又說：「我最近和一些同志談過、說過，天津雖然建立了革命委員會，但是個別的也不能排除有反覆的可能，也有一些變色龍，變顏色，有些小的爬蟲，為了適應它的需要，時而變這樣的顏色，時而變那樣的顏色。我想，我們大家要提高警惕，在毛主席的領導下，在光焰無際的毛澤東思想照耀下，我們充滿信心，我們是能夠戰勝一切的。」

姚文元接著講話，重點批判了方紀及其作品《來訪者》和孫振及其小說《戰鬥的青春》，並且批判了王昌定〈創造需要才能〉的文章。

江青接著講話，點了天津文藝界許多人的名字，其中有孫振、楊潤身、王昌定、袁靜、董楊、邵文寶、張賀明、滑富強、王靜、李敏厚、尹淑坤等。她還點了河北省獻縣、深澤縣有大叛徒集團，這裏又牽連一大批人。因為深澤縣、獻縣都是冀中老根據地，在這裏參加革命的老幹部很多，市委書記處書記王亢之、宋景毅都是深澤縣的。江青的講話，實際上誣陷王亢之等人是叛徒。她還說：「由於方紀他們到北京來坐的汽車就是公安局的，我有確鑿的證據，因此建

議，上次我和總理就點過你們天津文化界、公檢法，現在我著重地建議，公檢法的問題，應該徹底揭開。」在談到公檢法時，江青還說什麼「過去還有一個什麼許建國」。許建國是解放天津進城後的第一任公安局長，後任副市長，再後調上海市任副市長兼公安局長，後來轉入外交部出國任駐外大使。江青接著又顛倒黑白地說：「這個公檢法如果不把蓋子揭開，害苦了人了，他們不是專了資產階級政，他是專了我們的政。主席、林副主席、我走到哪兒，他們都盯梢，他們都裝竊聽器。這允許嗎？（眾答：不允許。呼口號）要不要打倒他們？（眾答：要。呼口號）」據我所知，中央領導人來津都是公安局局長親自出來負責保衛工作，怎麼又成了「盯梢」呢？再有，何時何地何人裝過什麼竊聽器呢？江青還說：「你們那裏有這麼一個組織，整總理的黑材料，整康老的黑材料，整伯達同志的黑材料，整我的黑材料，請整！」這更是信口雌黃，天津哪裏有人整中央領導人的「黑材料」呢？江青像個瘋狂的人，而群眾也跟著瘋狂地喊口號，真是一個瘋狂時代，瘋狂世界！

康生接著講話。他在批判黑會黑戲中又點了尹淑坤、李啟厚的名字，說：「這個劇本的編劇者叫尹淑坤的，有沒有在座？（眾答：已揪出）（江青：好！）（呼口號）還有一個演出負責人叫李啟厚，在不在呀？（眾答：沒有）也揭出來沒有？（眾答：沒有。有人說：回去就揪。有人說：揪他有阻力。江青插話：不怕阻力！不怕！）……」

最後是周恩來講話。他首先說：「讓我首先代表我們的偉大領袖毛主席和他最親密的戰友林副主席，問你們好！

（長時間熱烈鼓掌，高呼口號）祝同志們好！（熱烈鼓掌，呼口號）」他在講話中除表示完全同意以上講話批判黑會黑戲外，還特別表示重視江青的講話。他說：「去年9月5日江青同志剛講了三條：我們擁護支持加強鞏固以毛主席為首、林副主席為副帥的黨中央的無產階級司令部；加強和鞏固我們偉大的人民解放軍；加強和鞏固我們新生的力量革命委員會。講話之後，就在同一時期，天津有一小撮劉鄧陶的死黨和陸定一、周揚一小撮反革命修正主義分子，他們就要掙扎……尤其是江青同志在11月9日和12日講了文藝界要清理隊伍，要陣線分明，要階級鬥爭陣線分明，樹立隊伍，抓壞人，這樣的一個指示以後，天津文藝界一小撮反革命修正主義分子，他們要搞他的黑會，這不清清楚楚是垂死掙扎嗎？」他還說：「剛才江青同志說得很好，就是要改造公檢法……」正是在這次會後，天津立即開展了批判「二黑」（黑會、黑戲）及「一砸」（砸爛公檢法）運動。「揪出變色龍、小爬蟲」的標語遍佈大街小巷。

市革命委員會的改組

這次「二‧二一」接見之後，新成立的革命委員會隨即進行了一次改組。當時，在天津市革命委員會常委組成人員中，被結合進來的原天津市的地方領導幹部只有江楓、王亢之、范永中、王占瀛等人。江楓、王亢之、范永中都是在小站地區參加過四清的，因為陳伯達當年「紅」了，當了中央文革小組組長，他們參加小站四清也成了「光榮經歷」，被早早結合進市革命委員會。陳伯達對江楓、王亢之、方紀等

人本來是支持的，但是江青態度一變，陳隨即迎合，這幾個人便成為犧牲品。江楓在散會後立即被隔離審查。王亢之在從北京返回的當天住在招待所中，服安眠藥自殺。范永中是原市外貿局局長，革委會成立時擔任辦事組組長，不久就因所謂政治歷史問題被隔離審查。政治鬥爭真是沒有任何情誼可言，盡是翻手為雲，覆手為雨！記得好像與馬克思同時代的馬克斯・韋伯講過，政治家是不講道德的，我信斯言。

　　當時原天津地方幹部參加領導核心的就是江楓。江楓是1938年參加革命的老幹部，長期從事公安工作，從1960年開始任市公安局局長。天津解放時，江楓屬於來自於晉察冀社會部和冀中公安局的那一部分人，他們主要負責政治保衛工作；萬曉塘帶著來自於冀魯豫公安局的一些人，主要負責經濟保衛工作。據說兩批來自於不同山頭的人馬，過去就有矛盾，可是人們都得按組織原則行事，相安無事。「文革」開始後，鼓動人們造反，故矛盾激化了。支持江楓的一些人成立了公安局「造反總部」，反對江楓的一些人成立了「政法公社」。前者反市委，後者保市委。萬曉塘心臟病猝死後，江楓最早提出懷疑是自殺的。1967年2月14日，奉國務院、中央軍委命令，天津警備區接管天津市公安局，成立天津市公安局軍事管制委員會。市公安局軍管會成立後，即宣佈公安局的「天津政法公社」為反動組織，勒令解散。之後成立「幹代會」時，公安「造反總部」又成了「幹代會」的主要成員，成為江楓進入市革委領導的重要支持力量。當時江楓參加了市革籌小組。在中共中央、中央文革1967年一次接見天津市代表時，周總理曾給江楓寫過紙條，要他揭發萬張集

團的問題，並在會上表揚過江楓。時任國務院副總理兼公安部長的謝富治在京召見過江楓，動員他揭發萬張集團的問題。從江楓在文革中的命運就不難看出，當年他是靠中央、中央文革支持起家的，而後又被江青打倒的。江楓是老公安局局長，精通業務，但個性強，對以萬曉塘為首的市委有不滿情緒，在一定氣候下起來造反。記得在四清時，趙武成認為公安局右傾，找江楓談話進行批評，江楓在市委大廳碰見我時，皺著眉頭說不理解到底是怎麼回事。他在革籌小組又因為個性太強，與駐軍負責人發生過頂撞，把他拿下來，正符合駐軍的意願。把他清除掉之後，除了上邊還有個解學恭以外，天津市實際上是軍人一統天下了。江楓從這次會後一直被「監護」審查，直到1971年12月，因心臟病突發逝世。1978年1月，中共天津市委對江楓在文化大革命中受到江青、陳伯達的迫害予以平反。

當時天津市極少數起來參加造反的領導幹部，其後幾乎都沒有逃脫被打倒的命運。人們都知道是王曼恬向江青寫密信引發了「二‧二一」事件，但是光憑王曼恬一個人恐怕也起不了這麼大的作用。

近年來在關於「文革」的研究中，有人說在「文革」中其實有兩股勢力，或者說是兩個集團，一個是江青、張春橋、康生、陳伯達等人，其中江、張和王洪文、姚文元關係最密切，後來他們被稱為「四人幫」；一個是以林彪為首的少數軍隊高層。前者是毛澤東的嫡系，是毛澤東發動文化大革命的依靠力量。後者與「四人幫」的矛盾不斷激化，毛澤東不得不採取措施，林彪出逃喪生，這股力量被粉碎。陳伯

達由於向林彪勢力靠近，首先被打倒，「文革」的進程似乎證明了這一點。

五、「批陳整風」：一次巨大的衝擊波

1970年8月在江西廬山召開的中央九屆二中全會上，林彪違背毛澤東的旨意，提出設國家主席。陳伯達在華北組積極回應，堅持設國家主席，大講「天才論」。華北組最先出了簡報，受到毛澤東的嚴厲批評。毛在陳伯達整理的那份論述「天才」的語錄上，寫了一大段話，叫做「我的一點意見」，對陳進行嚴厲批判，說：「我跟陳伯達這位天才理論家之間，共事三十多年，在一些重大問題上就從來沒有配合過，更不去說很好的配合了」。他還指出陳伯達這一次「大有炸平廬山，停止地球轉動之勢」。[46]這是毛澤東與林彪衝突公開化的開始。陳伯達是游離於兩派之間，後來倒向林彪，自然成為毛首先打擊的對象。

廬山會議後，毛採取種種措施削弱和限制林彪集團的力量。後來，他把這些方法概括為：「甩石頭」（即寫批示發下去）、「摻砂子」（派幹部到林彪控制的機構）、「挖牆腳」（即瓦解林彪控制的軍事力量）。1970年11月16日，中共中央發出〈關於傳達陳伯達反黨問題的指示〉。〈指示〉指出：「在黨的九屆二中全會上，陳伯達採取了突然襲擊，煽風點火，製造謠言，欺騙同志的惡劣手段，進行分裂黨的陰謀活動。在毛主席親自領導下，全會揭露了陳伯達的反黨，反九大路線，反馬克思主義、列寧主義、毛澤東思想

的嚴重罪行，揭露了他假馬克思主義、野心家、陰謀家的面目。」「陳伯達歷史複雜，是一個可疑分子。中央正在審查他的問題。各單位在傳達時，要號召瞭解他情況和問題的同志，進行檢舉和揭發。」1970年12月22日，按照毛澤東的提議，周恩來主持召開華北會議。會上周總理代表黨中央，系統地揭發了陳伯達的問題，並宣佈了黨中央關於改組北京軍區的決定：任命李德生為司令員，紀登奎為政委。毛主席在李德生任命宣佈之前親自與他談話。會議揭發批判陳伯達的罪行。1971年1月下旬華北會議結束後，黨的各級領導機構逐步開展了「批陳整風」運動。

當時北京軍區38軍黨委寫了〈關於檢舉陳伯達反黨罪行的報告〉，送軍委辦事組並報中央。我們當時都把這個報告作為重要閱讀檔。給我印象最深的是，報告揭露陳伯達到處亂跑，千方百計地突出自己，隻字不提林副主席。看了這個報告給人的印象，陳伯達竟然是反林彪的。12月16日。毛澤東對這個報告做了批示，以中共中央名義下發。毛澤東在批示中指出：討論為何聽任陳伯達亂說亂跑，他在北京軍區沒有職務，中央也沒有委託他解決北京軍區所屬的軍政問題，是何原因陳伯達成了北京軍區及華北地區的太上皇？[47]

文革時期毛澤東和鄭維山在一起。

　　根據這個批示，大家在華北會議上進一步揭發批判了陳伯達的問題，也株連了一些人。北京軍區司令員鄭維山、河北省革委會主任李雪峰和天津市革委會主任解學恭三人在會上作了檢討。這裏順便記一段插曲：鄭維山和李雪峰，我都見過。1967年12月18日，南開大學「衛東」和「八一八」兩大派發生武鬥。「衛東」人數多於「八一八」，「衛東」進攻，「八一八」防守，情況十分危急。市革委和支左聯絡站派人前往做雙方的工作，並報告中央、中央文革。當晚陳伯達、鄭維山趕來天津，在市革委大樓（原市委辦公樓）一樓會議室接見雙方代表。陳伯達主談，鄭維山幫腔，配合得很好。中央文革當晚發出「制止南大武鬥的指示」，認為天津市核心小組關於派部隊制止武鬥的決定是正確的。隨後周總理也發出了制止武鬥的指示，這場武鬥終於平息下來。李雪峰我則見過多次。他是中共中央書記處書記、華北局第一書記。在「文革」前，我跟隨萬曉塘、趙武成赴華北局參加會議，多次見過李雪峰。每次會議，李雪峰總是滔滔不絕地插話，幾天的會議開下來，光他的插話就有幾萬字，此事曾受到毛澤東的批評。1965年一次我跟隨趙武成赴京參加四清座談會，住華北局招待所東方飯店。李雪峰和華北局常務書記解學恭、書記池必卿等都是山西人，號稱「山西幫」，東方飯店也擅長做地道的山西飯。那一次散會時，破天荒地在東方飯店招待大家吃山西宴，所有山西特色的麵食都上了。這是當年外出唯一的一次吃筵席，也是平生吃過的最有特色的山西宴。這次，李雪峰和鄭維山成了毛澤東點名的陳伯達的文武大將，當然受到嚴屬批判，一再檢查也過不了關，終被

撤銷了職務。解學恭的主要問題，一是在廬山會議上陳伯達在華北組發言，支持林彪設國家主席的講話，解學恭作為副組長，在小組簡報上簽了名。二是曾隨同陳伯達到華北各地視察。解學恭在華北會議上作了多次檢討。

天津在這次會議以後開展的「批陳整風」運動中，因為陳伯達在「文革」前來津時，胡昭衡和他有來往，市革委核心小組又決定對胡進行「軍事監護」和專案審查。

為了貫徹華北會議的精神，中共天津市革命委員會核心小組和中共天津警備區委員會於2月3日召開「批陳整風」會議。這是市革委成立以來最重要的會議，出席的有市革委系統（包括各區局）354人、備區52人、支左聯絡站85人，共523人，開了兩周的時間。會議集中在天津賓館吃住，不准回家，氣氛相當緊張。

整個會議安排是，前一段大批判，批判陳伯達的天才論，小組討論，大會發言。第二段是解學恭作檢查，聯繫實際揭發批判。解學恭當時比較緊張，會議期間一直沒有回家。與會人員可以向市革委領導特別是解學恭直接提出批評意見，記得解學恭作完檢查後到各組聽取意見，來到我所在的組。有些人對解還是持觀望態度。我首先發言，基本肯定了他的檢查，認為擺清了事實，找到了原因，挖掘了根源，同時也提出了其中的不足之處。這時發言仍不踴躍，解學恭還以我的發言為例，動員大家提意見。記得天津警備區一位後勤部副部長指名道姓地對天津駐軍有關負責人的跋扈作風提出了批評意見，這也算是有限制地「發揚民主」。

1971年4月15—29日，中共中央召開「批陳整風」彙報

會。天津市由解學恭、劉政參加。會議繼續揭發批判陳伯達
的問題，並交流了各地「批陳整風」的經驗。周恩來代表黨
中央對這次會議作了總結講話。周在講話中又提到陳伯達在
天津使用了壞人，並舉出江楓、胡昭衡、王亢之、方紀、李
樹夫等人。這之後群眾都稱他們為「江胡王方李」。其實，
這幾個人都是陳伯達「文革」前來津抓「四清」和調研時結
識的人，與陳都是工作關係，根本不是什麼壞人。其中對
江、胡、王、方在前文中已有介紹，「李」即李樹夫，原市
委工業部副部長，是位資深的得力的領導幹部。在抗日戰爭
參加革命幹部中，李是有一定文化素養的優秀幹部。在1957
年反右派鬥爭中，市委國營工業部沒有劃一個右派，當然部
長郭春源起主要作用，但是李樹夫當時作為該部的幹部處長
具體掌管反右派也功不可沒。市委已決定任命李樹夫為市委
研究室主任，因「文革」爆發而未上任。陳伯達在「文革」
前來津調查工業問題，都是李陪同，所以和陳熟悉。周之所
以這樣講，看來是根據天津的彙報材料。在這次會議之前，3
月3日，中共天津市革委核心小組決定，組織100人的收集陳
伯達罪行材料的專門班子。這個龐大的班子對陳伯達在天津
的一切活動以及一切與之有關聯的人和事，一點也不放過。
且不要說「江胡王方李」這些和陳伯達直接打交道的人了，
還專門讓我寫了關於起草〈小站地區奪權鬥爭的報告〉的經
過。儘管我在小站「四清」中出了力，可是我始終沒有見過
陳伯達。記得1964年秋一天晚上，陳伯達來津審查這個報告
稿，王亢之第二天找我傳達陳的意見，他還特意解釋說，昨
天晚上來不及找你了。王亢之的秘書也說，你們見見面多

好，陳伯達可好聯繫人了。真是謝天謝地，假如我當年與陳見了面，再受到陳的欣賞，那在批陳中也難免被株連了。

「株連」——這本是專制社會的專用名詞，一人犯法，株連九族，可是這種遺毒卻流傳到黨內。一個領導人出了問題，一定要株連周圍的一些人。事隔多年，有人就此寫文章，說這幾個人被點名株連，是江青幹的，把責任一股腦地都推到「四人幫」身上，回避了周恩來的講話，求真就這麼難呀！

在批陳整風的同時，市革委黨的核心小組根據中央指示精神，籌備召開黨代表大會，成立新的中共天津市委。天津駐軍有關負責人和王曼恬等三人議論後，聯名上書中央，提出解學恭不宜擔任市委書記，希望中央另派他人。紀登奎打來電話傳達周總理的指示說，經中央研究，天津要立即籌備召開黨代表大會，解學恭的問題已有結論，你們不應在背後議論此事。這三人只得為此事作了檢討。新一屆天津市委尚在醞釀，已經埋下了不安定的因素，誰將成為下一個政治鬥爭的犧牲品呢？

六、旁觀江青八次來津

上世紀七十年代中期，準確地說，在1974年6月至1976年8月間，江青曾先後八次來天津，其中三次去寶坻縣的小靳莊，親手將小靳莊樹為「無產階級佔領意識形態領域」的典型，名揚四海，一度甚至可以與毛澤東親手樹立的農業典型大寨相媲美。30年過去，日居月渚，潮起潮落，當年一排

巨浪將小靳莊推向潮頭，曇花一現，旋即捲入漩渦，沉入水底，無聲無息，被人淡忘。當然，小靳莊的廣大村民是無辜的。作為這一歷史奇觀的旁觀者，我願將親歷親聞記述下來。

在那個時期，我擔任中共天津市委辦公廳主任。原市委、市人委辦公廳於1967年初被徹底「砸爛」，1968年建立天津市革命委員會時成立了辦事組取代兩個辦公廳，1973年恢復了辦公廳，不過那時黨政合一，既是市委的又是市革委的辦公廳。按我的職務來說，江青來津，我怎麼只是個旁觀者呢？原來那時的辦公廳，主要負責秘書、文書、機要、信訪以及行政事務工作，還管區街、編制、政法等工作，但不是市領導的參謀班子、寫作班子，我不過是機關事務的總管，在機關主持日常工作，從不跟隨市委主要領導人左右。江青八次來津，我只是在後臺側面見過一次。每次她來津，市委主要領導人通知辦公廳負責接待工作的副主任和市機關管理局負責接待工作的副局長進駐招待所。那位原副主任電話告訴我「1號」（第一招待所別墅的編號）來任務了，我便明白是江青來了。我則在機關晝夜值班，時刻準備著印發文件、送信、辦理交辦的事項，因為江青夜間批一份檔，我們就要連夜印好準備下發。

人們常說「旁觀者清」，作為一個旁觀者，我先說說江青八次來天津的行蹤。

第一次：1974年6月17日晚10時22分，江青乘火車專列到津，在天津站下車，乘她的專車到市第一招待所。她自己住1號，活動在3號。6月18日晚7時半，到幹部俱樂部打乒乓球、

羽毛球。19日晚7時半，她和紀登奎在俱樂部大劇場參加天津站工人宣講儒法鬥爭史大會並講話。21日下午，乘專列到寶坻縣，下車乘汽車到寶坻縣城，去一戶職工和一戶武裝部幹部宿舍「看望」。夜間在寶坻車站候車室，她讓和她同來的寫作班子講批《三字經》，直到淩晨3時半。22日上午，江青等人從寶坻車站候車室乘汽車到小靳莊大隊，下午參加批林批孔座談會。下午6時回到寶坻縣車站，乘專列回津。晚上到俱樂部游泳、打撲克。23日晚，在第一招待所3號看自己帶來的外國電影。24日下午，到天津重型機器廠，直接到金加工一車間轉了一圈。這次她一出廠門就要回招待所，原先安排還去發電設備廠也不去了，使得警衛工作很被動，造成交通混亂。車隊行駛到河北區中山路時，她的前衛車撞傷一名路人。隨行的市委第一書記解學恭急忙停車處理此事，將受傷路人送往附近醫院，好在傷勢不重，經過住院治療，很快出院。我得悉此事，也趕赴醫院看望。當晚，江青去俱樂部大劇場看天津河北梆子劇團演出《渡口》、《紅燈記》選段和《泗州城》選段，還聽了曲藝團演員演唱的天津時調、京韻大鼓等。25日晚，去俱樂部小劇場看天津河北梆子劇團為她演出的舊戲《斷橋》、《泗州城》、《轅門斬子》、《挑滑車》。26日下午，乘軍艦到海上四號油井「視察」。27日下午，乘專列然後轉乘汽車到駐軍某部打靶，之後騎馬到駐軍某部看軍事表演。當晚，乘專列暫時回京兩天。29日晚7時，又乘專列到津，仍然住在第一招待所。6月30日晚，在天津幹部俱樂部友誼廳聽取天津市委彙報工作。7月1日晚7時，乘專列返京。她第一次來津，帶著遲群、謝靜宜、于會泳、浩

亮、劉慶棠等人，莊則棟後來也被江青叫來。這次來的還有
北京大學、清華大學35人組成的「理論班子」。她走後，把
這個「理論班子」留下繼續在天津活動。這是江青在天津活
動時間最長的一次。

第二次：同年8月15日零點27分，江青乘專列到津。她說
是來「休息」的，仍住「一招」原處。16日下午，到水上公
園。由於水上公園休息室有風，時間不長，她很不高興地回
到住處。17日晚10時，乘專列返京。

第三次：同年9月23日晚，江青乘專列來津。24日下午，
她在小靳莊陪同菲律賓的馬可仕夫人參觀，晚上又陪同馬可
仕夫人到天津自行車廠參觀。當晚，乘專列返京。

第四次：同年12月4日零時3分，江青乘專列來津。她
又說是來「休息」的，還是住在「一招」。5日至7日一直在
「一招」。8日晚8時半，乘專列返京。

第五次：1975年2月22日下午2時，汪東興來天津俱樂部

江青和馬可仕夫人在一起。

查看為毛主席休養準備的房子，儘管毛並未來這裏休養過，可當時誰也不敢對此掉以輕心。孰料江青也來了。她莫名其妙地發了一頓脾氣。晚9時半，乘專列返京。

第六次：1975年3月12日晚11時40分，江青乘專列來津。她還是說是來「休息」的，住在「一招」。這次也帶遲群、謝靜宜等人。13日、14日均在「一招」。15日晚9時，乘專列返京。

第七次：同年8月11日，江青乘專列來津。她仍說是來「休息」的，還住「一招」。12日在「一招」，13日晚乘專列返京。

第八次：1976年8月28日淩晨2時37分，江青乘專列來津，因為是在天津發生地震之後，她住在火車上。下午4時，去小靳莊，晚10時回津。29日，去天津手錶廠、第一煉鋼廠參觀。30日下午，去看在毛條廠的排險部隊和支援天津抗震救災的某軍和警備區連隊，當晚返京。[48]

江青每次來津，都自帶防彈汽車，由北京來的警衛人員在她的住所站崗，沒有她的准許，任何人不得入內。有兩次，她還自帶廚師。據負責接待工作的人說，她是最難接待的「中央首長」，對她的活動和生活實在無法安排，她真是一個怪謠無常的人。

「山雨欲來風滿樓」。江青八次來津，憑藉其黨的領導人和毛澤東夫人的特殊身份，抓樣板，樹典型，評法批儒，反擊右傾翻案風，興風作浪，肆意妄為，是黨的悲哀，國家的悲哀。同時，在「四人幫」覆滅的前兩年，江青如此頻繁地到天津來，給當地不少領導人帶來日後說不清、道不明的

麻煩，許多人為此受到牽連，背了黑鍋。

七、江青與天津駐軍

從1974年6月至1976年8月，從來同中國人民解放軍沒有什麼關係的江青，曾幾次同天津駐軍進行接觸。

在江青第一次來津期間，1974年6月27日下午1時，她乘專列火車到駐津部隊某師。在與官兵的「同樂會」上，江青即席朗誦了一首順口溜：「六十六軍戰鬥隊，能文能武啥都會，能文超過漢隋陸，善武灌周嚇得退。」她還親筆書寫，留給該部隊。我見過多件江青在天津時的批件，都用鉛筆書寫，仿照毛澤東的字體，揮灑自如，字寫得還不錯。江青看完戰士射擊表演後，騎馬到駐軍某團，參加宴請。當晚10時30分，乘專列火車返京。

江青第八次來津時，1976年8月28日下午2時，她下專列乘汽車去小靳莊。在市區的路上，她叫天津市委第一書記解學恭上了她的車，說有事談談。當時同坐在車上的除解學恭以外，還有江青的警衛員、護士。在車上她談了要接見天津駐軍，說她第一次來津到天津駐軍看望廣大指戰員，部隊曾因此受到鄧小平的批評，現在要為他們恢復名譽。她還要把那個「順口溜」讓66軍軍長劉政給抄來，並要給她做一套軍裝，說來時急，忘記帶了。她還說警備區的部隊也要去看看。解學恭說，還有來津支援抗震救災的67軍，不去不好。她說，也去看看。汽車行至津塘公路和京山鐵路交叉口附近停車，解學恭下了她坐的車。

下午5時許，車開到離小靳莊不遠的一個村莊，她來到參加抗震救災的部隊駐地。下車伊始，她大喊大叫，要人們走開，說要「睡一小時覺」。其實，她根本沒有睡，而是裝腔作勢，一會兒要給戰士擀麵條，一會兒又要蒸饅頭，攪得戰士做不了飯。

據解學恭回憶，8月29日晚11時許，他剛服安眠藥睡下，突然來電話，江青讓他馬上到專列去。江青一見到解，就十分嚴屬地說，你見到這個方案了嗎？說著，她把一份天津駐軍列印的「接見單位名單」甩給解學恭。原來江青安排次日要到部隊去，駐軍急忙確定了一份「接見單位名單」，直接送給了江青。江青板著臉屬聲訓斥：為什麼稱「接見」，這是誰的主意？我是探望部隊，不是接見，這是兩個性質不同的問題，為什麼混淆起來！她還說：只有中央政治局在北京才是接見，我個人怎麼叫接見呢！她越說越氣憤，解學恭不知所措。她氣勢凶凶地說：明天我不去部隊了。這時解有點著急，部隊已準備了兩天，而且是按照她的意見準備的，現在改變計畫對部隊怎麼解釋呢！解學恭這時考慮，或許自己承擔了責任，事情還有挽回的可能，於是說「接見」這個詞是他建議的，部隊沒有責任，部隊準備了兩天，不去恐怕不好，還是去探望一下。江青聽到解承擔了責任，才說：「可以去。」江青講話時解簡要記了一下，江青把解的記錄稿拿過去看後說：「大體還可以，有兩個地方需要加一下。」解以為她要親自改，可是她又不改，讓解用筆加上她的話。最後對解說：「請你把今晚的談話給我整理成一個記錄，並起草一個電話稿，報告華國鋒同志。」回來後，解學恭按江青

的意見辦了，把整理和起草好的記錄稿、電話稿送給她看，她批了「同意」，並讓解抄清一份給她。30日下午，電話稿報到了華國鋒處。此事由市委辦公廳經辦，由辦公廳打電話給中央辦公廳，將電話稿傳過去。

解學恭起草的「江青同志談關於探望參加天津抗震救災人民解放軍連隊」的記錄稿，原文是：「（一）探望和接見是兩個不同性質的原則問題，決不能混為一談。軍的報告提出了接見方案，提醒了我。（注：『接見』——這一建議是我向江青同志提出的，軍裏沒有責任，責任在我——解注）探望也要按下列要求辦：第一，首先是探望參加抗震救災的基層單位——連隊；第二，陪同探望的領導幹部，也是參加抗震救災的，軍級幹部不能多了，有一、二位就可以了，也是參加或指揮抗震救災的；第三，中央決定在北京召開的唐山、豐南、天津市、北京市抗震救災先進集體和模範個人代表會，屆時中央要接見代表。這是接見。我到小靳莊探望貧下中農，同時也看望了在小靳莊參加抗震救災的師指戰員同志，在那裏吃了社員王錫恩同志家的飯，其中也有九連戰士的飯菜。這是探望，也不是接見。（二）請轉告在天津參加活動的新華社記者、《光明日報》記者、《天津日報》記者，請他們不要幫倒忙。一般不要用《內參清樣》報導我的活動情況；如果要搞點內參報導，也要恰如其分，不要胡亂吹捧，言過其實。最好不搞。解學恭整理於8月29日晚12時許。」

解學恭起草的給華國鋒的電話稿，原文是：「江青同志於8月28日到了天津市寶坻縣小靳莊大隊，看望了小靳莊的貧下中農同志，邢燕子同志所在的大隊和侯雋同志所在的大

隊也派來了貧下中農代表和上山下鄉知識青年代表。同時也
探望了在小靳莊參加抗震救災的師九連的指戰員；在小靳莊
吃了社員王錫恩同志家的飯，其中也有九連戰士吃的飯菜。
江青同志在8月29日又看望了在批林批孔推動下已經全面恢
復了生產的天津手錶廠、第一煉鋼廠的工人同志。我建議江
青同志接見一下在天津參加抗震救災的66軍、67軍、天津警
備區各一個連隊和部分先進代表。江青同志告訴我，不是接
見，是探望，不要把兩個問題混淆了。中央決定接見抗震先
進集體和模範個人代表，這是接見。根據江青同志的意見，
在29日晚糾正了我的建議和安排，決定只探望三個軍的三個
連隊，都是參加抗震救災的。我認為江青同志這個意見是正
確的，我的安排已經糾正了，特向你報告。解學恭8月30日上
午。」

　　從這樁小事可以看出，在1976年尖銳激烈的政治鬥爭
中，江青也是心中沒底，怕被人抓到辮子，所以在「接見」
和「探望」的區別上大做文章，以保持其虛偽的面目。這樣
一來倒楣的是解學恭。解學恭作為「下級」既要絕對按中央
領導人的旨意辦事，出現了問題又要主動承擔責任，委曲求
全。解學恭更不會料到，在他連夜苦心為江青起草「記錄
稿」、「電話稿」之後，僅僅時過36天，10月6日，政局激
變，江青作為「四人幫」的一員被逮捕。

　　30日下午，江青先後到天津警備區一團一連和66軍、
67軍各一個連隊「探望」。江青指著她穿的軍服說：「這個
紅星是我爭取來的，我穿上了軍裝，你們明白不明白這個意
思？」她對天津駐軍負責人說：「你們受壓了，我是給你們

恢復名譽的。前年寫了個順口溜，也成了一條罪狀，整我，也壓你們。」江青在部隊招搖了一下午，於當晚10時動身返京。

江青為何如此重視「探望」部隊呢？無非是為了抓軍權。「四人幫」在「文革」中為所欲為，唯獨不能隨心所欲地插手軍隊，為了能夠在毛澤東身後順利地掌握政權，他們一直苦心積慮地拉攏部隊。江青除到天津之外還去了昌平某部隊，也是去進行「抓槍桿子」的活動。就在這前後，王洪文去了駐河北保定的某部隊，張春橋去了駐北京通縣的某部隊。然而，軍隊不是那麼好拉的，他們的活動都徒勞無功。

八、江青三訪小靳莊

江青一訪小靳莊

江青這次來天津後，提出要選一個農村的點去看看。前年一位來津的美國訪問學者問我，江青去小靳莊是否是王曼恬推薦的？我說不是，王並不瞭解農村情況。市委主要領導人當時向江青介紹了四個學大寨的先進點供她選擇，其中有西郊區的房莊子、東郊區的趙沽里、靜海縣的楊家園和寶邸縣的小靳莊（這裏敘述當時的情況均用原「郊區」、「縣」的稱呼）。市委第二書記吳岱[49]當時在寶邸縣大鐘莊蹲點，對小靳莊比較瞭解。江青聽這幾個點的介紹時，聽到小靳莊辦政治夜校，有作詩、唱樣板戲的情況，如獲至寶，立即決定去小靳莊。當時解學恭曾提出，小靳莊離市內很遠，交通

不方便，還有一段土路。但江青堅持說「騎馬也要去」。定下來之後，市委連忙組織人，突擊修路。市委一位負責人親自到小靳莊安排接待工作。

小靳莊位於寶邸縣林亭口鎮東南部的箭杆河畔。解放前這裏因地勢低窪，水災頻繁，村民生活極為困苦，是當地有名的佃戶村。「大水吞門白汪汪，土地不收顆粒糧。鍋蓋長在鍋臺上，妻離子散奔他鄉。」這個民謠是寶邸地區大窪地的生動寫照。解放後，經過土地改革，走合作化的道路，村民的生產、生活狀況有了很大的改善。「文革」開始以後，由於村幹部被打倒，人心渙散，生產混亂，使這個村成了一個落後的「老大難」村莊。1969年，王作山擔任村支部書記，組建了新的領導班子，決心帶領群眾改變小靳莊的落後面貌。他們大幹苦幹，改造鹽鹼地，硬是把箭杆河挖下一米多深，給村裏所有土地鋪上一層厚厚的河泥，使村裏「旱收螞蚱、澇收蛤蟆」的主要鹽鹼地塊得到了徹底改良。

經過幾年的艱苦奮鬥，人少地多的小靳莊的集體經濟有了較大程度的提高，糧食產量由原畝產100多斤提高到「上綱要」的400多斤，人均吃糧也上升為420斤，每年春夏季各上繳公糧10萬斤，因而成為學大寨的先進單位。1971年9月，寶邸縣委在小靳莊召開了一次擴大會議，推廣了小靳莊學大寨上綱要的經驗。於是小靳莊成為繼知識青年下鄉典型邢燕子[50]所在的司家莊、侯雋[51]所在的寶家橋以及老典型大口巷村之後的第四個學大寨的先進典型。1973年冬，小靳莊作為寶邸縣的代表，參加了天津市農業學大寨代表會議，並被授予獎狀。

　　小靳莊是由於辦政治夜校被江青看中的。其實，他們辦政治夜校由來已久，1970年，寶邸縣委在農村進行政治夜校的試點。小靳莊於1971年建立了政治夜校，學文化、學農業科學技術、學毛主席著作和時事政治。課前或課間休息時，經常有人唱樣板戲和革命歌曲，或由「鄉土詩人」朗誦個人的詩作，場面活躍，氣氛歡快，受到村民的歡迎。據說這裏的農民比較文明，有唱戲的傳統。我在這個縣的大鐘莊蹲過點，發現那裏的農民講話比城市人文明，罵人也沒有帶髒字的，與這裏的地域文化有關。由於小靳莊政治夜校辦得好，1974年6月1日，縣委下達文件，決定在全縣推廣他們的經驗。

　　政治生活中充滿著隨機事件。小靳莊的政治夜校本來是一項文化教育活動，王作山本來是個優秀的農村黨支部書記，他做夢也沒有想到，靠著江青的「垂青」，竟被安排為全國人大常委委員，被提拔為縣委書記。捧得高，跌得重，又曾被隔離審查……那裏的村民本來過著平靜祥和的生活，

小靳莊社員在政治夜校裏學習。

231

可是驀然竟被捲入巨大的政治漩渦中……這原來就是中國的政治特色。

1974年6月21日下午，江青乘專列火車到寶坻車站，下車後乘汽車到寶坻縣城，先到縣委機關看看，後又到一戶職工和一戶武裝幹部宿舍轉轉，簡單交談幾句，當晚住在專列上。從天津市內到寶坻縣不過40公里，乘汽車本來很便捷，可是江青出門就要乘專列。

翌日上午11時半左右，江青和中央政治局委員紀登奎等在天津市委領導人解學恭、吳岱、王一[52]、王曼恬、徐信和縣委領導人的陪同下，來到小靳莊。村民們在村口夾道歡呼：「毛主席萬歲！」、「向江青同志問好！」、「向江青同志學習！」江青滿面春風地說：「同志們好！」、「我帶來毛主席的好！」、「我代表黨中央和毛主席向同志們問好！」當江青走到一個社員跟前時，那個社員說「首長好！」江青說：「叫我江青同志！你比我還年輕呢！你多大年紀？」（對方答：42歲）「哦！你比我還小近20歲。」當江青看到提前來到這裏的理論班子的人們，問：「你們好啊！」大家回答：「江青同志好！」江青又指著其中的老教授問：「老先生們行不行啊？」人們又齊聲答好。

當時正是麥收時節，炎熱的陽光十分烤人。在去麥田的路上，江青說要把她頭上的草帽送給侯雋，並一再說：「我這個草帽是在延安開荒時戴的，戴著它開了半年的荒，好多人跟我要，我都沒捨得給，今天把它給你了。我把它送給邢燕子你們倆，你們輪流戴。」看到當地農民戴的草帽，江青要了一個又戴在頭上。隨後，江青來到麥田。正在割麥子的

社員們一起湧來，不斷高呼「毛主席萬歲！」、「向江青同志學習！」、「向江青同志致敬！」江青不斷擺手向大家問好。她穿著裙子、白涼鞋，非要下地割麥子。她根本不會使鐮刀，費了九牛二虎之力，才割下一小把。她在麥場又翻了幾下麥子，問一個女社員會不會唱歌，然後和大家一道唱起《三大紀律八項注意》來。

江青看到新打出的麥子，說：「我買五斤，連麥子帶皮。要付錢，不收錢不行，這是主席的規定。」當她聽村黨支部書記王作山彙報今年麥子最好時，又說：「我還要買半斤，挑大粒的，拿回去給主席看看。」她還詢問侯雋所在的竇家橋村糧食生產及儲備情況，並還要買五斤麥子，說給主席看看，主席一定高興……

下午，江青參加了村裏專門舉辦的批判會。當江青進入會場時，又是一陣鼓掌和歡呼「萬歲」、「學習」、「致敬」聲，江青說：「向我問好就行了，咱們不要搞林彪那一套。」在社員發言中，江青不時插話，詢問村裏的歷史和現狀，當問到村裏是不是男女同工同酬時，王作山回答說還有差距，江青說：「你們要帶頭，因為婦女幹得活不少，為什麼不一樣呢？這就是孔老二搞的『男尊女卑』，『惟小人與女子難養也』。現在怎麼還有同工不同酬？」

當一個男社員發言後，由一女社員發言批判「婦女無用論」時，江青對這一次序表示不滿，說：「應該叫你先發言，不應該叫他先講。我批評你們，你們這裏還是男女同工不同酬，『半邊天』不是半邊天，這是大男子主義！你們這裏還有邢燕子、侯雋嘛！」「下次要勇敢一點，不叫男同志

先講。我不是大女子主義。」當發言人說到「男同志能做到
的事情，女同志也能辦得到」時，江青接著說：「而且要超
過男同志。馬克思說生產力中勞動力是最主要的，勞動力是
誰生的？是女人生的。這是超過他們的。男同志簡單得很，
女同志還要做家務……」江青歎口氣說：「唉——，我告訴你
們，我們中央就不合理，也不知怎麼搞的，在政治局我是單
幹戶，這一次好一點。我說，他們都是大男子主義，到了掌
握政權，都出來了，一把抓，就我這一個，他們沒有辦法，
只好要我。這回要改變！」

當江青聽到一社員開始念詩時，迫不及待地說：「把詩
給我，我抄一抄。」一個女社員念詩以後，江青說：「好！
把本子給我，我抄抄，回去印去。」她興致大發，要印這印
那，我們在機關就得天天準備著給她印刷。

小靳莊的社員舉行賽詩會。

當那個女社員離開稿子講話有點緊張時，江青說：「嗨，唱個歌！」（鼓掌）女社員唱《紅燈記》李奶奶的唱段，江青說：「好！」（鼓掌）「唱李鐵梅，叫他（指隨行的浩亮）唱李玉和。」（鼓掌）女社員唱：「我家的表叔數不清」一段，浩亮唱：「提藍小賣」那一段……江青連聲說「好！」她一邊鼓掌一邊學李奶奶的臺詞：「鐵梅拿酒來！」對著浩亮：「你喝媽媽這杯酒！」浩亮接唱：「臨行喝媽一碗酒」一段……

江青看天色已晚，跟大家說：「據說有雷陣雨，不能多停留了。你們這個路，我的車爬不出去，聽不完這個會了。你們的稿子給我一份。我們還可以來嘛！學恭同志你經常來，這是我們兩人的點兒。我這個人是不知白天黑夜地幹，我的點，不知多少時間來一趟，你們可以通過記者給我寫信，反映情況。你們小將生龍活虎，老將也不弱，我們學到了很多東西。樣板戲是我搞的，你們唱得比我好……」

江青這次來還給幾個人改了名字，如周克周、王滅孔等，用名字來影射、詛咒，荒誕不經！

江青臨上車又說要給女社員做髮卡，讓工作人員從車上拿出髮卡，親手為五名女青年戴上髮卡，並說：「頭髮不要過眉，那樣會把眼睛弄壞。古時候叫齊眉穗，現在叫瀏海頭。」江青和人們告別時，一些人感動得熱淚盈眶，人們一遍遍高呼、「毛主席萬歲！」、「向江青同志致敬！」

極權政治加上極「左」傾向，竟把善良的人們變成虔誠的信徒、盲從的工具和只會喊口號的愚民！

江青二訪小靳莊

　　江青於1974年9月24日第二次訪問小靳莊。從她6月下旬第一次訪問小靳莊以後，這個北方默默無聞的小村，遽然平步青雲，聞名全國，成了「無產階級佔領意識形態領域」的「樣板」。根據江青的指示，解學恭隨即帶領有關部門的人員以及寶坻縣委負責人於7月2日到小靳莊蹲點，住了8天，然後給江青、紀登奎寫信彙報，共講了辦政治夜校出現的八件「新人新事」，並說「準備建議市委在全市推廣小靳莊的經驗」。江青於7月13日批示：「小靳莊辦政治夜校的經驗值得推廣」。紀登奎批示：「可由新華總社派人認真總結經驗，以便向全國宣傳推廣。」新華社記者很快寫出報導稿，對原彙報的八件「新人新事」有所增刪，經總社審改，報姚文元批准，於8月4日，新華社和《人民日報》同時播發和刊發了〈小靳莊的十件新事〉一文。這「十件新事」是：辦政治夜校；培養貧下中農理論隊伍；貧下中農登臺講歷史；大唱革命樣板戲；成立業餘宣傳隊；開展群眾性的詩歌創作活動；開辦圖書室；講革命故事；群眾體育活動蓬勃發展；移風易俗。這些所謂「新事」大多失實，是為了配合當時的形勢編造的。一時間，全國各個報刊轉載，立即掀起了學習小靳莊的浪潮。

　　在小靳莊被迅速樹立為全國「典型」以後，江青便邀請外賓來訪，將小靳莊推向國外。1974年9月，菲律賓總統馬可仕夫人伊美黛‧羅穆亞爾德斯‧馬可仕，作為總統的特使，應周恩來總理邀請來我國訪問。當時中菲兩國正處於建交的

前夜，菲律賓已決定與臺灣「斷交」與我方建交，因此這次總統夫人的來訪倍受禮重。毛主席、周總理等領導人分別接見了總統夫人及其子小斐迪南‧馬可仕等來賓。江青也會見了馬可仕夫人，還為她舉辦了大型的文藝演出和京劇《杜鵑山》專場。江青擅自向馬可仕夫人提出延長訪問的建議，邀請她訪問小靳莊。

9月23日晚，江青乘專列火車來天津。馬可仕夫人次日上午來天津，下午到小靳莊。陪同馬可仕夫人訪問的除江青外，還有外交部副部長韓念龍、王海容，天津市革委領導人解學恭、王一、王曼恬，市婦聯副主任巴木蘭和寶坻縣及有關部門負責人。

小靳莊大隊革委會副主任和婦聯主任主持召開群眾歡迎大會。大隊革委會主任王作山因患病未出席會議。馬可仕夫人等先來到小靳莊，江青因堅持乘專列火車還未來到。馬可仕夫人提議先同幾位婦女進行座談，待江青來後正式開會。

江青陪同馬可仕夫人參觀小靳莊。

開歡迎大會時，大隊革委會副主任致歡迎詞並介紹小靳莊的概況，大隊婦聯主任介紹了婦女解放的情況。江青說：「給貴賓準備了什麼節目？」她要社員給外賓朗誦詩和唱樣板戲。她還提出說段快板。這時一女社員朗誦了一首詩，另一社員說了一段快板，又唱了一段京東大鼓，接下來由社員和紅小兵分別學唱了樣板戲選段。江青說：「這裏的節目還很多。貴賓活動的時間很緊，節目就到這裏。我還要到『家』看看。」江青所說的家是指她上一次去的一戶社員家。馬可仕夫人最後致了答謝詞。

馬可仕夫人在江青等人陪同下，到一戶村民家訪問。江青說她第一次來小靳莊時在這裏休息過，還說她在這裏睡過覺，口口聲聲稱「我到『老家』看看」，處處表現她的「親民」形象。江青當年不單是中央政治局委員，而且是毛澤東的夫人，她的出行、接待、保衛都是國家元首的規格，她八次來津除了住「一招」1號以外，就是像毛澤東晚年出行一樣，住在專列火車上，怎麼可能去社員家睡覺呢？這個女人一貫信口開河。當時馬可仕夫人提議，她們在這家農戶房前合影留念。6點多鐘，馬可仕夫人在韓念龍、王海容陪同下離開了小靳莊。江青又故作姿態地說：「讓貴賓先走，我再『回家』坐坐。」其實她在這個社員家只是隨意交談了十幾分鐘便離開了。那個年代還沒有「作秀」一說，可是當年江青「作秀」卻發揮到了淋漓盡致的地步。

江青兩次駕臨小靳莊，在當年全國輿論極權控制和跟風跑的影響下，經過大肆宣傳，小靳莊簡直被捧得「直上重霄九」了。據《天津日報》統計，從1974年6月25日到1976年

底，共發表宣傳小靳莊的稿件466篇（次），其中消息37篇、通訊23篇、文章56篇、評論5篇、詩歌162首、照片83幅、畫32幅。綜合消息提到小靳莊的有62處，學小靳莊經驗稿件24篇。全國各地紛紛到小靳莊參觀「取經」。僅據1974年8月21日至11月7日這80天的統計，就有27個省市自治區512個單位18000餘人到小靳莊參觀。根據國家農林部1974年11月的意見，小靳莊還參加了1975年的春季廣交會展出，展出面積14．8平方米，有政治夜校的佈景箱，有農田基本建設的沙盤模型，有大量農作物以及《小靳莊詩選》，還印發小靳莊畫冊一萬冊。這屆廣交會接待了107個國家和地區的代表，約為19000多人次，使小靳莊的所謂「經驗」揚名國外。

江青憑藉她的特殊身份和權力，竟能把一個普普通通的村莊推向「極致」，這也是中國當時的政治文化使然。

江青三訪小靳莊

江青第三次來小靳莊是1976年唐山大地震一個月之後。8月28日淩晨2時30分，她乘專列火車到達天津車站，因為剛剛地震不久，她住在專列上。下午4時，她在解學恭等人陪同下來到小靳莊。

當年天津市受唐山、豐南大地震波及，造成嚴重損失。全市重傷21497人，死亡24296人，各種房屋受到嚴重破壞的有6300萬平米，占原有房屋面積的61％，小靳莊的房屋損害也比較嚴重。江青一下車，就來到了小靳莊社員的臨時房屋同社員交談，不是談抗震救災問題，卻說什麼「又到家了！」、「很想和你們一起戰鬥！」當他見到經她改過名字

的社員王滅孔時，竟怒形於色地說：「不僅要滅孔，還要滅鄧！滅資、滅修、滅大國沙文主義！滅帝國主義！中國一定要滅孔！」

江青隨後到街裏和社員一起勞動，幫助拆房傳磚，作作樣子。然後又到在小靳莊幫助建房的解放軍某部九連，和戰士一起烙餅，也不過比劃兩下而已。

當晚8時，江青在小靳莊政治夜校前的場院上召開座談會。小靳莊黨支部副書記和部分社員參加，王作山當時在外開會沒有回村。邢燕子、侯雋及司家莊、竇家橋的幹部和寶坻縣委部分常委也參加了座談會。

江青這次來小靳莊同前兩次大不相同。這次是在所謂「批鄧、反擊右傾翻案風」開展起來之後，是在毛主席病重之時，也是「四人幫」圖謀篡黨奪權的關鍵時刻。「圖窮而匕首現」，江青在座談會上連連插話，其猙獰面目暴露無遺。

小靳莊大隊的代表向江青彙報了自去年以來和鄧小平「對著幹」、抓革命促生產以及抗震救災等情況，並對江青說：「我們早盼著您來！」江青說：「我有我的難處啊！」

當有人彙報講到去年鄧小平大刮右傾翻案風，說什麼「小靳莊是國家餵肥的」時候，江青插話說：「鄧小平講學小（小靳莊）不學大（大寨），小靳莊是國家餵肥的，我可沒說這個話。解學恭可以作證！我說主席講要藏糧於民，你們還是要交（指交公糧），這怎麼理解呢？」

當彙報講到去年七、八、九三個月「我們憋了一肚子氣」時，江青說：「我被他們鬥了兩個月，何況你們呢？」

並對在座的人說：「這話可不要往外傳。」當有人說鄧小平「壓」我們，是我們的光榮時，江青說：「對！對！一個共產黨員，沒有敵人反對，那叫什麼共產黨員？共產黨員被壓光榮，我天天挨罵覺得光榮。」

當彙報講到去年他們曾去北大、清華找遲群、謝靜宜時，江青說：「你們就忘了我啦！為什麼不找我呀？找他們也可以嘛！我昨天派他們來，讓他們問好。」當彙報說：「首長工作忙，當時沒有找您。」江青說：「七、八、九，家家有，家家都受他的氣哩！鄧小平是造謠公司的總董事，也叫總經理。他造毛主席的謠、造我的謠、造革命同志的謠，分裂黨、分裂黨中央。誰跟主席革命，他就打擊誰。文化部、體委、小靳莊，都受鄧小平壓。他要把遲群和小謝（謝靜宜）打入十八層地獄，還有我。他搞的那些比赫魯雪夫的秘密報告還要惡劣。他要登基，當皇帝。我不說了，一說就有氣。」提到鄧小平「翻案」時，江青氣憤地說：「他以落實政策為名，牛鬼蛇神他都拉，這叫什麼玩藝兒！」還說：「我有一個時間不敢惹天津，我為啥不找天津？我是跟主席學的。主席總批評我。我這個炮筒子，盡放炮。盡給主席找麻煩，以後我也要講點策略。」

當又繼續彙報批鄧時，江青插話問：「三個小冊子（指批林批孔材料）有沒有？」有人答：昨天遲群已送來了。江青說：「是我派他們來的。你們沒有就找他們要，就說我說的。我有一個時期不敢來，怕我來了，你們再遭殃。」當有人說：「我們盼您來。鬥來鬥去，還是我們勝利了！」江青說：「對！」並帶頭鼓掌。還說：「我不敢給你們送材料，

送材料成了一條罪狀。我送一點批林批孔材料，是公開的，不是什麼秘密，也是罪狀。我是請示了主席才來的。你們的信，我給主席看了。我們受了災，更要為主席爭口氣。」

當彙報農村建設規劃時，江青說：「我在研究地震、抗震，你們挖洞了沒有？要趁機挖洞。主席講要『深挖洞、廣積糧、不稱霸』嘛！房子塌了，住地洞，又可以防震，又可以防侵略者來。」

當彙報說震後平均每天收到1000元錢，還有許多衣物，大部分是解放軍寄來的，署名是「學雷」、「繼鋒」，還說要把這些財物上交中央抗震救災指揮部時，江青帶頭鼓掌，說：「好！鄧小平說雷鋒叔叔不見了，現在處處是雷鋒。」接著又說：「同志們知道不知道，我在部隊搞了三個點，鄧小平讓撤了。主席批評我，鬥爭要講策略，到時候就得退。」

江青還聽取了竇家橋、司家莊的彙報。江青依然不斷插話。她說：「鄧小平在大寨會議上，把我們說得那麼糟……他說我插他的話。我講評論《水滸》，他說是說他，知道不知道？他鬥我，跟在監獄裏差不多，就是差低頭，揪辮子。他在主席那裏告了我的狀，是不是？主席就批我，批我（指自己的鼻子）不得了啊！他造我的謠，說我犯了錯誤，撤銷一切職務，勞動改造，自殺了。我這不是活得好好的嗎？……（對記者）涉及到政治局的話，不能往外宣傳，要守紀律。我是拿你們當親人才對你們說的。」

當晚十點多鐘，江青結束了這次訪問，臨走還對社員們說：「祝你們批判鄧小平、反擊右傾翻案風、抗震救災取得

更大勝利！」她這次到小靳莊6個小時的訪問，更加胡言亂語，心懷叵測，狂燥不安，喜怒無常。這也許是「四人幫」覆滅之前的先兆吧。

九、江青講「儒法鬥爭」

江青於1974年6月19日在天津講「儒法鬥爭」，這是她在「文革」中脫穎而出，一躍成為中央政治局委員、中央文革小組副組長之後，少有的一次在大會上的長篇講話。這是怎麼一個背景呢？

當年的批林批孔是毛澤東提出的。早在1973年7月4日，毛澤東在與王洪文、張春橋的談話中指出，林彪同國民黨一樣，都是「尊孔反法」的。7月17日，毛澤東會見楊振寧時又談到儒法鬥爭的問題，說：「我們郭老（指郭沫若），在歷史分期這個問題上，我是贊成他的。但是在《十批判書》裏邊，立場觀點是尊儒反法的。」「法家的道理就是厚今薄古、主張社會要向前發展、反對倒退的路線，要前進。」8月5日，毛澤東向江青講述中國歷史上儒法鬥爭的情況，說：歷代有為、有成就的政治家都是法家，他們都主張法治，厚今薄古；而儒家則滿口仁義道德，主張厚古薄今，開歷史倒車。他當場念了自己寫的一首題為〈讀封建論呈郭老〉的七言律詩：「勸君少罵秦始皇，焚坑事業要商量。祖龍魂死秦猶在，孔學名高實秕糠。百代都行秦政法，十批不是好文章。熟讀唐人封建論，莫從子厚反文王。」毛澤東在黨的「十大」召開前夜談中國歷史上的儒法鬥爭，著眼點仍是針

對現實中那些懷疑以致否定「文化大革命」，留戀和主張恢復「文化大革命」前許多做法的傾向，提倡「社會要向前發展，反對倒退」。這是毛澤東當時最關心的問題。[53]

在「十大」前夕召開的一次中央政治局會議上，江青曾借毛澤東批孔的詩和有關言論，主張將「儒法鬥爭」的內容寫進「十大」的政治報告，主持會議的周恩來以這個問題「還需要消化一段時間」為理由沒有採納，毛澤東對周的做法也沒有提出異議。[54]

1974年1月12日，王洪文、江青聯名寫信給毛澤東，建議向全黨轉發北京大學、清華大學彙編的《林彪與孔孟之道》，毛澤東看後批示：「同意轉發」。18日，中共中央以當年一號檔轉發了這份材料。轉發的〈通知〉中說：這個材料，「對繼續深入批林，批判林彪路線的極右實質，對於繼續開展對尊孔反法思想的批判，對於加強思想和政治路線方面的教育會有很大幫助」。

中央一號檔下達後，江青繼「文革」初期初登政壇之後，再一次格外地興奮和活躍。她指使遲群等先後前往陸軍第20軍防化連、海軍機關、國務院文化組和中共北京市委等單位，以江青的名義送去有關「批林批孔」的信件和材料。江青分別給周恩來、葉劍英寫信，督促開展批林批孔。在江青策動下，1月25日，農曆正月初三，在北京召開有一萬多人參加的黨中央直屬機關和國務院各部門「批林批孔」動員大會。遲群、謝靜宜在會上發表了煽動性的講話，有意將到會的周恩來、葉劍英等置於受指責的地位。他們借宣講《林彪與孔孟之道》的材料，大談所謂「抓大事」和「反覆辟」問

題，說黨內「歷次機會主義的頭子都是推行孔孟之道的」，
「修正主義仍然是當前的主要危險」等等。江青、姚文元在
會上頻繁插話，提出「不批孔就是不准批林」，「要反對折
衷主義」，「凡是主張中庸之道的人，其實是很毒辣的」。
遲群等還聲稱，「批林批孔」所要聯繫的實際之一，就是
「走後門」問題，說「走後門」實際上「就是對馬克思主義
的批判」。[55]這次大會迫使周恩來不得不表態：「對於這
次會議，我事先一點也不知道！我對文革形勢的發展不夠敏
感，有點思想落後於形勢。幸好，江青同志敏感，我應該檢
討自己的思想。」謝靜宜還舉出諷刺「走後門」的民謠，
「酒杯一端，政策放寬」；「筷子一舉，可以可以」。當時
社會上還沒有民謠流行，人們聽後感到非常新奇。

　　從中央一號檔，然後是萬人大會，報刊上的批判文章更
是緊鑼密鼓，來勢甚猛。為什麼突然發動這場「批林批孔」
呢？為什麼要聯繫風馬牛不相及的「走後門」呢？當時我正
擔任市委駐大鐘莊普及大寨縣工作組組長，在寶坻縣大鐘莊
大隊蹲點。這個大隊是市委第二書記吳岱親自抓的點，對於
中央一號文件精神要貫徹，還要出「經驗」，怎麼辦？我們
那時只是每週用幾個晚上業餘時間組織社員學習討論「批林
批孔」問題，也沒有什麼自己的詞兒，後來聯繫農村中傳統
的重男輕女等帶有封建色彩的諺語加以批判，算是交了差。
但當時對於「批林批孔」的真實目的並不清楚。對於聯繫
「走後門」問題更不理解。1977年揭發批判「四人幫」之
後，得知江青等發動「批林批孔」，原來是大搞影射史學，
以達到篡黨奪權的目的。據《毛澤東傳》記載：「他們所說

『折衷主義』、『中庸之道』，歷來是指周恩來的」。「這裏所講『走後門』，直接針對的是葉劍英一個兒子在空軍當飛行員，一個女兒在北京外語學院學英文。」1月15日萬人大會後，葉劍英於1月30日致信毛澤東，以「檢討」的方式反映江青的所作所為，幾天後，周恩來也向毛澤東反映有關情況，提出：在「批林批孔」中，如果「只研究『走後門』一個問題，這又太狹窄了，不正之風決不止此；而『走後門』又要進行分析，區別處理，才能收效。」毛澤東於2月15日給葉劍英覆信：「此事甚大，從支部到北京牽涉幾百萬人。開後門來的也有好人，從前門來的也有壞人。現在，形而上學猖獗，片面性。批林批孔，又夾雜著走後門，有可能沖淡批林批孔。小謝（指謝靜宜）、遲群講話有缺點，不宜下發。」迫於壓力，江青不得不向毛澤東寫出檢討，毛澤東再次致信江青提出批評告誡，並說：「你有特權，我死了，看你怎麼辦？」[56]顯然毛澤東這裏講的是「氣話」，是恨鐵不成鋼。此事果然被毛澤東言中。在1976年9月9日毛澤東逝世不久，江青淪為階下囚。

江青在遭到毛澤東批評之後，於當年6月來到天津，大講儒法鬥爭，企圖再次掀起高潮。她寫信給毛澤東，彙報她在天津巡視時的見聞，包括當地開展「批林批孔」的情況，信中說：「如果能多給我些天當然更好。」毛澤東看過信後，對「批林批孔」未置一詞，只是批示：「可以延長時間，做些調研工作，你太不懂群眾生活了。」由於毛澤東對「批林批孔」未表態，江青等只是通過輿論工具大肆宣傳一番，至6月而終了。

「批林批孔運動」中的江青。

　　沒有毛澤東提出儒法鬥爭，江青不會也不可能講儒法鬥爭，但是江青借題發揮，肆意妄為，又違背了毛澤東的旨意，遭到毛澤東的批評。「文革」初期，出於「天下大亂達到天下大治」的指導思想，毛澤東對江青是信任和重用的。江青和中央文革小組在當年能夠到處興風作浪，沒有毛澤東的支持是不可能的。但是江青等人想篡奪中央領導權，毛澤東是反對的。自然，毛澤東也不是要把江青等人打倒。由此看來，毛澤東與江青等人既是分不開的又是有區別的。

　　歷史是極端曲折的。當年江青已將她在天津的講話送毛澤東。她多次引用毛澤東的講話，想當毛澤東的「好學生」，也仿照毛澤東引經據典，引用了大量的歷史知識，雖然有許多荒誕不經之處，不過她是下了很大功夫。這是她在受到毛澤東批評之後又一次也是最後一次「表現」，以投毛澤東之所好。可是毛澤東對她的講話卻不置一詞，得不到毛澤東的支持，也就註定了她的失敗。

　　「奇文共欣賞，疑義相與析」。讓我把江青這篇空前絕後的講話附在下面，大家看看當年她是怎樣在天津表演的吧！

附 錄：江青在「天津市儒法鬥爭史報告會」上的講話全文 [57]

同志們：

沒有準備講話，因為我是來向你們學習來啦。我們來的有一些專家，專門寫批孔文章的專家，老先生，老、中、青結合的寫作班子。我們還有文化組的成員，領頭的就是你們的市委書記。

我沒有什麼準備，想到哪裏就講到哪兒。我對歷史不很知道，就是為了打這一仗而努力學習。我們是一個戰壕裏的戰友，我如果有講得不對的地方，還請同志們批評指正。

我很抱歉，剛才我遲到了一刻鐘的樣子，因為有幾個文件要急著處理，沒有準時來到，希望同志們諒解我。

首先，報告同志們一個好消息，在17日的下午2時，我們又爆炸了一顆氫彈，但是，今天我們開這個會，聽了工人同志們批林批孔，比那個氫彈的威力還要大。

有幾個問題我想和同志們商量討論，跟專家商量商量。在我國歷史上，自春秋戰國以來，凡是尊儒反法的都是賣國主義的，所有尊法反儒的都是愛國的，這是一個相當大的標誌。剛才這個女同志年齡雖小，她提到了這個問題。因為我的歷史知識是很菲薄的。歷史上凡是法家都是受壓的，他們是基層起來的，要鬥爭；凡是有作為的封建人物也好，封建帝王也好，不管是打天下的還是治天下的，一般都是法家或接近法家。但程度不同，要作具體分析。總的來看，歷史上

法家是愛國主義的，對群眾是愛護的，使群眾受到鼓勵；儒家對群眾，奴隸也好，農民也好，對我們工人階級也好，他們是殘酷無情的，殘酷極了。孔老二那一套全是赤裸裸的，他是後來被他的徒子徒孫粉飾起來的，完全是赤裸裸的。他是吹鼓手，是過街的耗子人人喊打，他到過很多國家，想作官，到處都不要他，好不容易在魯國當了官，他的祖先是宋國的貴族，叫孔父佳，是宋國的後代，是第幾代記不清了。孔老二的父親叫叔梁紇，是個沒落的貴族子弟。孔老二到處想作官，到處勸人家恢復奴隸制。那時候，春秋戰國時期，經濟上不平衡，有的是新興地主階級的封建主義的經濟，有的是落後的繁多的奴隸制，所以在歷史分期上我們的郭沫若同志，在這個問題上是有功的。在尊孔問題上，他有點問題，特別是對秦始皇的看法上有些問題。他有一本書，叫《奴隸制時代》，是值得看一看的。主席肯定這本書，就是說中國奴隸制跟封建制的分界是春秋戰國，這是對的。我看歷史材料跟專家比起來看得少得多了，主席說郭老這一功是肯定的。

實際上，四書五經起到了束縛人們思想的作用，最大的束縛人們的思想的還是宋朝，就是程朱理學，就是程顥、程頤、朱熹，他們是理學家。從宋朝以後，作官要用四書五經考試，人就不要自己去想了，所謂十年寒窗就是自己去背四書五經，學了以後思想很受束縛。最近，《參考消息》上（同志們有《參考消息》嗎？大家答有）有篇英國學者研究中國歷史的文章，很長，他說，歐洲人的科學是從中國的古典的科學得到了很大的啟發。我們祖國的天文學最早了，指

南針、造紙、火藥，歐洲原來是沒有的，怎麼到了歐洲呢？成吉思汗不是一直打到莫斯科、打到歐洲匈牙利嘛，同志們知道嗎？這樣就把我們漢族發明的火藥帶過去了。比如足球，宋朝就踢，這是我看聊齋知道的。就是說，不要對自己的歷史採取虛無主義的態度，但是也不要肯定得過分，過分了就像主席批評我們的成了大國沙文主義了。對自己祖先有哪些好的東西，要批判地繼承，全盤否定是不對的，當然全部肯定更是錯誤的。《參考消息》上講中國古代科學技術對世界的影響，有一些說法是不錯的，有一些說的有遺漏，有待於我們自己的學者、工農兵集中起來，整理起來。

我建議全國各省市都要建天文館，這不僅是對兒童的需要，像我們這樣的人也很需要。北京的天文館什麼東西都是外國人的，只有一幅是中國的，其實這一幅也是錯誤的。你們天津建立天文館，應該著重從歷史上整理我們自己的。二十四史同志們看一看，對天文學記載特別多。

我想講一個問題，就是剛才聽到薛清泉講到的孔子修《春秋》的問題。這本書可能是假的，我沒有考證，據說是後來人搞的，當時他可能有這個意思。這一點請專家來考證。《論語》也不是孔老二寫的，也是他的徒弟寫的，他有那些話，他的徒弟給記載下來的。《春秋》也不是孔老二親自搞的，可能他有這個思想，傳下來，我們還要做一些工作。

剛才講到「星火燎原」的問題，〈星星之火，可以燎原〉這是主席的一篇文章，這篇文章是主席寫給林彪的信，是主席批判林彪的悲觀主義、失敗主義的，過去我們都不知

道。林彪要主席改掉許多話，現在《毛選》上的不是那時候的東西了，我找原來的東西看了，批評得很厲害，剛才那位同志講到：林彪的「志壯堅信馬列，豈疑星火燎原」，但是沒有講到這個情況，我補充一下。

奴隸、農奴、農民是有區別的，奴隸跟農奴有區別，農奴跟農民有區別，剛才那個同志提出西藏電影《農奴》就是奴隸，要注意奴隸、農奴、農民的區別。奴隸是完全沒有人身自由的，而且戴著枷鎖，就是在井田上勞動，而他本身是那樣不值錢。在春秋戰國的時候，要四個奴隸一束乾肉，才能換一匹馬，殉葬的就很多了。剛才說的郭老的那本書，就有大量的證明。現在出土的大量材料更說明這個問題。農奴，就稍微好一點，就不帶枷鎖了，個別的也有殉葬的。後來搞殉葬，大量是做假人，就是墓裏挖出來的俑。在我們家鄉，我小的時候看到做童男童女，也有一種殉葬的意思。解放以前，我家鄉還殘存著「圈地」的痕跡，不像江南，當然這是極少數的。我的家鄉主要是實物地租，江南是交貨幣地租。在我們那裏地契都刻在地主的房基石上。在土改的時候，我們把土地分給農民，農民不敢要，問我們，你們分土地、房屋是真是假？我們說是真的。他們說你們跟我走，就到了地主房前，把房子扒開一看，房基石上都寫著某某欠我多少租子。農民、農奴、奴隸這三種東西不能混淆。西藏的農奴，就是比較偏向於奴隸制的，但是他們不等於完全的奴隸，不是奴隸制時代的奴隸。少數民族地區，因為經濟發展不平衡，有一些兄弟民族入海南島，解放的時候，還是刀耕火種，就是用一把刀耕地，放一把火燒了草當肥料，就種

田，單位面積產量很少，現在有很大的發展。現在的海南島收穫三季，如果有水的話，恐怕四季都可以。水不夠，東部、北部好一些。

解放以後，在漢民族的幫助下，少數民族很快擺脫了類似奴隸制或農奴制，一下子就過渡了，當然經過一個民主改革了。最近一、二年還進行了人民公社化，現在合作化基本上搞完了。有些地方還殘存著個體生產，像黑龍江、江西的山上，也有一家一戶開荒種地的，這是少數例外。整個來說，我們是社會主義經濟，全民所有制和集體所有制為主。

我建議同志們看兩篇文章，就是法家代表人物介紹，原來登在15日《北京日報》上，我當天就批給《人民日報》轉載了，我剛收到還沒有來得及細看。第一篇先秦的，也有遺漏，第二篇從秦始皇一直到西漢，有一部分沒有寫全，主要的代表人物寫上了。有不少的遺漏，有一些缺點。

剛才薛清泉同志講秦始皇是有功勳的。我想，他的功勳還不單是郡縣制，他統一全中國，實行郡縣制，統一中國文字，車同軌，等等，都是很先進的。我最近在《文物》上看到，商鞅變法用的閗是長方形的，現在出土了，秦始皇就是在那個基礎上改的。

還有一點同志們也要知道，所謂西周，就是指文王、武王。武王伐紂，他名義上統一了，實際上有八百諸侯。到了春秋戰國時候，就是七雄，這在中國發展史上就是很大的進步。而秦始皇能夠消滅六國，統一全中國，是了不得的。築長城不單是秦始皇，而是到了秦始皇時是大量的修。同志們看到八達嶺吧，見了長城吧，我到過雁門關，沿著長城走

過，很了不起，是很大的工程，是抵禦外來侵略的，因為我們當時是先進的農業國，要抵抗遊牧民族的侵犯，這是很重要的。所以凡是法家都是愛國主義的，從頭到尾都有這一點。秦始皇的時候，就存在著匈奴，還有其他遊牧民族，還有那些反動的、沒落的奴隸主，一直到漢代初期還有很大的奴隸主。劉邦分封了同姓王，異姓王都幹掉了，當時最大的是吳王濞。當時也存在著不平衡，四川的大奴隸主卓王孫，有個卓文君大家知道吧，他是司馬相如的老婆，是卓王孫的女兒，他家有家奴一萬，我們講的一萬是個數目字，可能還不止。呂不韋也有家奴一萬。

自從我們進入批林批孔，世界上都很震動。蘇修是尊孔的，拚命罵我們，美帝還不這樣。整個亞洲，特別是東南亞，震動得很厲害。日本軍國主義就是孔老二的徒子徒孫。日本的友好人士，來了說：不得了了，你們批孔老二，我們受不了。一個友好人士說：你們這麼搞，我們受不住了，批到我們這兒來了。還有回教，批孔對他們也有影響，有人說「漢族兄弟批了他們的聖人，也批了我們的聖人，我們的穆罕默德也是這樣」。對基督教也有影響。歐洲的朋友說，他們那兒也有聖人，都受影響，有的跟著批孔，有的反對批孔。日本反動組織青嵐會反對我們批孔，蘇修最賣力了。所以不要以為批林批孔這只是中國的鬥爭，現在是涉及全世界的意識形態的大鬥爭。過去外國人到中國來跟中國人學，都是學四書五經，孔老二是「大聖人」，你們怎麼批起聖人來了？

剛才那位同志講到荊軻刺秦王。當時燕太子丹要報仇，

他是沒落的奴隸主頭子。太子丹有一個徵求人才的黃金台，荊軻是很反動的俠客，是個小丑，他一定要找一個人做助手，這個人叫秦舞陽。當時為什麼要搞「圖窮匕首見」？因為秦王在殿上，衛士在殿下，荊軻刺秦王，秦王跑到柱子後邊，荊軻沒有刺著，衛士就跑上去了。實際上荊軻是一個遺臭萬年的小丑。我們一個電影叫「狼牙山五壯士」，本來五壯士是非常英雄的，犧牲了三個，剩下兩個，但是電影還弄得悽悽慘慘的，什麼「風蕭蕭兮易水寒，壯士一去兮不復還」。把五壯士比做荊軻，這是不對的。

剛才那位同志講到秦始皇的時候，當時儒法對立，一面是秦始皇、李斯，那一面是呂不韋以及沒落的搞復辟的奴隸主皇親貴族，就是皇帝的親戚朋友，內戚、外戚。呂不韋不是秦國人，是趙國人。那時候，秦國有一公子叫異人，被質於趙。呂不韋是大商人，他看到異人便和自己父親說，這人奇貨可居。呂不韋就要在異人身上投資，把他弄到他家去，把他的趙姬給異人做老婆。後來，他又到秦國去，買通了華陽夫人，因為華陽夫人沒有兒子，她要這個異人做為她的兒子。秦王死去後，就把異人接回去了，做了秦王。異人是秦始皇的父親。秦始皇很年輕時就當政了。呂不韋為仲父，他製造反革命復辟輿論，搞了一部書叫《呂氏春秋》。我建議同志們很好地看一下那篇文章，就是〈秦王朝建立過程中復辟與反覆辟的鬥爭〉，呂不韋勾結沒落的奴隸主，皇親貴戚、內戚一塊搞政變，被秦始皇撲滅了。然後秦始皇用李斯。

為什麼秦始皇死了以後，秦就滅亡了呢？因為秦始皇的

大兒子扶蘇，信奉儒，秦始皇不喜歡，就派他到大將軍蒙恬那裏守衛邊疆。秦始皇死在路上，政權落到宦官趙高手裏，這是秦覆滅的一個原因。最重要的一個原因，他畢竟是個剝削階級代表，封建王朝，有對人民剝削壓迫的一面。要看到他的功勳，同時要看到他的剝削。同時他殺人太少。他遷了幾十萬豪強到咸陽，把很多儒都養起來了。他坑的知識份子是儒家的一派，就是胡說八道搞政變的，而且是宣傳天老爺的，宣傳迷信的，殺的對。焚的書更少了。他下令保護好書，對農業、醫藥有幫助的書不許燒，只燒儒家的書，全國那麼多儒家的書哪能都燒掉。殺460個，殺的太少了。

秦始皇死後，秦二世年齡小，不懂事。代表沒落奴隸主的趙高執了政，趙高是代表儒家的。漢朝打的時間不長就滅了秦，統一了中國。劉邦有一定的妥協的，採取了分封制，封了同姓王，搞掉了異姓王，吳王濞最大，他可以自己鑄錢，可以曬鹽，他比中央集權要富得多。

劉邦、呂后是法家，以後的文、景、武、昭帝都是法家。他們用的大臣不少儒家，主要是法家。有一大臣叫汲黯，在朝上當面對漢武帝說：「你內多欲外施仁義」。漢武帝一聽，臉都變了顏色，罷朝後回宮去了。別人都替汲黯擔心，都以為要殺他，結果沒有殺，漢武帝說：汲黯也。

剛才說的劉少奇、林彪那一段，同志們提供了很新鮮的材料，我也是最近才知道的。劉少奇進城初期親自祭過孔。1962年他親自組織好多人到曲阜去，有上千人吧。全國很多單位都去了，我不知道你們這裏有沒有人去。你們不要以為社會主義就沒有儒了，我們黨內就出了不少儒，同志們都有

材料，都可以看。

剛才講了劉邦，就是漢高祖。呂后、張良、蕭何、曹參、晁錯、桑弘羊都是法家。剛才有的同志說到了男女不平等的事，孔老二的東西到董仲舒才增加上夫為妻綱。其實孔老二早就說，唯女子與小人難養也，不過到董仲舒成了一綱。漢朝的女人，還是比較自由的，可以有「面首」，同志們知道不知道？「面首」就是除了丈夫以外，可以有男妾，男的小老婆。唐朝的女人也沒有那麼嚴重的不自由，因為唐朝的女人不自由就可以出家，做女道士、尼姑；在勞動人民中就有更多的自由了。只有到了宋朝就倒楣了，這可能是與封建制的經濟下降不少有關。他們奴役、束縛得厲害，反抗就更強一些。中國的農民暴動是上百萬到幾百萬人，兩漢有黃巾、赤眉、銅馬，唐朝有王仙芝、黃巢，元末有張士誠、陳友諒，明末有李自成，清朝有太平天國、義和拳，這是最大的兩次。朱元璋也是反儒的。

再就是我們黨領導的工人階級為基礎的、貧下中農為鞏固的同盟軍的革命，特別是在毛澤東主席的領導下，使我們的國家得到解放。十年內戰，八年抗戰，解放戰爭只用了三年半，把蔣介石打得滾到那個島上去了，蔣介石是個大儒。

我昨天晚上才把《鹽鐵論》的本子讀完了。我建議你們讀一下。鬥爭很激烈，主要是昭帝堅持執行漢武帝的路線，另一批王八旦要反對。劉邦開始不信儒，他不願見酈食其，說老子不見儒生，酈食其就罵道：「我不是什麼儒生，老子是高陽酒徒。」劉邦當時正在洗腳，光著腳丫子就去見酈食其，他不是真的儒。劉邦為什麼尊儒呢？因為他統一了天下

後，不好支配他的幾個大臣。後來叔孫通給他制禮作樂，劉邦說我才知道當皇帝的滋味。

《紅旗》雜誌的一篇文章叫〈讀《鹽鐵論》〉，我建議同志們看一看。林彪不是罵我們筆桿子壓槍桿子嗎，他的筆桿子可多了，反革命輿論多得很，造謠誣衊我們中央的同志跟主席革命就是筆桿子壓槍桿子。我也算筆桿子，我也不會動筆，我壓了你們沒有？你們今天來了一百多個戰士嘛！造謠，他們用這個騙人，什麼「民富國強」！他是大叛徒、大賣國賊，大盜竊犯！「一平二調」！我舉一個例子，雲南有他一個相當大的死黨，給他送茅臺，一次一千，一次一千五百瓶，還有雲煙幾百箱，他有那麼高的薪水嗎？是不是貪污來的？（大家答：是）「一平二調」！在杭州修行宮用了2700多萬，還沒有修完，還不算施工部隊。他吃的東西全國進貢，家裏有很多靈芝草，他還抽鴉片煙，他想長生不老，過去我們不知道。毛家灣有工作人員去過，看到前面有兩間小房，後門可了不得，從來不讓我們去。我去過幾次，很隱蔽。他在北戴河也修了行宮，樓梯很寬，只有人民大會堂有那麼寬的樓梯。有兩個放映室，在中間還修了個大游泳池，林彪說怕水，混帳！造謠騙人。說他小腿出汗，其實他一走道走多少公里。這個人是膽小鬼就是了。主席在「九‧一二」晚上回來前他就跑了，他不是「天馬行空獨來獨往」嗎？他就是獨往而沒有獨來嘛。他說吃茶葉還膀胱出汗，誰看得見？

諸葛亮雖然維護正統，過去以為他有正統思想，實際上是法家。

曹操是很了不起的法家。他用的郭孝直很年輕就死了，是個大法家。曹操很能用人。袁紹有個謀士叫陳琳，他寫了一篇檄文罵曹操，罵得很厲害。曹操正在生病，頭痛，看了這篇文章後，出了一身汗，連頭也不痛了。後來曹操把陳琳俘虜了，他問陳琳，你為什麼罵我罵得那麼厲害？陳琳說，箭在弦上，不得不發，曹操沒有殺他，留用了。還有個大將龐德被俘虜了，放回來也沒有殺。在歷史上，法家殺人少，儒家殺人多。孔子上臺三個月就殺了少正卯，七天不準確，三個月可靠。少正是官名，是個大夫，殺要有手續，三個月比較可靠。

唐朝李世民，要做具體分析，恐怕法家的成分多一些，希望專家研究一下。他的父親李淵，給隋皇帝守行宮，在晉陽，不敢起來造反。李世民手下有一個人叫文靜（晉陽令），說要起來造反。李世民用了他的建議，取得了農民起義的勝利果實，做了皇帝。他還用一批農民暴動的領袖，就是瓦崗寨的人，同志們知道不知道？比如李勣，原來叫徐世勣，就是徐茂公。魏徵是法家還是儒家，還值得研究。武后用武元衡、狄仁傑、姚崇、宋璟、裴度等，這些人都值得研究。

後來有韓愈。韓愈是儒家有點法家味道，要分析。柳宗元是法家。王叔文是法家。所謂八司馬，其中也有韓愈。韓愈被貶到了潮州，哭哭啼啼的，有一首律詩，說「一封朝奏九重天，夕貶潮州路八千」（〈左遷至藍關示侄孫湘〉）。而柳宗元被貶到柳州，就不那樣。也有一首詩，題為〈登柳州城樓寄漳汀封連四州刺史〉：「城上高樓接大荒，海天愁

思正茫茫；驚風亂颭芙蓉水，密雨斜侵薜荔牆。嶺樹重遮千里目，江流曲似九回腸；共來百粵文身地，猶自音書滯一鄉。」韓愈作為文學家不能完全抹煞。他是儒家，有點法。對他不能絕對化，要具體分析。他就批評過孔丘，說「孔子西行不到秦，掎摭星宿遺義娥。」（〈石鼓歌〉）當時對孔丘是不能批評的。

武元衡、裴度、李愬等是儒家還是法家值得研究。他們都是反對藩鎮割據的。李師道派人去刺武元衡和裴度，武元衡被刺死了，裴度滾到溝裏去了，沒有死，這時就有人把刺客抱住喊「有賊」！刺客把抱他的人的臂砍斷逃跑了。

李愬在雪夜攻蔡州時，抓了一個小俘虜，大家讓殺掉，李愬不讓殺。後來他寫了一封信連俘虜帶到皇帝面前，皇帝把這個俘虜赦免了。

八司馬是八世紀末、九世紀初的人。

宋朝的趙匡胤、趙匡義也要研究。

寇準是愛國主義者。岳飛也要研究，是法是儒，也許是法又是儒。

王安石是偉大的愛國主義者，他的變法除了維護較先進的封建制度外，還是為了防禦異族的侵略。李世民也有這個問題。就是當時的遊牧民族侵略我們，每到草肥馬壯的時候，他們就來了，靠輕騎兵、重騎兵。輕騎兵兩匹馬，重騎兵四匹馬，不帶乾糧，吃馬奶就可以，馬奶沒有了，就用錐子紮馬腿喝馬血。他們不要輜重，不像我們部隊要有很大的後勤。

漢朝的霍光有個兄弟，叫霍去病，此人很了不起。大

將衛青，是霍去病的舅舅，奴隸出身。還有武帝的皇后衛子夫，是衛青的姐姐，最初是平陽公主的歌奴。漢武帝用人很了不起。當時兩派鬥爭，挑撥武帝父子關係，戾太子受一些人鼓動，反對漢武帝。武帝勸他不聽，後來才把他幹掉了，並且追查餘黨。戾太子的孫子關在監獄裏，在搜查時，邴吉拒門說：裏面有皇帝的血骨，誰也不能進去。後來武帝覺得殺人太多，就宣佈赦免。邴吉就這麼頂了一下，漢宣帝就這樣保存下來了。

剛才那個同志的報告說孔融和禰衡都是曹操殺的，這不對。禰衡不是曹操殺的，是黃祖殺的。禰衡是個大文學家。要看《三國志》，不要看《三國演義》。小說不可信。李白有一首詩講這個事：「魏帝營八級，蟻觀一禰衡，黃祖斗筲人，殺之受惡名。」

唐朝有三個姓李的大詩人，二李是法家：李白、李賀。李白的詩說：「我本楚狂人，狂歌笑孔丘。」（見〈廬山遙寄盧侍御虛舟〉）主席在八大二次會議上講：「中國儒家對孔子就是迷信，不敢稱孔丘，唐朝李賀就不是這樣，對漢武帝直稱其名，曰劉徹、劉郎……一有迷信就把我們的腦子壓住了，不敢跳出圈子想問題，學習馬列主義沒有勢如破竹的風格，那很危險。」我這是念主席的原話。李白也是這樣。主席講學馬列要有勢如破竹的精神，沒有這種精神是很危險的。我們今天批林批孔，也要有這種精神，同志們說對不對？沒有這種勢如破竹、風掃殘雲的精神是不行的。主席講批林比較好辦，批孔就難了，我們就是要知難而進。

王安石變法，許多是針對外族入侵的，都是有針對性

的，是為了國家強盛起來。司馬光的後臺是皇太后、太皇太后，是宋神宗的祖母。王安石的後臺是宋神宗。後來宋神宗怕了，王安石也就下臺了。

　　明朝的李贄，他的書我沒有全看，《焚書》翻過一點，不多。上海新發現了一種李贄的《四書評》，已拿到北京去印，不久可以發行。廈門大學還發現了一部《史綱評要》，現正出版。他是不能忍受凌辱，死在監獄裏。

　　對清，也要很好地做點研究。比如，康熙，康熙是順治的兒子。有人說順治死了，有人說他出家做了和尚。順治的母親下嫁多爾袞，多爾袞統一了全中國。康熙八歲登基，他的輔政大臣是鰲拜，他沒有自由。他想了個辦法，搞了一些小孩和他一起玩。到十六歲時，等鰲拜來的時候，這群小孩一下子圍上去，將鰲拜捕捉下獄質罪，他就自己搞。十六歲他就過問政治。這樣的人值得研究。要注意這些人，但是不要過了，過了就要回潮，就又出來讓步政策了。哪來什麼讓步政策，是絕對沒有的，是反革命造出來反對歷史唯物論的。他們反對歷史唯物論就來一個讓步政策；反對毛主席的一分為二，就來一個合二而一。讓步政策實際是合二而一在史學中的反映。

　　同志們，我自己的歷史知識也不多，你們講得不夠的地方，我加以補充，少數地方加以糾正。我是來天津學習的，我也向在座的兩個寫作班子的同志學習，向天津市的同志學習，我們共同學習吧！我可能有錯誤，有缺點，同志們允許我改正，不然，我以後就不敢來了。也不敢給同志們講話了。

十、江青在津批文

江青在1974年6月17日至7月1日第一次來津期間，親手批示讓市委翻印了大量批林批孔的文章、資料。據統計，共有43種，翻印了78萬份。所有資料基本上都由我經手。一般情況是，江青的秘書劉某將要翻印的資料送解學恭，解再讓秘書或司機直接送我。有的是口頭轉告我，有的是解學恭親筆批給我，但都不是在原件上批示，而是另寫一短信，因為所有江青批過的資料，最後都要寫上「退江青」字樣，返回到江青那裏。江青也是仿照毛主席使用鉛筆，用較大的字在原件上書寫。她的字寫得不錯，稍有一點仿毛體。當時我和辦公廳秘書處以及機關印刷廠晝夜值班，文件隨來隨印，不得延誤。秘書處一位原副處長趙慶，摳文字和校對特別細緻，最後由我看清樣印發。我們翻印了這麼多文件，最後竟無一個錯別字，以致江青走後，解學恭到辦公廳鼓勵我說：「你們任務完成得好」，當時真有點「受寵若驚」之感。

江青批示印發的文件目錄，按批示的時間先後主要有：一、上鋼五廠二車間工人批判反動諺語和《三字經》（另有兩個附件）。二、《論語選批》；三、《文匯報》的《文匯情況》（第435期）：〈一支戰鬥在批林批孔第一線的突擊隊——上海機電局一局團委積極帶領廣大青年深入批林批孔的調查〉。四、北大、清華大批判組、中央黨校編寫組的《情況反映》（1）（2）。五、北大某作者〈法家代表人物介紹〉。六、北大、清華大批判組〈法家人物介紹〉。七、吉林大學大批判組的〈人定勝天是荀子的革命哲學〉。八、

陸軍某部政治部批判林彪資產階級軍事路線材料之一：〈遼瀋平津戰役的勝利是毛澤東軍事路線戰勝林彪資產階級軍事路線的勝利〉。九、陸軍某部政治部批判林彪資產階級軍事路線材料之二：〈毛澤東殲滅戰思想的偉大勝利〉。十、北師大大批判組〈評董仲舒的「獨尊儒術」〉（《光明日報》1974年6月21日文章）。十一、新華通訊社「內參」：〈中國科學院核心小組召開會議學習貫徹江青同志對新影某人信件的批示〉。十二、新華通訊社「內參」：〈上海滬東造船廠機修工段青年理論學習小組把〈問孔〉篇編成小故事向群眾宣傳效果很好〉。十三、《解放日報》「情況簡報」所發的附有滬東造船廠工人編寫的〈問孔〉篇〈總論〉和五篇小故事。十四、北京衛戍區某部六連戰士理論小組寫的〈孟軻鼓吹的「仁政」是什麼貨色？〉。十五、工農兵讀法家著作三篇文章（原載1974年6月23日〈天津日報〉）。十六、北大、清華大批判組、中央黨校編寫組對《儒法鬥爭史講稿》（草稿）的一些意見。十七、署名文章〈駁孔丘反對人殉說〉。十八、《解放日報》「情況簡報」：絹紡織廠工人評《中國通史簡編》……

　　江青在津期間批示翻印的文件，主要有三類。首先是有關批林批孔、儒法鬥爭的文章、報導，如以上所列。當時講帝王將相都要以儒法兩家劃線，如北大、清華大批判組、中央黨校編寫組對《儒法鬥爭史講稿》（草稿）的意見先是充分肯定對他們「教育很大」，然後提出：「講稿中對有作為的政治家，特別是一些法家帝王講的少。對秦始皇，講稿中作了充分論述，但對漢初幾個皇帝和以後的唐太宗、

武則天等都加上為好。對漢武帝，只說他賞識董仲舒，沒有指出他推行的是法家路線，實際上重用法家，並不重用儒家……」。

其次，是江青批示翻印的古籍書籍。江青曾指令市委讀〈離騷〉，並送市委常委每人一本。市委根據她的意旨立即又翻印了一批。〈離騷〉為楚人屈原所作。〈離騷〉，舊時解釋為離愁，也有解作遭憂的，近人解釋為牢騷。作者在前半篇中，反覆傾訴其對楚國命運的關懷，表達了他強烈要求革新政治，與腐朽貴族集團鬥爭的強烈意志。後半篇是通過神遊上天、追求理性和失敗以後欲以身殉國的陳述。按當時市委常委的文化程度看，可能大部分人讀不懂此書，於是還從南開大學中文系邀請一名教師給常委講解。江青還指示翻印《荀子》的〈勸學〉。這是《荀子》的第一篇，全文以勸導人們努力求學為主，反覆說明學習的重要以及對學習應有的目的與方法。江青要印這些古書是為了什麼？我想除了有她不可告人的目的以外，還是想模仿毛澤東的做法，動輒講上一段歷史，藉以顯示自己的身份和水準。其實，這只能給人以東施效顰的感覺。

再次，江青批示的是吹捧她天津之行的「情況反映」和信件。例如北大、清華大批判組、中央黨校編寫組在《情況反映》（5）中說：「6月22日，我們隨江青同志去小靳莊參加貧下中農的批林批孔，同志們來到農村這個廣闊的天地，大開眼界，深受教育」。「我們在學校講儒法鬥爭，一口氣講五、六個小時，但在關鍵問題上，並沒有貧下中農講得深刻。」「江青言傳身教，帶我們出來在各個點上，向工人、

農民學習，這樣才有利於解放我們的思想，才能在理論戰線作出貢獻」。又如于會泳、王曼恬、浩亮、劉慶棠6月23日在給江青的信中說：「我們參加了寶坻縣小靳莊貧下中農的批林批孔大會，參加了在寶坻車站和返津路上江青同志親自主持召開的批判《三字經》和林彪資產階級軍事路線的會議。此行是繼19日聽取天津市工人講儒法鬥爭史之後，中央負責同志帶領我們深入農村，學習貧下中農批林批孔的經驗，使我們進一步開闊了眼界。」「江青同志在與貧下中農接觸中，下麥田，訪問貧下中農家庭，這種深入群眾的作風我們應該學習，無論在聯繫群眾和工作方法上，都給我們作出了榜樣。」語云：「上有所好，下必甚焉。」江青以自己的特殊身份，來津興風作浪，身邊的人阿諛奉承，簡直到了令人肉麻的程度。

十一、且看江青的政治表演

　　江青與小靳莊的關係，到她第三次去那裏之後可以算是落下帷幕了。因為從1976年8月28日江青最後來這裏訪問，僅僅過了一個月零八天，至10月6日，「四人幫」就被揭露了。「見微以知萌，見端以知末」。透過小靳莊這個小小的舞臺，乃至天津這個較大一點的舞臺，讓我們來觀察一下江青當年這個「文革」「旗手」的政治表演藝術吧！

　　首先，江青扮演了一個很特殊的乃至獨一無二的政治角色。她不僅是中央政治局委員，而且是毛澤東的夫人。毛澤東的地位，又使江青在「文革」中高高凌駕於政治局其他委

文革中江青與林彪、葉群合影。

員之上。江青是中央文革小組副組長，可是她卻淩駕於組長陳伯達之上。我翻閱了中共中央、中央文革在1966年至1967年接見天津駐軍、幹部、群眾組織代表的記錄，中央首長集體以及領導成員個人接見共19次。當時中央接見主要是推動兩派的聯合、促使建立革命委員會，取代已經被砸爛的黨政領導機關。江青高高在上，根本不屑於做兩派之間的工作，在19次接見天津代表中，她只參加過3次，其中兩次只是「亮相」後匆匆離去。例如1967年4月7日中央首長接見天津駐軍及幹部群眾代表，周恩來主持，某群眾組織代表正在發言時，江青要講話，周只好讓這個代表發言暫停，聽江青說。她只是說了一通表揚天津造反派和駐軍的話，就提前退席了。同年9月8日，中央首長第六次接見天津赴京代表團時，在會議進行中間，江青在謝富治陪同下進入會場，全場起立，熱烈鼓掌。江青隨即講了一段話，講話中間陳伯達還帶頭鼓掌，然後她說有事又退席了，大家還要鼓掌高呼：「向江青同志學習！」、「向江青同志致敬！」從文化大革命開始，這兩句口號已經成為僅次於「萬歲」、「永遠健康」之外的口號。由此可見，江青的地位高踞於其他領導人之上。

　　不僅如此，由於江青的特殊身份，其生活管理、安全保衛也遠遠高於一般黨和國家領導人。她第一次來小靳莊，由政治局委員紀登奎陪同。當時誰也不知其內幕。據吳德回憶，原來當年在一次政治局會議上，紀登奎與江青發生衝突，散會時，江餘怒未消，批評紀跟著周恩來跑。這次會議以後，深知江青結怨甚多的毛澤東，為了江青和紀登奎的團結，特意讓紀登奎陪江青一起去小靳莊。[58]江青來津乘專列火車，醫生、護士跟隨，有兩次還自帶廚師，由中央警衛團負責內衛。據市機關事務管理局原副局長宗海峰回憶，他在原市政府交際處和管理局工作期間，曾多次接待過周恩來、劉少奇、朱德等人，他們的生活都由接待部門安排，惟有江青例外。

　　其次，江青是執行極「左」路線的急先鋒。且不說她在上海策劃批判《海瑞罷官》、點燃「文革」之火的行徑。對於天津來說，有兩樁大事都是她一手炮製的。其一是1968年2月21日「中央首長接見天津市革委會及駐津部隊、文藝系統代表會議」，當時天津有1200人赴京。這次接見由江青主持，這是從未有過的。前文已有敍述，不贅。據解學恭回憶：江青於1975年8月第七次來津，還向解學恭突然問起：「你們這裏有個什麼江楓？」解說：「已經病故啦」。江青接著說：「你們天津形勢穩定，我可立了一功啊！是我把陳伯達在天津的爪牙搞掉的，王曼恬在這個問題上也立了一功。」其二是江青自1974年6月從抓鐵路分局天津站講儒法鬥爭史入手，大搞影射史學。市委於6月25日召開10萬人大會，由天津站宣講儒法鬥爭史稿和介紹「經驗」，並傳達了江青6

月19日來津的講話。除了樹小靳莊以外，天津站也被定為江青的「點」，7月5日，中央報紙發了消息和評論之後，一舉成名。天津站應邀外出宣講，本市和外地來津參觀的人成千上萬。

再次，江青是一個野心勃勃、怪誕不經、反覆無常、為所欲為的女人。她從一個尋常人家而進入山東大學當上圖書管理員，以後又混跡於十里洋場的上海當上二、三流演員，轉赴延安有幸成為共產黨的第一夫人，可是傳統的黨的組織原則又使她難以出頭。「文革」一聲巨雷使她破土而出，一躍成為黨的領導人，這下野馬脫韁，如入無人之境。她一下子成了毛澤東之下、萬人之上的人物……且不說她最後一次來小靳莊的心狂意燥，喜怒無常，從小靳莊返回時竟提出要到駐軍某部，並要給她做一套軍服。翌日下午，江青到天津手錶廠、第一煉鋼廠「參觀」更表現反常。她在手錶廠動不動就發脾氣，罵人訓人。她嫌機器聲音大，就大發雷霆，用棉花將耳朵堵上。她穿上工人的工作服，說「工人本色就是髒」。座談時，她不聽工人發言，一會兒要鋸，一會兒要銼，用鋸將銼把鋸斷。她還給《天津日報》一女記者剪髮，並給改名字，嘴裏還哼哼什麼詩。到第一煉鋼廠走馬觀花，藉口風大，不聽廠裏彙報就匆忙離開了。返回住地途中又突然下車，闖到防震疏散的居民棚裏，東問西問。一位女民警為了她的安全，到前面瞭解情況，卻被她大罵一頓。

毛澤東在世時雖然批評江青「積怨甚多」，但是他並沒有料到江青「惡不積不足以滅身」也（《周易·繫辭下》）。江青的女皇夢沒有實現，反倒落了一個「死刑緩期

執行」的下場。

十二、天安門廣場事件的前前後後

1976年1月8日，周恩來總理病逝。由此觸發了一場全國規模的自發悼念活動。在4月4日清明節和4月5日，北京的悼念活動達到前所未有的高潮，參加者多達百萬人次，悼念活動很快就轉變為抗議活動。像這樣一種民間自發的針對最高當局的群眾性抗議活動，實為中共建政27年來的第一次。這一事件自然也波及到天津。當時我在市委、市革委辦公廳主持工作，經歷了這一風波的全過程。

周恩來逝世後的弔唁活動

1月8日上午9時57分，周恩來的心臟停止了跳動。9日淩晨，新華社向國內外播發了中共中央、全國人大常委會和國務院的《訃告》，以及毛澤東為首的107人治喪委員會名單。與其同時，市委收到了中共中央、國務院的電報。

1976年4月，天安門廣場爆發大規模悼念周總理活動。

　　9日早上7時，市委第一書記解學恭叫我到他的辦公室，告訴我周總理逝世，讓我立即通知上午召開市委常委會議。按照歷來的習慣，辦公廳機要處收到中央密電，不分晝夜，有機要人員直送市委主要負責人，不必經辦公廳負責人，所以事前我一無所知。

　　解學恭告訴我此事時，他情不自禁地悲痛流淚，這是我第一次看到他這種感情流露。解學恭對周恩來有很深厚的感情。周恩來不僅支持解學恭來天津工作，還在「文革」中保護過他。1970年12月22日，根據毛澤東的提議，周恩來主持召開華北會議，批判陳伯達的罪行。從1971年1月下旬開始，黨的各級機關開展了「批陳整風」運動。如前所述，解學恭曾在中央九屆二中全會華北組討論陳伯達關於稱天才和設國家主席發言的簡報上簽了名，為此作了檢討，但仍被一些人抓住不放。2月初在中共天津市革命委員會核心小組與中共天津警備區委員會召開批陳整風會議期間，市核心小組的兩位駐軍負責人和王曼恬聯名上書黨中央，建議在成立市委時，中央另派市委第一書記，解學恭不宜擔任市委第一書記。此事遭到周恩來的批駁，從而保住了解學恭擔任市委第一書記的職務。解學恭發自內心地感謝周恩來。

　　在1月9日的市委常委會議上，首先大家沉痛哀悼周恩來逝世。會議決定：以市委名義向全市發出悼念周總理逝世的通知；以市委、市革委名義給黨中央、人大常委會、國務院發唁電。同時還決定以市委名義向中央發請示電，列舉周總理青年時代在天津的革命活動、建國以來對天津的關懷和被選為天津市出席黨的八大、九大、十大代表和第一、二、

三、四屆全國人民代表大會代表的情況，要求派市委主要負責同志赴京獻花圈，參加弔唁和追悼會。這些電文是我組織有關人員起草的。後接周恩來治喪委員會辦公室電話通知：同意天津獻花圈，由治喪委員會統一辦理，各省市自治區不再派人參加追悼會。

　　這次常委會議還根據報紙發表的「公告」，對有關悼念周總理的問題議定了五點意見：一、全市共產黨員和人民群眾，要認真學習周總理的無產階級革命精神和高尚的革命品質；二、基層單位可以開些座談會，緬懷周總理的革命業績，學習周總理的革命精神，以示悼念；三、9日至15日，各單位內部原定舉辦的各種娛樂活動一律停止；四、群眾要求赴京弔唁的，可予適當的勸阻；五、一切學習、生產工作照常進行。這五條意見也是我事先和有關人員草擬供常委討論的。

廣大群眾自發悼念周總理。

　　從9日到12日，許多單位紛紛給市委打電話，詢問是否可以組織群眾帶黑紗、白花、弔唁、開追悼會等悼念活動。辦公廳是市委的辦事機構，請示電話自然打到辦公廳。共產黨的傳統是政治上高度集中，所有慶祝節日的口號都由中央統一擬定，各地方不得擅自主張。可是悼念周總理除了報紙上的「公告」以外，上邊沒有任何別的說法。我們請示解學恭，他也不好明確表態，只好採取「模糊處理」的辦法，既不說「可」也不說「不可」，籠而統之地答覆：「按報紙發表的公報和市委常委議定的五點精神掌握」。下邊一再問，辦公廳工作人員守口如瓶，不置可否，只是答覆上面那句話。

　　天津歷來是看北京的。1月12日，辦公廳派幾個人去北京瞭解群眾悼念周總理的情況，發現北京群眾悼念活動比天津熱烈，很多人都戴上黑紗和白花。赴京的同志於13日中午趕回天津，我和辦公廳赴京的人員準備了一些黑紗、白花，於下午趕到常委集中學習處。市委常委聽取了辦公廳的彙報，研究了天津市廣大幹部群眾的反映和要求，重新議定了六條意見：一、原則上按黨中央、國務院的通知精神執行；二、群眾自發的悼念活動，各單位要給予適當的條件，不要加以限制；三、白花、黑紗可以戴，並安排市場出售；四、半旗提前可以降，各單位高大建築物現在即可以下半旗；五、獻花圈可以送到天津陵園烈士塔；六、群眾要求到北京參加追悼會的，要進行勸阻。這六點意見，當天下午即由我召集各部委和區、縣、局辦公室負責人進行傳達。會後，各單位立即傳達到基層。

在市委常委會議六條意見傳達後的當天晚上10時，又接到周總理治喪委員會辦公室電話通知，其中提到：「要按中央指示辦。各省、市、自治區不要派人來京參加追悼活動。各地不組織弔唁、開追悼會、戴黑紗等活動。如群眾自發地組織各種弔唁活動，可以做好說服工作，化悲痛為力量，以實際行動弔唁周總理」。這一通知精神與市委常委議定的六條意見距離很大，與廣大幹部和群眾的感情距離更大。天津市形成的悼念活動狀況已經背離了上面的要求。這件事很難辦，否定市委六條意見會引起混亂，幹部群眾不好接受；對上級的通知又不能置之不理，誰也不敢冒對抗中央的風險。當時，我傳達市委常委的六條意見沒有正式文字稿，也未經過市委主要負責人審查，如果有不準確的地方我要承擔責任，況且這六條又與中央精神發生了抵觸，我心裏七上八下很犯嘀咕，於是立即請示解學恭。我在電話中將北京治喪委員會的通知向他念了兩遍，並說明這個通知與幹部、群眾的要求距離太大。他遲疑了一下說，用「辦公廳值班報告」的形式，把北京的通知印發市委常委、各部委和市內各區、局。我問他加不加什麼話，他說不加。於是我照辦了。後來想想，這真是沒辦法的好辦法，既沒有否定市委剛剛佈置的六條意見，又沒有對治喪委員會的通知置之不理。

當年周恩來的逝世，在飽受「文革」磨難的幹部和群眾中引起強烈的悲傷，人們也借此表達和發洩對極「左」路線的不滿。當時我曾從市委檔案處將周恩來於1957年11月下旬在天津市黨代會上作的「世界形勢和整風任務」的報告錄音調出，在辦公廳全體工作人員中播放過，讓大家聽聽總理的

聲音，以示悼念。此事我未請示，如請示誰也不敢答覆，因
為這絕對不符合北京的規定，請示反而會把責任推到上邊，
不請示就由我個人負責，如果沒有人舉報就不會有人過問，
這是黨內處理問題的一條潛規則。

可是，粉碎「四人幫」以後，揭發批判解學恭時，居然
壓制幹部和群眾悼念周總理也成為他的錯誤之一。實事求是
地看，解學恭在這個問題上是沒有什麼錯的。

清明節前的悼念活動

1976年清明節前，天津市許多群眾到烈士陵園獻花圈，
進行悼念周總理的活動。其中三○二所、七五四廠、七六四
廠、天津大學、南開大學等單位貼出了悼念周總理的大標
語，並製作了花圈，有的到中心廣場進行悼念活動。這些情
況開始並沒有引起市委的充分注意。4月1日，市委接到中央
的電話通知，提到「南京出現了矛頭指向中央領導同志的大
字報、大標語的政治事件」。原來從3月下旬，南京街頭出
現學生和市民自發舉行的悼念周恩來的活動，人們打出了
「保衛周恩來」、「打倒張春橋」的標語。王洪文對《人民
日報》一位負責人說：「南京事件的性質是對著中央的」，
「那些貼大字報的是為反革命復辟製造輿論」。中共中央電
話通知稱南京事件是「分裂以毛主席為首的黨中央、扭轉批
鄧大方向的政治事件」，要求「追查幕後策劃人」和「謠言
製造者」。根據中央這一通知，當時市委擔心在廣場放置花
圈，聚集群眾，會不會也發生這類問題。因此，市委通知市
生產指揮部、二機局和有關大學，做好群眾工作，把花圈送

到烈士陵園。

在烈士陵園悼念也發生了問題。早在1975年4月，天津市烈士陵園曾到北京八寶山革命公墓學習烈士骨灰管理經驗以及如何組織清明節掃墓活動。他們在那裏瞭解到，北京於1974年全市就停止了清明掃墓活動。北京市革委會認為清明掃墓是舊風俗習慣，而且每年要有幾十萬人參加掃墓，既影響抓革命促生產，又給城市交通運輸造成很大壓力，於是在1974年3月24日請示國務院，經華國鋒閱批，政治局在京委員圈閱，周總理批示同意，停止清明掃墓活動。天津市烈士陵園參觀回津後作了研究，認為這樣辦好，天津有必要仿行，遂於1975年10月向市民政局寫了請示報告。市民政局據此於1976年3月1日向市革委會報送了〈關於停止清明節期間掃墓活動的請示〉，經市委6位書記批示同意後，由市革委辦公廳於3月22日函覆民政局執行。當時發出這個文件時，還沒有出現悼念周總理的活動，誰也沒有想到它會同悼念周總理發生衝突。在清明節前，市烈士陵園貼出「公告」，停止掃墓，引起群眾強烈不滿。市委意識到這個問題後，立即糾正了這種做法，才沒有出現混亂。

另一件事是撤銷周總理遺像問題。1976年2月初，國務院副總理孫健（原任天津市委書記）的秘書給市委宣傳部打電話傳達孫健的意見說，三月號的《中國婦女》雜誌因為印有周總理的照片，受到了中央領導同志的批評，撤下來了，要天津注意一下。宣傳部2月4日向市委寫了報告，建議從刊物中撤銷周總理遺像。王曼恬在這個報告上批示：「同意撤掉二月的」，解學恭批示：「一月份已經發出就不要收了，

已印尚未發出的就不要發了。」這樣，根據解學恭等人的批示，《學習通訊》還有其他一些學報、刊物，把周總理的照片有的還包括訃告全都撤了下來。後來，解學恭自己檢查說：「這是我犯的一個嚴重政治錯誤。當時的想法是，孫健的電話聲稱是中央領導同志的意見，如不照辦也會受批評，所以就執行了。這說明當時怕受批評的考慮超過了對總理的感情，這是我黨性不純的表現，也反映了自己的思想作風很不端正。」從這件事情中不難看出，在相當一段時間裏，黨內往往是極端「唯上」的，不僅是「唯命是從」，而且是「聞風而動」，甚至從非正式管道得到的資訊也不敢不信。孫健不過是「文革」中從天津市走出去的一個工人幹部，陰錯陽差當上了國務院副總理，他秘書的一個電話就讓解學恭這樣的高級幹部犯「嚴重政治錯誤」，足見黨內的政治生活不正常到了何等程度！

追查所謂「反革命謠言」

周恩來逝世不久，在國內開始流傳一份「周總理遺言」，抄本很多，我看到的是這樣寫的：

主席、中央：

我自第二次手術以來，病情有短期穩定。從下半年開始，癌症已廣泛擴散，雖然自覺尚好，但離去見馬克思的日子確實不太遠了。我想，有必要向主席、中央彙報一下近來的一些想法。

患病期間，主席對我親切關懷，使我很感動。主席年齡大了，要注意身體。有主席為我黨和國家掌舵，是全國人民

莫大的幸福，也是我莫大的欣慰。這些日子，主席在遵義會
議時和我的談話總是歷歷在目，百感交集。不能為主席分擔
一些工作，我十分難過。為了我們祖國和人民的前途，主席
一定要保重。

朱德同志和葉劍英同志年事已高，要多鍛煉身體，當好
主席的參謀，具體分工是可以擺脫的。但是，他們的地位是
舉足輕重的。我們這一輩人，跟主席那麼多年了，更要以高
昂的戰鬥精神，保持晚節。

小平同志一年來幾方面工作都很好，特別是關於貫徹主
席的三項指示，抓得比較堅決，這充份證明了主席判斷的正
確。要保持那麼一股勁，要多請示主席，多關心同志，多承
擔責任。今後小平同志壓力更大，但只要路線正確，什麼困
難都會克服的。

同志們，長期以來的病假，使我有可能回顧自己所走過
的路。在這段曲折的路上，我永遠不能忘懷那些在我們面前
倒下的先烈。

我們是倖存者，一九二六年和惲代英同志分別時，他
說：「當中國人民都過上幸福生活的時候，我們能活著的
人，一定要到死去的同志的墓前，去告慰他們，死者會聽到
我們的聲音的。」我總想著用什麼來向他們彙報呢……在彌
留之際，回憶先烈的遺言，對照我們人民的生活條件，我為
自己未能多做一點工作而感到內疚。……展望本世紀把我國
建成一個工業、農業、國防和科學現代化強國的壯麗前景，
我充滿了必勝的信心。死，對於共產黨員來說算不了什麼，
因為我們把生命交給了人民的事業，而人民的事業是永存

的。唯一遺憾的是我再也不能和同志們一起前進、加倍工作、為人民服務了。同志們，一定要把黨和人民的利益放在一切之上，在毛澤東的領導下，團結起來，爭取最大的勝利。

關於我的後事，我向中央請示：一，將我的病情告訴全國，以免引起不必要的猜測。二，追悼會主席不要參加，應力求簡單，請小平同志致悼詞。骨灰不要保存。撒掉。

遺言的出現成為轟動的新聞，各地很快出現了數以萬計的抄本，而且世界各國一百三十多個電臺、通訊社播發了它。〈遺言〉作為「頭號反革命事件」受到追查。

1976年4月1日，天津接到中央給各地發出電話通知，後又接到中央印發的電話通知原文。通知指出：「所謂總理遺言，完全是反革命謠言」，要求「必須闢謠，並追查謠言製造者。」4月8日，中央又給各地發出電話通知，隨之發來電話通知原文。這次通知進一步要求：「對矛頭指向偉大領袖毛主席和以毛主席為首的黨中央的政治謠言、反動標語、詩詞等，應堅決追查，打擊製造者。」在這之前，公安部還給各地公安局發了注明「此件業經中央批准」的〈關於認真追查所謂總理遺言的反革命謠言的通知〉的正式檔。5月5日深夜，公安部又給各地公安局發了緊急電話通知，要求各地「集中精力，重點追查所謂總理遺言的反革命謠言，定出計畫，日夜趕班，務必在三、五天內查出結果」。當時有些電報是絕對保密的。辦公廳有機要處，絕密電報我當主任的也看不到，只有市委一把手簽批。辦公廳還有政法處，雖然日常工作我要過問，但是公安系統絕密的事情，只經過主管書

「總理遺言」事件當事人之一李君旭。

記批閱甚至有的只是一把手知道。資訊高度封閉，是黨的工作的特點。黨內幹部也習慣了這一點，不該知道的一概不問。後來我才知道，這份所謂「周總理遺言」原來是杭州汽輪機廠一個名叫李君旭的普通工人所寫，他那時才23歲。他閱讀了許多有關人士的回憶錄，收集了周恩來的生平資料，以周恩來的口氣，寫出一封訣別書，在全國引起巨大震盪。在公安部5月5日發出緊急通知的當天，李君旭被捕，成了「重大政治犯」，被投入了監牢。1977年11月，李君旭才獲得自由，到了十一屆三中全會後，他的事情得到了平反。

這個期間，我親身經歷更多的是處理群眾的弔唁活動。1976年4月6日上午，市委分管政法的書記趙武成根據解學恭的指示，召集公安局、民政局和生產指揮部等有關部門開會，聽大家彙報了群眾到中心廣場悼念周恩來的情況。會上還分析4月8日是總理逝世三個月，群眾的悼念活動還可能出現一個高潮，目標仍是中心廣場，於是又研究了幾項應對措施。當時由於分管政法處的辦公廳副主任下鄉蹲點，他的工作暫時由我兼管。趙武成讓我將會議研究的意見，下午向市委常委會彙報。在下午的常委會上，市公安局彙報了派人到北京瞭解的天安門廣場發生的情況之後，我彙報了上午的分析和制訂的五條措施：（一）認真學習《人民日報》4月6日社論，牢牢掌握鬥爭大方向。（二）加強黨的領導，分析形

勢，掌握情況，對群眾反覆地耐心地做思想工作，不要採取
任何命令的辦法，防止矛盾激化，敵人鬧事。〔三〕掌握方
針政策，正確處理兩類不同性質的矛盾。對群眾聽信謠言、
上當受騙的，要進行思想教育，對謠言進行追查。（四）加
強對外出參觀以及來我市學習人員的控制，沒有必要的不要
外出，回來的要向黨委彙報。（五）加強安全保衛，維持好
秩序。中心廣場要重點注意。烈士陵園要很好組織，防止群
眾等候時間過長。常委會議同意這幾條措施，確定由辦公廳
牽頭，公安局、民政局、民兵指揮部組織一個臨時小組，做
好維持中心廣場秩序的必要準備；並確定由辦公廳負責起草
關於當前我市社情的簡報，上報中央。「簡報」中說「清明
前後天津市社會上出現一些值得注意的動向，突出地是圍繞
著清明節掃墓、悼念周總理活動反映出來的。」總的看來，
天津市當時有少數人去中心廣場進行悼念活動，規模不大，
平安無事。這大概是天津的地域文化所致吧，每逢重大事件
往往跟隨北京而動，但一般又不會出大亂子。例如在「文
革」時期雖有武鬥，也不像有些地方那樣激烈。中央有關部
門將這種現象歸功於天津的執政者，其實這主要同天津的歷
史文化有關，與天津的市情、民情有關。

要害是搶先點名批鄧

　　1976年，黨中央發起了「批鄧反擊右傾翻案風」運動。
2月6日，《人民日報》發表了〈無產階級文化大革命的繼續
和深入〉，提出了所謂「風源」的問題，充分暴露了「四人
幫」打倒鄧小平、篡奪黨的領導權的圖謀。從「文革」以

來，黨內生活出現了極不正常的情況，黨中央的意圖不是通過中央正式文電或會議下達，而是採取其他手段向下滲透。初期主要是通過毛澤東發表最高指示或中央首長接見群眾代表以及「兩報一刊」（《人民日報》、《解放軍報》、《紅旗雜誌》）發表社論、評論向下貫徹。各省、市建立革命委員會以後，特別是進入七十年代以來，毛澤東的最高指示少了，中央接見群眾代表也沒有了，但是「兩報一刊」仍發揮著特殊作用，通過一篇篇「重要文章」向下吹風。下邊聞風而動，聽風就是雨，已經成為黨內的思維定勢。

當時解學恭覺得《人民日報》2月6日這篇社論「很不尋常」。2月10日，市委常委在一起研究《人民日報》發表的這篇文章，討論所謂「風源」到底在哪裏。大家感到這是一個重大問題，但又心中沒底。這時市委書記王曼恬主動提出，到清華大學找遲群、謝靜宜摸摸底，看看動向。經常委研究，同意讓她帶幾個人到清華大學去一趟。王曼恬到京的當晚，就找侯再林（原系軍隊支左領導幹部，後調文化部工作）和陳相文（原南開大學某造反組織代表，後調團中央籌備組工作）瞭解情況，當晚給解學恭打來電話，說謝靜宜講「天津關於學習一號檔的報告，只是一般表態，沒有寫批鄧的口氣」，並說「謝靜宜在主席那裏看到各地向中央的報告，已有十二、三個省市和部委點了鄧小平的名，中央首長說天津落後了」。王曼恬說她已看到了團中央籌備組的點名報告，她在北京連夜代天津市委起草了一個搶先點名的報告草稿，還急不可待地整理了一份清華大學大字報「批鄧」的材料。這樣就促使解學恭下決心寫搶先點名的報告。當年解

學恭所有的重要報告都經過市委研究室，市委宣傳部也經常參加，加上他本人也很重視斟酌文字，是不會用王曼恬代擬的報告的。

當年政治高於一切，所以是高效率，10日晚11時，解學恭給我打電話交辦了三件事：一是通知市委常委次日上午開會；二是派人派車明晨趕到北京找王曼恬取材料；三是同李鴻安（市委研究室主任）、杜潤翰（市委宣傳部副部長）共同連夜起草一個點名批判的報告，並說已和李鴻安講好了。我們三人中，李鴻安是當然的主筆。因為當時市委研究室是市委的「智囊」，李鴻安又是市委筆桿中的第一把手。我們三人開始先發牢騷，李鴻安表示不該急於點名批判，並說向解提了建議未被採納（李在常委會議上說黨內還沒有下級主動寫報告點上級領導人名的），杜潤翰和我都有同感，可是市委領導決定的事情，「不理解也要執行」。我們按照《人民日報》社論的調子，你一言我一語，用了兩個多小時「侃」出一篇報告，連夜列印交差。

2月11日上午，市委召開了常委會議，點了鄧小平的名，並在會上散發了清華大學「批鄧」的材料。經過討論，大家一致同意向毛主席、黨中央報送點名報告，並對「學習不夠」、「嗅覺不靈」、「沒有及時識破」等問題做了檢討。這一天，王曼恬在北京同遲群、于會泳聯繫，晚上回津。市委常委當晚聽取了她去清華在遲群那裏瞭解的情況彙報，仍說「有十二、三個省市、部委點了名，中央首長說天津落後了」。解學恭後來檢查說：「我相信了王曼恬的謊言，錯誤地估計了運動發展趨勢，覺得看準了，最後下決心簽發了

點名的〈關於市委常委擴大會議批判右傾翻案風的情況報
告〉，於12日報送毛主席、黨中央。這個報告比中央部署搶
先了14天，完全跟著『四人幫』攻擊誣陷的調子轉，並極其
錯誤地建議中央對鄧小平同志的問題進行『徹底追查和批
判，做出處理』。」

2月13日，市委召開5000人幹部大會，解學恭在會上的
講話中，雖然沒有點鄧小平的名，卻用了「黨內最大的走資
派」的詞語，實際上是不指名的點名。16日，《天津日報》
發表了工農兵和幹部、技術人員座談記要，「黨內最大走資
派」的提法見了報，也是經市委同意的。2月18日，市委召開
了第18次全委擴大會議。會上，王曼恬和市委書記徐信以及
另外兩位幹部做了點名批判發言，並宣讀了王曼恬從遲群那
裏販來的三份所謂的鄧小平「言論摘錄」。當時是由我來宣
讀的。那個時期市委第二書記吳岱主持的市委會議宣讀文件
時，一般都指定我來宣讀。

1976年2月，各地開始反擊右傾翻案風。

　　在這個時期，還遇到轉載梁效文章的問題。2月12日，《北京日報》刊登了梁效〈階級鬥爭是綱，其餘都是目〉的文章。「梁效」是清華、北大兩校大批判組的筆名，是「四人幫」的寫作班子。王曼恬見到後，立即給解學恭打電話，要第二天《天津日報》轉載，解當時沒有同意，堅持要常委討論決定。13日，市委常委討論是否轉載這篇文章時，解學恭指出這篇文章有幾個地方與過去提法不一樣，強調「要高度敏感」，提出「要看看上海、遼寧，這兩家有一家登了，我們就可以登」。這時，王曼恬說市委有「中游思想」。經過激烈討論，多數人同意《天津日報》暫不轉載這篇文章。16日，市委常委會議上，得知《河南日報》已轉載了這篇文章，王曼恬大叫大嚷「現在太晚了，我們不能跟著河南跑」，「失掉了時機」，是「馬後炮」。她的這些言論引起了大家的不滿，但還是同意《天津日報》17日轉載。本來報紙轉載不轉載什麼文章完全屬於編輯的日常工作，可是在那個特殊年代，從毛澤東批判彭真沒有轉載姚文元〈評海瑞罷官〉的文章開始，地方黨委都把轉載什麼文章當作頭等重要的大事，事關是否「緊跟毛主席的偉大戰略部署」。

　　這期間，市委還組織人去清華大學參觀大字報。當時除王曼恬帶人前往以外，市委還提出讓文教組和工業系統組織領導幹部去清華看大字報。在這一行動影響下，許多單位也紛紛組織本系統、本部門的幹部、群眾去清華參觀，對全市影響很大。天津市委在「批鄧反擊右傾翻案風」中，主要是搶先點名批鄧的問題。解學恭當然應當負主要責任，但是由此也可以清楚地看到王曼恬在天津起的壞作用。

十三、華國鋒來津的風波

1976年，周恩來逝世後，不久朱德也病逝了，毛澤東病重，繼「文革」人禍之後，天災接踵而至。7月28日淩晨3時42分，唐山、豐南地區發生7.8級強烈地震。藍光閃過之後，大地開裂，房屋倒塌，人員傷亡慘重。

地震波及到廣大地區，天津市也是災害十分嚴重的地區之一，烈度為8度，其中寧河縣為9度。全市在地震中死亡24296人，重傷32572人，輕傷83827人。寧河縣人員傷亡最多，死亡16097人，受傷39334人。全市有67%的房屋遭到不同程度的破壞，其中市區為68%，郊區、縣為65.2%，寧河、漢沽震災嚴重，房屋破壞都高達90%左右。市區房屋破壞以倒塌為主。工業廠房的破壞面積為原有面積的54%，商業網點為62.7%，學校、民居、倉庫為70%以上，醫療衛生系統房屋破壞達80%，文化設施破壞最嚴重，高達91%。城鄉建築設

天津市震後概貌一角。

施損失嚴重。全市有21座大、中型橋樑遭到破壞，其中倒塌6座，嚴重破壞3座，中等破壞12座。高級和次高級路面的道路有76公里遭到破壞，其中郊縣占74公里。給排水工程中有53.96公里的下水道、438.6公里的自來水管道和12個自來水廠受震災破壞。有111條計81.5公里的輸電線路被破壞。凡設在窪地、海河改道地段的煤氣熱力管線、儲罐及建築都受到一定程度的損壞。鐵路天津區段鋼軌被地震扭曲的有348公里，21座鐵路橋台移位。電訊樞紐有12處受到不同程度的破壞，市內電話二、三分局機房倒塌，電纜破壞89處，4000門自動電話中斷。塘沽新港碼頭岸坡普遍滑移，地面下沉變形，6座萬噸級泊位被破壞，3座港口倉庫倒塌。工業企業的機床因地震損壞的共計2600台，動力和專業設備損壞的有4600台。全市八個工業局的1105個企業，有1028個受損，占全部企業的93%。其中，天津化工廠、天津鹼廠、大沽化工廠等大型企業的生產設備遭到破壞，影響生產。倒塌和嚴重破壞的各種工業煙囪有471座、水塔134座。農業方面，因噴水冒沙、地形變化完全損壞的耕地有8.6萬畝，嚴重破壞的有12.8萬畝，一般損壞的有4萬畝。損壞水庫6座，蓄水量4.9億立方米，其中包括最大的於橋水庫和大港水庫。農田灌溉機井完全損壞4885眼，嚴重損壞1425眼，一般損壞2776眼。一、二級河堤被破壞56萬米，農用橋樑破壞207座，涵閘損壞501座。大牲畜死亡共6000多頭，豬2800頭。據統計，地震使天津市直接經濟損失39.2億元，其中：企事業單位報廢的固定資產（含房屋、廠房、設備）淨值23億元；全市震損房屋損失8億元；城市公用設施損失2億元；企事業單位物資損失1.8億元；農村震

華國鋒同志到地震災區視察。

毀房屋2.4億元；群眾財務損失2億元。[59]

地震發生後，天津市立即組成了抗震救災指揮部。我當時擔任中共天津市委、市革命委員會辦公廳主任，被任命為市抗震救災指揮部秘書指揮組組長，親眼目睹了抗震救災的全過程。那天發生地震後，市委第一書記解學恭和其他領導人都趕到市委機關指揮抗震救災，解學恭並於當天上午趕赴受災最嚴重的寧河縣。

當年中國是極度封閉的社會，這麼大的災情，只是新華社發了一個消息，沒有任何詳細報導，僅僅籠而統之地說「震中地區遭到不同程度的損失」，「在偉大領袖毛主席和黨中央、國務院親切關懷下，中共河北省委，天津、北京市委領導人民投入抗震鬥爭」云云。當晚中共中央向受災地區發了一個慰問電，隨後中央組織以華國鋒為首的慰問團前來慰問。

7月30日淩晨4時，中央慰問團部分成員來津，開始了慰問活動。8月4日下午，市委接到中央辦公廳通知，說華國鋒要到天津視察災區，一定特別注意安全，不要搞夾道歡迎。市委主管負責人當晚召集警備區、公安局、警衛處和民兵指揮部作了具體部署，並派人對視察所經過的路線進行了檢

查。華國鋒的安全保衛是按一級警衛部署的，動用武裝部隊七個連和一個教導隊，民兵6500人，民警2200人，街道積極分子近3000人，視察路線沿途戒嚴，每一視察單位都部署了一個連的兵力和一定數量的民警和民兵。確定視察慰問的8個單位中，有毛澤東、周恩來視察過的幾個單位。

8月4日晚9時，華國鋒乘專機從唐山到天津楊村機場，市委和駐軍主要領導人都到機場迎接。因為還有餘震，華國鋒當晚住在火車專列上，8月5日開始了一天的視察。華國鋒所到之處，「歡迎中央慰問團」、「歡迎華國鋒總理」、「中國共產黨萬歲」、「毛主席萬歲」的口號聲不絕於耳。當晚7時15分，市委和駐軍主要領導人到楊村機場停車線送華國鋒乘專列回北京。

按說整個接待是沒有問題的，怎麼又會引起風波呢？原來市委書記徐信到塘沽區部署接待華國鋒時，曾說過接待中要「掌握分寸」，並講了接待要「不冷不熱」的話。不料，粉碎「四人幫」以後，華國鋒成了英明領袖，權傾一時，塘沽區委負責人在「揭批查」中，把這個屎盆子扣到了解學恭頭上，說解學恭對待「英明領袖華主席」採取了「不冷不熱」的態度，並進一步上綱上線說江青八次來津，為什麼那麼熱情接待，對英明領袖卻「不冷不熱」？解學恭有口難辯，當時市委研究時根本沒有說過要「掌握分寸」、「不冷不熱」之類的話。徐信可能是根據中央通知「不夾道歡迎」而隨意發揮的。為此，解學恭日後在「需要講清楚的問題和所犯錯誤的檢查」中曾多次解釋這個問題，但有的人就是抓住這個問題不放，因為在當時僅這一條便足以置解學恭於死

地。當然隨著後來「英明領袖」的「皇冠」落地，這一條也
不復存在了。

十四、毛澤東逝世以後

　　1976年9月9日零時10分，毛澤東逝世。中央隨即給中央
各部委、各省市委發了特急電報。解學恭讓辦公廳通知9日晨
6點在常委會議室召開緊急常委會。會上宣讀了中央的電報：
「我黨我軍我國各族人民敬愛的偉大領袖、國際無產階級和
被壓迫民族被壓迫人民的偉大導師、中國共產黨中央委員會
主席、中國共產黨中央軍事委員會主席、中國政治協商會議
全國委員會名譽主席毛澤東同志，在患病後經過多方精心治
療，終因病情惡化，醫治無效，於1976年9月9日零時10分在
北京逝世。」在中國，黨和國家領導人的身體情況歷來屬於
絕密，毛澤東生病直到逝世，普通人一無所知。早已聽慣了
「毛主席身體非常非常健康」的人們，猛然間接到毛澤東的
死訊，無異於晴天霹靂，全都驚呆了。

　　當天上午11時，市委在俱樂部友誼廳召開了各區、縣、
局負責人參加的緊急會議，宣佈了這一重大消息。市委要求
將這一消息馬上傳達到各區、縣、局黨委常委，下午組織幹
部、群眾收聽中央廣播電臺的重要廣播。

　　當天中午12時，中共中央電話通知：

　　各省、市、自治區黨委，各大軍區黨委，中央和國家機
關各部委黨委、領導小組或黨的核心小組，軍委各總部、各
軍兵種黨委：

中央決定，9日下午4時廣播中共中央、人大常委、國務院、中央軍委〈告全黨全軍全國人民書〉。請你們立即向縣、團以上幹部做工作，使他們有精神準備，並領導群眾聽廣播。要號召大家化悲痛為力量，堅守崗位，團結一致，戰勝一切困難，爭取批鄧、反擊右傾翻案風的新勝利，把毛主席開創的無產階級革命進行到底。

中共中央1976年9月9日12時

當天下午4時，市委常委在常委會議室集中收聽廣播。晚上，常委討論市委給中央、人大常委、國務院、中央軍委的唁電。有人提出要不要給江青發唁電，議論了半天，其說不一，舉棋不定，最後還是決定發。當時李鴻安等人表示不給江青發為好，解學恭認為還是要發，後由研究室另一位副主任起草。會議一直討論到次日淩晨4時半。

9月10日晚，市委常委繼續學習〈告全黨全軍全國各族人民書〉。

9月11日，市委常委繼續集中學習〈告全黨全軍全國各族人民書〉。下午3時，全體常委在市人民禮堂設立的靈堂弔唁毛澤東。從11日開始，天津人民開始舉行弔唁活動。

9月12日，晨6時，解學恭和王淑珍、邢燕子、張福恒（都是在津的中共中央委員）乘車赴京，8時抵達，按通知到民族飯店三樓等候。下午3時，他們分別乘統一安排的37、38、39號車，到人民大會堂北門集中進入弔唁廳，弔唁毛澤東，瞻仰遺容並為毛澤東守靈。晚7時半從北京返回，9時45分抵津。

當時全國各地都在籌備毛澤東追悼大會，這是當時的頭

等大事。天津市的追悼大會會場設在中心廣場，由我和辦公廳的工作人員負責組織，還有機關事務管理局等部門協助。為了籌備追悼大會，市委常委聽了兩次彙報。

9月13日晚，常委會議聽取了辦公廳佈置18日為毛主席舉行追悼會的方案。當時因為原有的主席臺不能用，需要重新設計搭建一座主席臺，時間非常緊迫，施工夜以繼日地進行。16日下午，解學恭、王曼恬等到中心廣場察看追悼大會會場的佈置情況。解學恭沒有說什麼，王曼恬的一個隨員卻在那裏挑毛病，說三道四，尤其說到毛澤東的遺像，在太陽照射下有陰影，王曼恬還支持他的意見。我這個人多年來在機關工作養成的習慣，從來不在領導人面前為自己辯解，這次也忍不住發火了，說：「像只能這樣掛，你說不行怎麼辦，你來試試！」這是我從來沒有過的，解學恭沉默不語，王曼恬向來好發火，這次也沒有說什麼，就這樣不了了之。17日晚上常委聽取地震局彙報之後，又聽取我對次日舉行追悼會有關事宜的請示。

9月18日下午2時，市委常委們到幹部俱樂部友誼廳集合。2時半到達中心廣場休息室，2時28分集體走上主席臺。市委書記王一宣佈：「天津市工農兵及各界代表沉痛追悼偉大的領袖和偉大的導師毛澤東主席大會3時正式開始。首先收聽中央人民廣播電臺轉播的在首都天安門廣場舉行的偉大的領袖和導師毛澤東主席追悼大會的實況。」

聽完實況後，王一宣佈：「天津市工農兵及各界代表沉痛追悼偉大的領袖和導師毛澤東主席大會繼續舉行。現由中共天津市委第一書記、天津革命委員會主任、天津警備區第

毛澤東主席追悼大會。

一政治委員解學恭同志致悼詞。」

　　解學恭致悼詞後，王一宣佈：「向偉大的領袖和導師毛
澤東主席鞠躬致敬，鞠躬，再鞠躬，三鞠躬！完畢。」然後
宣佈「天津市工農兵及各界代表沉痛追悼偉大的領袖和導師
毛澤東主席大會現在結束。奏國歌！」

　　那天會場上一片唏噓聲。市委常委們悼念毛澤東時許多
人都落了淚，王曼恬尤甚。我看著追悼會宏大的場面，不禁
思緒萬千。曾經屹立在天安門城樓上的毛澤東，如今靜靜地
躺下了。當我們意識到他的軀體成分原來也是物質的時候，

以往那種神秘感便消失了。從此，我們再也不用山呼「萬歲」了，但是從對神的敬仰到對人的敬仰，不正是一種感情的昇華和社會的巨大進步嗎？

十五、清查張春橋的叛徒問題

1976年10月6日，中央將江青、張春橋、姚文元、王洪文逮捕後，隨即成立了以華國鋒為首的審查王、張、江、姚的專案組，並分批召開各省市參加的打招呼會議，宣佈此事，要求各地清查與「四人幫」有關的人和事。解學恭等人於10月10日、11日赴京參加中央打招呼會議之後，於10月15日向天津市公安局局長桑仁政和第一辦公室張殿玲部署清查江青、張春橋的歷史問題。天津市也成立了王、張、江、姚專案領導小組辦公室，領導小組由市委書記王一任組長，趙武成任副組長，我兼任辦公室主任，桑仁政和張殿玲任副主任。1977年7月，改名為市委清查辦公室。這裏附帶說說第一辦公室，我們一般簡稱其為「一辦」。「一辦」是1967年12月天津市革命委員會成立以後建立的專案辦公室，由部隊領導幹部直接負責。當時他們在利華大樓辦公，主要是審查萬張集團的問題。被隔離審查的部分人員也集中在那裏。當年我雖然在革委會擔任辦事組秘書組組長，形同留用人員。在1968、1969年間，「一辦」的軍隊幹部不斷找我調查問題，實際上是質詢。有一次一位軍隊幹部對我說：「我們準備向劉軍長（劉政）彙報，請你到『一辦』住一段，那樣問題就好辦了。你看王亢之的秘書，住一段就交代問題了。」可能

是沒有被批准，我始終沒有被送到「一辦」審查。當時這個辦公室是很神秘的，我從來沒有去過，也沒有見過這個辦公室的任何彙報。從七十年代初期，萬張集團的成員逐步被解脫，例如萬張集團內務系統的五個成員，除我一直工作以外，路達、李定、陶正熠、王左都先後被安排了一定的領導工作。七十年代中期以來，軍隊幹部陸續撤出，「一辦」從此主要做解脫幹部的工作。

根據解學恭的部署，我們立即抓緊清查江青、張春橋的問題，主要是通過檔案特別是公安局掌握的敵偽檔案以及有關的當事人進行調查。1976年10月，粉碎「四人幫」之後不久，時任天津師範學院黨委書記的王金鼎意外地獲得師院歷史系一位教師提供的「張春橋1937年離上海去延安時，途經濟南市，住在當時的濟南市警察局長趙某某家中」這一重大情況。他憑著多年在白區工作的高度敏感，感到事關重大，顧不上吃飯，連夜行動，輾轉找到市負責人彙報。市委將情況報告中央後，葉劍英元帥十分重視，責成公安部一位副部長專責此事。在1976年10月至11月間，中央王、張、江、姚專案組辦公室三番五次來電查詢此事。

據電話記錄：10月22日19點10分，中央王、張、江、姚專案組來電要天津進一步調查張春橋當年從國民黨反省院出來後，被日偽濟南市警察局掩護的問題。10月27日23點，中央專案辦公室來電催查江青的歷史問題，讓王林寫一個關於江青被捕的材料。10月28日19時30分，中央專案辦公室又來電催問清查當年張春橋的掩護人趙福成的情況。11月4日21時，中央專案辦公室再次來電催問清查張春橋的歷史問題，

並告知山東省公安廳派兩名工作人員來津一起查詢此事。11月9日22時，中央專案辦公室來電通知，次日中央專案辦公室負責人、公安部副部長于桑來津，主要瞭解趙福成這個線索，並說中央領導很重視這個線索。于桑來津，由趙武成、桑仁政和我接待，第二天晚間解學恭也來看望，共進晚餐。由此可見，中央當年對於清查江青、張春橋的問題極為重視。

江青的問題，天津的線索主要是王林。王林是天津進城老幹部，解放初期任天津市總工會宣傳部長，後來成了專業作家。他在30年代初期是青島大學的共產黨支部書記，是天津解放初期首任市委書記、市長黃敬（原名俞啟威）的入黨介紹人。他瞭解江青的情況。江青於1931年7月至1933年4月，在青島大學圖書館工作，同時半工半讀，與俞啟威（黃敬）相識、相戀、同居。1933年2月，由俞啟威介紹，江青正式加入中國共產黨。1933年4月，俞啟威在青島被捕。江青遂前往上海，失掉組織關係，之後加入左聯，參加進步學生運動和左翼劇聯的業餘話劇演出，1934年被捕入獄，後被保釋出獄，1935年到北平又與俞啟威同居，後又返回上海進入電影界……我們請王林到招待

第一任天津市長黃敬。

295

所談過兩次，並和他一起進餐，他主要介紹了與黃敬（俞啟威）的關係，按照要求也寫過材料。但是這些材料都不能說明江青被捕後有叛變問題。

張春橋的問題是我們調查的主要線索。張春橋，1917年生，山東巨野人，1931年至1934年在濟南正道中學讀書，1933年參加並發起成立華蒂社，成為國民黨復興社的週邊組織。1935年到上海，從事文化工作，其間曾同國民黨中統特務有過聯繫。1937年返濟南參加抗日救亡運動，1938年到延安。張春橋去延安之前曾住復興社特務趙福成之家，而趙福成解放後就住在天津。通過趙福成調查張春橋的問題，就成為我們的重要任務。中央專案組從山東省公安機關的案卷查出趙福成於1950年6月16日寫的親筆供詞，其中說道：「張春橋是同鄉同事張君之少君，七七前在上海系左翼青年作家，來濟圖安全住我家，日寇占濟南以前，張春橋去延安，臨走，我曾送其大衣，那時我是復興社，已受命留濟南待機打入敵偽工作，我知張，張不知我。」經調查瞭解，趙福成的情況如下：

趙福成，又名趙君弼，71歲，山東巨野人。1930年在國民黨北平高等警官學校畢業後去日本內務省員警講學所留學，1931年回國，在濟南山東員警教練所當教官，1936年去南京警官學校受訓，同年底，回濟南充任濟南警察局東關分局長等職。山東淪陷後，任濟南警察局局長等職。1936年，在南京中央警官學校受訓時，由該校調查統計室主任王泰興介紹參加了國民黨復興社特務組織。1937年9月中旬，在復興社特務柏俊生家，柏的老婆轉給趙一封密信：著警衛大隊

長留在濟南，相機打入日偽組織，以資掩護而便工作，另有聯絡人員去取情報。另一密令寫：茲有張春橋去你家，希一切關照，注意安全。事後，張春橋果然去他家，住了一段時間，然後去延安。趙還把自己身穿的棉大衣脫給張春橋穿走。

這是趙福成當時談的情況，我們當然認為是重要線索。從趙的交代中可以看出趙是復興社的特務，但是趙並沒有提供有力的證據證明張春橋是復興社的特務。我們將此情況彙報給中央王、張、江、姚專案組辦公室後，引起他們高度重視。中央專案辦公室通知中央新聞電影製片廠把我們找趙福成調查張春橋的情況錄製成紀錄片。新聞電影製片廠派攝影組專程來津辦理此事。我是清查辦公室主任，找趙福成調查張春橋一事，責無旁貸地由我擔任。從來沒有幹過這種事的我，這次才知道，拍個紀錄片也複雜得很！從我走進接待室接待趙福成揭發張春橋的問題，我提問，趙回答，直到我送走趙福成，一共15分鐘的紀錄片，竟拍了三天才完成。經常因為一舉一動不合要求，不得不重拍，不知浪費了多少膠片。攝影機一照，我連走路都不自然了，光走路就拍了好幾次，這才體會到拍個片子很難。最後結束時由我出面桑仁政等參加，請攝製組全體人員吃飯。當時這方面很謹慎，告訴招待所只上啤酒，沒有喝白酒。

當時聽說拍此片是作為「四人幫」的罪證，首先送給華國鋒、葉劍英等中央領導人看。有一次我赴京辦事，順道去新聞電影製片廠看了此片，自己的一舉一動還是不很自然。我想如果在國內普遍放映，把自己的「形象」公之於眾，不

就出洋相了嗎？趙福成揭發的這些情況只能說張春橋有特務嫌疑，但是沒有足夠的證據證明張是復興社的特務。聽說中央專案組根據趙福成這個唯一的線索進一步調查，也未取得可靠的證據。張春橋參加國民黨的週邊組織，不過是一般政治歷史問題。因此，在審判張春橋時沒有按叛徒定性。據說中央領導人認為這些所謂證據經不起歷史的考驗和推敲，因此沒有作為罪證，在下主演的唯一的一部電影也就沒有機會公映了。

2005年5月10日，新華社用「病亡」一詞，簡略報導了「文革」顯貴張春橋於4月21日亡故的死耗。張春橋死了。但此日終結的只不過是一具生物軀體，他的政治生命早在「文化大革命」結束時已經終結了。1981年1月，經最高人民法院特別法庭審判，張春橋作為林彪、江青反革命集團案主犯，被判處死刑（緩期二年執行）。

十六、市委、市革委在「揭批查」中解體

天津市兩屆黨政領導班子垮臺的情況大不相同。「文革」前的市委垮臺，是毛澤東和中央發動造反運動，幾個月的時間將市委衝垮；「文革」後的市委垮臺，是中央通過「揭批查」工作，逐步揭露市委部分領導成員的問題，經過近兩年的時間最後將市委領導成員召集進京，將主要領導人撤掉，更換了多數領導成員，從而使天津市黨政領導班子再次倒臺。

1976年10月6日，「四人幫」被逮捕後，同月18日，中

共中央將王洪文、張春橋、江青、姚文元反黨集團事件通知
各級黨組織，傳達到全黨和全國人民。10月20日，中共中央
成立專案組，審查王、張、江、姚的反黨罪行。12月10日，
中央向全黨全國印發了王、張、江、姚反黨集團罪證材料之
一；以後，罪證材料之二和之三也相繼下發，全國掀起揭批
「四人幫」的群眾運動，各地開始清查與「四人幫」的陰謀
活動有牽連的人和事及其幫派體系。

　　天津市開展的清查工作，至1977年底，大體上分兩個階
段。第一階段，從1976年10月下旬市委傳達中央打招呼會議
以後至1977年4月市委工作會議，清查了「四人幫」在天津進
行的陰謀活動，主要是江青八次來天津以及小靳莊問題。同
時，配合中央專案組清查了「四人幫」主要是張春橋的歷史
問題。第二階段，從1977年4月以後，根據中央工作會議的精
神，進一步清查同「四人幫」篡黨奪權陰謀活動有牽連的人
和事，清查「四人幫」在天津的「幫派體系」。

　　市委書記趙武成於1976年12月至1978年1月先後在市委召
開的會議上作了五次關於清查工作的報告，都是由我主持的
清查辦公室準備的講話稿。回憶起來，當時主要還是「左」
的思維方式，對一些問題看得過重，甚至牽強地與「四人
幫」的「幫派體系」掛鉤，非要找出「四人幫」在天津的
「幫派體系」來。趙武成在1977年11月8日「關於清查工作情
況和下一步意見的彙報」中給一些人定性說：「經過認真嚴
肅的審查，大量確鑿的證據表明，王曼恬是『四人幫』在天
津的死黨；王作山、張繼堯、陳相文等人，是『四人幫』資
產階級幫派體系中的骨幹分子；徐信積極追隨『四人幫』，

向黨倡狂進攻，參與了『四人幫』篡黨奪權的陰謀活動。」
[60]

市委書記王曼恬由於她與毛澤東的親屬關係，是天津
與江青關係最密切的人，被定為「四人幫」篡黨奪權的「死
黨」。王因為是毛的親屬，緊跟「四人幫」並有一定活動能
量，尤其是給江青寫密信的問題是嚴重的，但認定是江青等
人篡黨奪權的「死黨」，從我經手清查她的問題來看，證據
不足。

小靳莊黨支部書記王作山，本來是農村基層比較好的支
部書記，一個普通的農民。江青那時作為黨的領導人和天津
市委把小靳莊樹為先進典型，他能不緊跟嗎？怎麼算是幫派
體系的骨幹分子呢？

張繼堯原是天津市文聯的一般幹部，文聯紅旗造反隊的
頭目。王曼恬在1968年向江青寫密信，而信中的材料都是靠
張繼堯等人搜集的。江青就是根據王曼恬提供的材料，製造

王作山（右）與來訪者合影。

了「二黑」冤案，打倒了一批領導幹部和作家，造成嚴重後果。王曼恬進入市委領導崗位後，張繼堯便被提拔為市委、市革委文教組組長。在年輕群眾代表中他是唯一在市委、市革委部委中擔任正職的。他對江青、王曼恬也是跟得很緊的。他雖然擔任文教組長，但主要抓文化系統，教育系統他不分管，也無法插足。此人有一定工作能力，工作上還是勤奮敬業的，也比較圓滑。記得一次市委討論文教組的機構設置問題時，他急忙把文教組副組長蘇民找來替他說話。蘇民是老幹部，又是趙武成的夫人，一向對上敢說話。張繼堯在會上不提意見，只是由蘇民滔滔不絕地辯解。解學恭聽得很不耐煩，雙眉緊皺，但又不便發作，可見張繼堯處事之精明。他的主要問題是追隨王曼恬，得到王曼恬重用，但說他是幫派系統的骨幹分子，根據也是不足的。從我主持清查辦公室專案清查的材料來看，天津構不成什麼「幫派體系」。

陳相文原是南開大學「八‧一八」造反派的代表。當年大學紅衛兵中，在南開大學有衛東、「八‧一八」兩大派，「衛東」的代表擔任了市革命委員會常委，陳相文是市革命委員會委員。他參軍當過兵，從1975年5月至1977年3月在團中央籌備組擔任副組長。他有大學生、造反派、解放軍戰士幾塊招牌，特別是經常來往於京津之間，是個很活躍的人物。1976年初，謝靜宜曾對陳相文說：「天津關於學習一號檔的報告，只是一般表態，沒有寫批鄧」。他立即給團市委寫信煽動點名批鄧，並同王曼恬串聯，鼓動市委快點寫點名批鄧的報告。總的看來，他跟得很緊，又很活躍，但只是傳遞資訊，稱不上「四人幫」資產階級幫派體系的骨幹分子。

　　除了上面這些人以外，天津市革命委員會常務委員全部受到審查。天津市革命委員會成立時，經過反覆協商並經中央批准，「五代會」和各派推舉參加市革委常委的共19人，其中有的擔任了不同職級的領導幹部。在「揭批查」運動中，主要是在1978年解學恭下臺之後，全部陸續被徹底清除出各級領導崗位，有的還被逮捕判刑。下面分別介紹一下他們的名單和受審查的情況以及這些人的結局。

　　工人組織代表：

　　李榮貴，原鐵路工人，共產黨員，後被提為市革委副主任，在解學恭執政後期開始清查他的問題，揭批查中被審查，逮捕判刑15年。

　　孫錫儒，原二輕局系統十月製鞋廠工人，勞模，曾任市科委副主任，揭批查中被審查，免職。

　　馮玉田，原棉紡二廠工人，曾任棉紡二廠革委會副主任，揭批查中被審查，判刑10年。

　　朱文田，原三五二六廠工人，已病故。

　　白啟榮，原第五建築公司工人，在「文革」期間因流氓犯罪被判處勞教3年，揭批查中被審查，未重新處理。後自謀職業，死在俄羅斯。

　　李寶錄，原一機局幹部，黨員，未擔任領導職務，在揭批查中被審查，未作組織處理。

　　張承明，原化工局系統反修錦綸廠工人，黨員，未擔任領導職務，在揭批查中雖受審查，是唯一未被處理並被安排任科長的。儘管當年他是第一個貼大字報反對李雪峰的，但因為在1967年保護了原市委書記張淮三而得救。

丁玉琦，原一商局針織站職員，未擔任領導職務，在揭批查中被審查，未作組織處理。

林啟予，原電力局發電檢修大隊技術員，曾任市地震局局長，在揭批查中被審查，逮捕判刑10年。

農業代表：

翟殿柱，原東郊區四合莊農民，黨員，後擔任東郊區副區長。在揭批查中被審查，免職。

王鳳春，原南郊區西右營村黨支部書記，黨員，系陳伯達抓小站四清後由支部副書記升任書記的，陳伯達被揭露後不再擔任書記。在揭批查中受到審查，免職，已遇車禍去世。

學生代表：

于澤光，原南開大學數學系學生，黨員，分配到河北省，因「五一六」問題被逮捕，後回津，擔任勞動局技工學校校長，在揭批查中被審查，未作處理。

楊長俊，原天津大學建築系學生，黨員，在揭批查中被審查10年，未作組織處理，1987年分配到天津駐山東辦事處工作。

史津立，原體育學院學生，分配到武漢市，後回津當教練員，在揭批查中未作組織處理。

張崇遠，原河北大學學生，曾在河北省任《河北日報》副總編，在揭批查中受到審查，被免職。

任學明，原十八中中學生，曾步行入藏，後回津，在揭批查中被審查，未作組織處理。

幹部代表：

　　巴木蘭，女，原市委工交政治部幹部，黨員，曾任天津市婦聯副主任，在揭批查中被審查，免職，開除黨籍。

　　侯振江，原市公安局幹部，黨員，曾任市戰備辦公室副主任，在揭批查中被審查，免職。

　　許光黎，原市體育學院教練，黨員，曾任市體委副主任，在揭批查中受到審查，免職。

　　當時因為工作關係，我親眼目睹了這些人在「文革」中沉浮起落的過程。他們大都是文革初期群眾組織的發起人，基本上是工人、一般幹部、教師等社會底層的群眾，大都是有膽略、思想活躍、有一定能力的。但以後十年的歷史表明，他們中相當多的人不具備政治領導人應有的素質。他們不懂得政治鬥爭的策略，特別是不知道「文革」這一特殊歷史時期上層權力鬥爭的內幕。他們甚至自己都坦率地承認：從未想到過自己會當「官」。他們在「文革」初期的興旺得到了中共中央領導的首肯、支持與讚揚。照理講，他們應是一種得寵的「御用力量」，但偏偏在整個文革期間卻又屢遭整肅、鎮壓，最後隨著毛澤東的逝世與「四人幫」的垮臺，徹底完結。問千秋功過，誰人評說？這就是可怕的「政治陷阱」。

　　以上是市革委領導成員的情況。從市委領導成員來看，市委書記王曼恬、徐信、王淑珍和市委常委蔡樹梅都列為審查對象。

　　這裏再來說說徐信這個人。徐信是管工業的市委書記。孫健升任國務院副總理後，徐信和王中年（市委常委、秘書長）共同負責管工業，是當時年輕幹部中最受重用的一個。

他原是天津化工廠的工人，造過反，頭腦比較清楚，敢說敢幹，也有魄力。1975年廣州市委第一書記焦林毅帶著各部委專程來天津學習，以徐信為主組織各部委接待。1976年國務院召開抗震救災表彰大會，徐信代表天津市委在會上發言。當年有的年輕領導幹部，個人其實沒有多大作為，主要是讓工作部門推著走。徐信則不然，一次常委擴大會議上，他與市革委生產指揮部主任王占瀛（原天津市副市長）發生衝突，互不相讓。他和王占瀛你一言我一語地頂撞，解學恭一言未發，看來沉默也是一種態度。他敢說敢幹，積極緊跟當時「左」的形勢，特別是在批鄧反擊右傾翻案風中，過激言論比較多。我曾和市計委副主任劉文濤專程赴京找國家計委袁寶華瞭解過徐信的問題。當時揭發出「四人幫」在1976年曾攻擊過國務院務虛會。我們從國家計委瞭解到徐信在發言中也攻擊過這次務虛會，當時覺得找到了有力的證據。在當時，徐信成為市委的主要批判對象，記得我個人批判徐信的發言就有兩次。1977年7月7日，市委召開擴大會議批判徐信，發言的先後有劉文濤、王占瀛、趙鈞（塘沽區委書記）、王輝、劉晉峰（市農委主任）。我的發言主要有兩點，一是市委常委開會對徐信進行幫助，而徐信的態度不好。二是說徐信去塘沽部署接待華國鋒視察地震災情說要「不冷不熱」，這純屬他個人的行為，與市委無關。因為當時有人「上綱上線」，說市委主要是解學恭對華主席的態度有問題。我當時批徐信也是想為市委開脫責任。另一次是在10萬人大會上的批判發言，容後另說。

市委鑒於調查中發現徐信有攻擊國務院務虛會等問題，

認為對他需要進行重點批判，因此向中央寫了報告。6月24日，中央組織部來電話：「6月18日，天津市委關於徐信同志的問題向中央有個報告，看來徐信同志的問題是嚴重的。建議來人談一談他的問題，什麼時間來，請來電話。另外，在報告中還提到在報紙上不點名把問題講出去，這樣一搞，實際上就工作不了，建議學恭同志下一步有什麼考慮。」解學恭在電話記錄稿上批示：「武成、中年、王輝、鴻安、潤翰同志閱。一、王輝同志去彙報；二、下一步有什麼考慮，今晚商量一下。」當晚研究的結果是對徐信準備隔離審查，由趙武成和我同去中央組織部彙報。6月26日至27日，趙武成和我同去北京，住民族飯店，向中組部彙報徐信的問題，同時彙報了天津市委領導班子的有關情況。[61]

　　7月21日，解學恭在北京參加十屆三中全會期間，市委召開了10萬人大會。解學恭從北京來電提出由劉文濤、趙鈞、李鴻安和我在大會上發言。因趙武成有病住院，大會由王一主持。會上宣佈，經中央批准對徐信進行隔離審查，接著是我們幾個人批判發言。我在這次大會上的發言批判得十分尖銳。那時仍然是延續「文革」時期的批判方式，扣大帽子，言詞越尖銳越好，調門越高越好。仔細想來，在整個「文革」期間，我不過是受原市委的牽連，靠邊站了一段時間，但我從未受到過大會的批判，也未在大會上批判過別人。這是我唯一的一次聲色俱屬地批判別人。想到這一點，未免有點歉疚。

　　徐信雖是造反者出身，但沒有什麼打砸搶行為，被提拔到領導崗位後，同王中年一道管工業還是積極的，也有一定

能力，做了不少工作。他的主要問題是緊跟當時的「左」傾路線，在反擊右傾翻案風中，有許多錯誤言論。當年定徐信「在十一次路線鬥爭中，完全站在『四人幫』一邊，積極參與了『四人幫』篡黨奪權的陰謀活動，犯了反黨的罪行」，現在看來是言過其實的。徐信主要是跟風跑，沒有任何證據證明他參與了「四人幫」的篡黨奪權活動。當年市委清查辦公室對徐信的清查和對他問題的定性，是不恰當的。

上世紀九十年代解學恭去世時，我去他家參加弔唁，竟然與徐信不期而遇，匆匆一晤，相互握握手，也未得說什麼。那時，我心中萌生出一種難以忘卻的惆悵和無法彌補的愧疚。我知道他會諒解我那次在10萬人大會上的發言，因為他來弔唁解學恭的行動已經不言自明了。

解學恭從1976年底開始清理自己的問題，他當時的處境岌岌可危，居然捱過了一年半的時間。1978年6月8日，中共中央正式作出決定，免除解學恭中共天津市委第一書記、市革委會主任和在天津黨內外的一切職務，任命林乎加為天津市委第一書記、市革委主任。至此，「文革」中組成的天津市委、市革命委員會遭到覆滅的命運。

解學恭下臺不久，市委第三書記趙武成就調北京學習，然後分配到國家建委工作。趙武成本是資歷很老、領導經驗豐富的七級高幹。鄭州市解放時他擔任第一任市委書記，在清查工作中是嚴肅認真的。市委書記王中年不明不白地被免了職。王中年是抗戰前參加革命的老幹部，原系河北省的幹部，天津市劃歸河北省以後，王被調天津任和平區委書記，是區委書記中的佼佼者。因為他比較熟悉經濟工作，在「文

革」中一直抓經濟工作，有魄力，經驗豐富。他沒有整過任
何人，何錯之有？而且他從常委提拔為市委書記是在粉碎
「四人幫」之後。只因他受到解學恭的重視，就被拿下來。
除工資待遇不變以外，其他方面均不按市級領導幹部對待
了。市委副書記馮勤，是優秀的年輕幹部，工作勤奮，熟悉
農業，有能力，沒有任何錯誤，只因是解學恭提拔起來的，
被降職為薊縣副縣長。市革委副主任王占瀛，也是抗日戰爭
時期參加革命的老幹部，「文革」前是最年輕的副市長，熟
悉工業，頭腦清楚。當年彙報工作不用筆記本，是領導幹部
中的佼佼者。當年胡昭衡受批判時，他因受到胡的重視而受
到一點株連，也因此在革委會成立時他被結合參加工作，只
因「文革」期間一直堅持工作，抓工業生產，也被不明不白
地免了職，除工資未降以外，也不按市級領導幹部對待。他
本人提出，「文革」前就是副市長。有關方面竟推託說什麼
「文革」前是省轄市。實事求是地說，王中年、王占瀛在當
年老幹部中是出類拔萃的，可是不明不白地在家裏蹲了若干
年，均已故去。人們不禁要問，難道在「文革」中抓生產幹
工作也有錯嗎？如果「文革」中沒有人堅持工作，那社會生
活怎樣正常運行呢？為什麼在中央國家機關堅持工作的沒有
錯誤，而在地方上堅持工作的都有錯誤呢？這裏哪有什麼公
平、正義可言呢？至於市委有關部門的主要負責人如市委組
織部、宣傳部、辦公廳、研究室的主要負責人和有關人員也
隨著解學恭的下臺被免職，則更是不在話下了。

　　古代哲人程顥云：「觀史不可以成敗優劣論人，只當論
其是非。」此言極是。在這場文化大革命發生四十年後的今

天，當然我們「不可以成敗優劣論人」，我們「只當論其是非」了。

十七、王曼恬之死

在揭批查中，中共天津市委書記王曼恬於1977年1月自殺身死。這是當年市委領導層的一件大事，讓我把此人沉浮的情況加以述說。

王曼恬是毛澤東大姨表兄王星臣之女，按輩分她是毛澤東的表侄女。人們都知道外交部的王海容是和毛澤東關係很近的親戚，王曼恬則是王海容的叔伯姑姑。王曼恬是1938年從國民黨統治區奔赴延安參加革命的知識份子幹部。她在延安魯迅藝術學院學習過，一直在文化部門工作，後來成為著名詩人魯藜的妻子。天津解放時，她和魯藜一起進城，解放初期曾在學校工作，後調入文化部門，在市文聯工作過。

王曼恬（中）70年代初外出視察。

　　她本人沒有什麼專業特長，只是在文化部門做黨務工作，因
為資格較老，行政級別定為13級，在當時已經屬於高級幹部
了。1955年毛澤東點名批判著名作家胡風，自上而下開展反
「胡風反革命集團」鬥爭，隨之在各機關內部「肅清反革命
分子」。魯藜被定為「胡風反革命集團」的骨幹分子，王曼
恬因此和他離了婚。

　　天津市革命委員會是1967年12月1日成立的。當時是軍
隊幹部、地方幹部和群眾代表所謂「三結合」組成的領導班
子。地方幹部除了解學恭是中央派來的以外，原天津市的幹
部只有江楓、王亢之、范永中、王占瀛四人。市革命委員會
正副主任四人，解學恭任主任，蕭思明、鄭三生（兩人均為
軍隊幹部）、江楓為副主任。王亢之、范永中、王占瀛為市
革命委員會常委。1968年2月，「二黑」事件以後，江楓被
監護，王亢之自殺，范永中也受牽連被隔離審查。由周恩來
多方籌畫並經毛澤東批准成立的天津市革命委員會，才問世
一個多月的時間，三個地方幹部就都垮掉了。王曼恬當時憑
藉她的特殊關係，向江青寫密信告發天津的「二黑」問題，
成了「有功之臣」。按照江青的旨意，王曼恬從此上臺，擔
任中共天津市革命委員會核心小組成員、市革命委員會副主
任，成立市委後又擔任市委書記。

　　她在70年代初期又調國務院文化組任副組長，來往於津
京兩地工作。她為什麼到中央文化組任職呢？據吳德回憶，
當年吳德兼任國務院文化組組長，由於把持文化組的于會泳
等人都是江青的親信，吳德工作起來很困難。當時萬里給吳
德出主意，可以把王曼恬調到文化組來。萬里說王曼恬是王

海容的姑姑，和毛主席是親戚，能和毛主席見得上面、說得上話。有一次王曼恬到北京，吳德找她談了這個問題，提出文化組要請她兼職，她在天津的工作可以不動，每星期來一兩次參加文化組的工作則可。她說她本人同意，但要請示毛主席。吳德說那是不是就由你給毛主席寫一封信，看一看毛主席有什麼意見。後來，王曼恬給毛主席寫了一封信，把在文化組兼職的事情報告了，毛主席同意。這樣，王曼恬在京兼職，工作於京津兩地。據吳德回憶，王曼恬在文化組表現還是比較好的，向毛主席反映了一些情況，幫助解決了文化組的一些問題。有幾次于會泳、劉慶棠、浩亮等在文化組整人，王曼恬一說話，他們就縮回去了。[62]

粉碎「四人幫」以後，于會泳等人接受審查，王曼恬不再赴京工作。在清查工作中，王曼恬的問題成為重點。從1976年12月開始，市委常委開會清理自身的問題，每次都是解學恭先講，然後王曼恬講。市委先後召開過六次常委會、常委擴大會議和一次全委擴大會議，讓王曼恬講清問題，她講來講去，一些問題始終也說不清楚。王曼恬這個人很「左」，對於清查她的問題思想抵觸很大。1977年1月4日下午，她在辦公室服安眠藥自殺。當年市委書記都在市委大樓小院內辦公，每人一間小辦公室，一張單人床，中午在辦公室休息。那天下午上班多時，警衛人員才發現王的辦公室緊閉未開，打開門後發現她昏倒在床上，立即送醫院搶救，才沒有死成。

為了防止王曼恬再次自殺，市委將王曼恬自殺未遂的情況和她的態度向華國鋒、黨中央作了報告，並提出對王曼恬

實行隔離審查。報告發出後，市委隨即指定由市直機關黨委和市委警衛處負責人共同組成了20多人的看護小組，對王曼恬採取保護性措施。解學恭對看護小組提出三條具體意見：一是防止自殺，確保萬無一失；二是政治上要劃清界限；三是生活上要給予適當照顧。

1月10日市委正式成立王曼恬問題調查小組，由我主持的清查辦公室負責。1月18日至26日，經市委批准，文化局、市直機關、文教系統、天大、南大等五個單位開大會對王曼恬進行面對面揭發批判。王曼恬於1月22日給解學恭寫信，說批判和報紙文章的調子越來越高，再加上對她實行看護，她感到「精神上受不了」。1月27日晚，王曼恬以和值班人員談家常、講故事的辦法，麻痺了值班人員。8時她向值班人員要了兩片安寧片、一片安眠酮服下，8時15分王熄燈並將門用方凳頂上。值班人員為防止意外，又將凳子搬開，將門半啟。8時15分王睡覺不打呼嚕引起值班人員懷疑，推門進屋見王沒有動靜，9時10分又拉亮電燈，見王用被子蒙著頭仍無動靜。9時40分，值班人員揭開被子見王臉色不好，懷疑其心臟病發作，找來醫生檢查發現瞳孔放大，呼吸脈搏已經停止，隨即採取藥物和人工搶救措施，但為時已晚。經醫生、法醫、現場檢驗人員確證，王曼恬死亡，是用一條毛巾和床單邊緣布條勒在脖子上自縊身死的。

王曼恬自殺的當晚，市委書記王一、趙武成和我都分別趕到現場。王一當晚在家裏已經服了安眠藥，我們一起聽值班人員彙報時，他情不自禁地擺著頭。我是第一次看到自縊的，聽說「吊死鬼」都吐出舌頭，其狀甚慘。可王曼恬只是

臉色有些青紫，舌尖微向外吐，像因病而死的人一樣安詳。
原來她將毛巾、布條的一頭栓在床頭欄杆上，一頭往脖子上
一勒，身子往下一滑就斷氣了。聽說女一中以前有一位女校
長，被審查時就是在床上用這種方法自縊的。王曼恬當時曾
在該校擔任教務主任，看來她是瞭解這種自殺方法的。無獨
有偶，時隔14年，1991年5月14日，在北京保外就醫的江青也
是用同樣的方法自殺身亡。江青用幾個手帕結成一個繩套，
套在浴盆上方的鐵架上，而後用被子和枕頭墊在腳下。這個
應該被王曼恬稱作「表嬸」的女人，也這樣結束了自己的生
命。

　　王曼恬自殺身亡後，我和市委清查辦公室的人員一起
到她家清理她的信件等各種資料。令我深有感觸的是，我雖
然身為辦公廳主任，在她生前卻從未登過她的家門。她雖然
主管文教工作，但是工作上我同她聯繫也不少，因為她這個
人有時管得很寬，什麼事情都喜歡過問。例如1975年秋一個
周日的早晨，我正在家中休息，突然接到王曼恬的電話，說
引河橋附近一家工廠的工業污水排入農田，要我馬上去解決
一下。我立即找市建委管治理環境污染的人，一起去現場察
看解決。那時覺得王曼恬雖然水準不高，但在工作上是敬業
的，而且敢說話、敢負責。1973年國務院決定將河北省所轄
的薊縣、寶坻、武清、靜海、寧河劃歸天津市，這對於天津
往後的發展非常有利。但在國務院尚未決定之前，這又是一
件難度很大的事情。王曼恬受解學恭的委託，跑到國務院直
接找李先念副總理，再三陳述理由，終於辦成了這件事。
「文革」初期軍隊幹部一統天下，各級領導核心主要控制在

軍隊幹部手中。因為王曼恬有特殊的政治背景，軍隊幹部對她另眼相看，遇事也要讓她三分。

當年我們查出，王曼恬自1968年3月到1976年10月給江青等人的信件33封、電話記錄23份。她的主要問題，就是上述向江青寫密信製造了所謂1968年「二‧二一」事件，後果嚴重。其次是由於她在中央文化組兼職，經常給天津傳些上邊的小道消息，特別是1976年她積極鼓動「批鄧」反擊右傾翻案風。再次就是她對江青以及中央文革的一切指示積極緊跟。當時市委把王曼恬定為「四人幫」死黨，並把王作山、張繼堯、陳相文列為王曼恬的資產階級幫派體系，現在看來根據都是不足的。我們評價一個人，不能脫離具體的歷史環境。當年幾億人都對毛澤東狂熱地崇拜，王曼恬肯定要比別人更多幾分愚忠。毛澤東逝世時，我見到她比任何人都要悲痛。說她跟著江青積極參與「評法批儒」，反對周恩來，其實在周逝世的時候，我見到王曼恬也是傷心流淚的。可是在清查中說王曼恬「瘋狂地反對我們敬愛的周總理」，顯然是「欲加之罪」了。

「文革」之後，毛澤東受到牽連的親屬還有他的侄子毛遠新、女兒李納、姨孫女王海容。我從一些媒體上瞭解到，現在他們都和普通人一樣生活，失去了神聖光環的籠罩，放飛的是心靈的自由。如果王曼恬能夠熬過那段日子，活到今天，她對當年所發生的一切，又該怎麼看、怎麼想呢？

十八、我清查和清查我

1976年10月粉碎「四人幫」之後，天津市的清查工作開始由市委書記王一、趙武成負責，實際上是趙負責，後來趙擔任了市委第二書記，更是全權負責。

市委清查辦公室由我兼任主任，市公安局局長桑仁政、辦公廳副主任崔保衡、市委組織部專案複查處處長張殿玲擔任副主任。崔保衡實際上只是掛個名，沒有參加任何工作。張殿玲原是「一辦」政工組負責人，「一辦」原以軍隊幹部為主體，1975年軍隊幹部撤走後，張負責善後事宜。「一辦」撤銷後，市委組織部成立了專案複查處，與原「一辦」的工作相銜接。這個辦公室也由我主管，桑仁政參加，張殿玲主持日常工作。

按照常例，清查工作是組織部門和政法部門的事情，應當由他們派人主持工作，可當時解學恭為什麼讓我承擔呢？無疑是認為我可靠，使用起來也比較得力。本來解學恭的智囊和寫作班子主要是市委研究室，但為了避嫌他沒有讓身邊的人參加清查。我的這種看法很快得到了印證。

在1977年12月一次市委討論揭批「四人幫」的會議上，原市委書記處書記張淮三、胡昭衡落實政策後都進入了市委領導班子，張淮三在會上對市委研究室和宣傳部負責人為解學恭「捂蓋子」公開進行批評。市委研究室主任李鴻安和宣傳部副部長陶正熠在會上坐不住了，當場起身回避。陶正熠事後給市委寫了一封信，表明自己的態度。會後我對解學恭說，我是否也應該回避？解說：「你離開怎麼行？市委機關

總得有人幹事，你和他們不同，你是老市委的，對你反映也不大。」機關當時對我反映確實不大，在會議發言的簡報上，對我還沒有點名。李鴻安、陶正熠離會的那天，散會去吃飯時，張淮三個別對我說：「你不要有顧慮，你沒有事。」

當時的清查辦公室佔用睦南道74號招待所辦公，除了秘書組以外，還分了幾個調查組，如王曼恬調查組、陳相文調查組、徐信調查組等等，主要從公安局、市委組織部、辦公廳、團市委等單位抽調幹部組成。辦公室的主要任務是調查重點清查對象的問題，瞭解和掌握檯面上的清查工作情況。

市委清查辦公室主要清查了王曼恬、陳相文、徐信的問題，張繼堯的問題由文教組自行清查。隨後還開始清查孫健、王淑珍等人的問題。孫健原是天津市委書記，後調任國務院副總理。孫健無非是給天津傳點資訊。王淑珍是天津市委書記，原是勞動模範，由於工作上的原因在反擊右傾翻案風中說過一些話，實事求是地說她並沒有什麼問題，故未進行揭發批判。

從檯面上的進展情況看，截至1977年11月，經過市委和區縣局黨委定為審查對象的共42人，其中擔任區縣局和相當這一級職務的18人。對這42人，採取了不同的審查形式，實行拘留和隔離審查的有6人；實行離職、停職、撤職審查的5人；辦學習班審查的3人；在機關用「講清楚」形式批判審查的20人；還有採取自我清理、組織幫助和進行調查等方法清查的8人。各單位對犯錯誤的人，在講清楚之後，都及時予以解脫。

　　從1976年第四季至1978年上半年，市委共召開了五次討論清查工作的會議，都是趙武成作主題彙報。第一次是1976年12月9日，主要講清查「四人幫」的歷史和現實罪行，重點講了張春橋的歷史問題和江青八次來津的問題。第二次是1977年4月5日，著重講了清查與「四人幫」陰謀活動有牽連的人和事的情況，並提出下一步清查工作的意見，主要談了清查王曼恬的問題。第三次是1977年7月，除了談王曼恬的問題以外，還談了王作山、張繼堯以及各區縣局的清查情況及今後工作的意見。第四次是1977年11月8日，主要講王曼恬、王作山、張繼堯、陳相文等所謂「資產階級幫派體系」和徐信的問題，以及一些區縣和港務局、文化局清查的情況。他在報告中提出：「我市同『四人幫』篡黨奪權陰謀活動有牽連的人和事的主要問題已經查出，部分問題已經查清，『四人幫』在我市的資產階級幫派體系已被打垮。」第五次是在1978年1月下旬，在報告中講到「市委常委對清查工作決心不大，認識不足，領導不力」，主要問題是「捂蓋子」，矛頭指向解學恭。這幾次會議的材料，都是經常委討論過的，最後由趙武成修改審定。

　　我在負責清查工作期間，個人有三次發言，還組織過寫批判稿，發表過文章。記得我第二次發言是在揭批徐信的10萬人大會上，那天解學恭正在北京參加十屆三中全會未歸，由王一主持會議。當時解學恭異乎尋常地讓李鴻安和我在大會上發言，無非是覺得更有把握一些，還可以為自己開脫部分責任。記得當年李和我講得都很尖銳，還贏得了掌聲。然而政治鬥爭是殘酷的，在當年「左」傾政治統治下，解學恭

思考不論多麼周密，多麼小心翼翼，依然過不了關。

在1978年4月20日召開的市委常委擴大會議上，有些人對清查工作提出意見，有的還提出清查工作機構應當改組。在這種形勢下，清查辦公室不得不改組了。5月7日，市委常委會議決定，把清查辦公室改稱為「揭批查」辦公室，王真如任中共天津市委「揭批查」運動辦公室主任，李守真、王左、李波任副主任。這個辦公室仍以原清查辦公室為基礎，又增調了一些人。我和清查辦公室副主任張殿玲自然都被免職了。從此我把全部精力放在辦公廳，不再過問清查工作，至6月8日解學恭被中央免職，我也變為清查對象了。

這裏想說一下，當年市委政策研究室副主任王左。我和他有類似的工作經歷，他長我幾歲，在地下黨的資歷比我老一些，在市委辦公廳又都做過常委會議記錄，「文革」初期有共同的命運，都被列為萬張反黨集團的「黑秀才」。不同的是市革委成立以後我在其中工作時間比他長一些，我在辦公廳任正職，他在研究室任副職，但他也是解學恭的智囊之一。在「四人幫」沒有垮臺之前，我和他多次私下議論過對江青等人的不滿，我們都有共識，可謂同舟共濟。可是轉瞬間他成了清查別人的人，而我竟成了被清查的人。仔細想來，這裏有歷史上的原因，但更主要的是我從1976年以後太突出了。當然他在清查我的問題時為我說過不少話。如他在一會議上提出，趙武成分管清查工作，王輝在他領導下搞清查，為何趙沒有問題而王輝竟有問題呢？當時新任主管清查的市委書記竟答覆說，趙武成是中央管的幹部，我們管不了。由此可見共產黨內處理問題的原則。當年說解學恭執政

有四大支柱，即政研室、辦公廳、宣傳部、組織部。我是辦公廳主任，自然首當其衝。當時還流傳有「八王保解」之說。所謂「八王」就是指王一、王元和、王珍堂、王中年、王占瀛、王輝、汪潤田、王亭。我仍然位列其中。「日中則昃，月盈則食。」（《周易‧豐》）政治是險惡的，「左」傾政治尤甚。我和王左本來都走在一條道上，只是比他多走了兩步，就跌了一個大跤，當時的命運迥然不同。

我被徹底清查一番，沒有查出任何問題。有些人開始不相信我這個「三朝老臣」沒有問題，翻遍了所有的文書檔案，但找到的都是些承上啟下、上傳下達的檔案，找不到我應承擔的任何責任。我這個人別看在生活上一向粗枝大葉，但對待工作特別是處理公文卻十分謹慎。凡是領導人口頭交待我辦理的，我會當即在檔案上批道：根據某某的口頭指示，如何如何處理。這樣，句句皆有出處，事事都有結果，工作細心幫了我的大忙。我聽說清查的人很失望，覺得清查了那麼多檔案，怎麼沒有查出問題呢！儘管如此，1978年10月，市委還是正式下發公文，決定停止我的辦公廳主任職務。市委「揭批查」辦公室清查不出什麼新問題，還要靠市委辦公廳起草我的審查報告。

市委辦公廳於1980年6月15日向市委報送了「關於王輝同志幾個主要問題的審查報告」，所列的五個問題，都屬於我執行了錯誤領導。這個審查報告最後一段說：「王輝同志以上這些問題，特別是在幫助解學恭定調子、捂蓋子的問題上是有錯誤的。中央（1978）28號檔（指對解學恭免職的檔）傳達後，王輝同志積極揭發問題，對自己所犯錯誤主動

進行了檢查，在辦公廳領導小組（擴大）會上，基本上談清楚了自己的問題，態度是好的，並得到了群眾的諒解。」直到1981年7月31日，天津市委對我的問題才作出批覆：「王輝在『文化大革命』和揭批林彪、『四人幫』中所犯錯誤，本人已作了檢查，予以結論。另行分配工作。」我一看這個批覆就急了，怎麼清查中的一點問題成了整個「文化大革命」中的錯誤了？我在「文化大革命」中究竟犯了什麼錯誤？於是，我當即寫信給市委辦公廳申訴我的意見，又找到市委揭批查辦公室主任再次申訴。一直到1982年下半年我到市政府辦公廳任主任時，還給市政府黨組寫了長篇申訴書，用事實說明我在「文革」中不僅沒有過，而且還有功。當時市政府黨組成員都傳閱了，聽說李瑞環市長看後說，這個材料不要轉市委，免得惹麻煩。我知道市政府黨組是保護我，所以沒有再堅持上訴。

　　同當年受株連的其他人相比，我還是幸運者。市委辦公廳給我的審查報告寫出以後，市委秘書長李定就提出給我恢復工作，但未得到批准。1979年讓我去天津自行車廠蹲點三個月，1980年讓我到政研室協助王左主持工作，主要是下廠進行調研。1981年南開大學為全國舉辦的社會學專業班開學，我申請去進修一年獲得批准。從此我棄政就學，由政界轉入了學界。塞翁失馬，福兮禍兮？

　　據說明末清初有一首流傳很廣的打油詩曰：「聞到頭需剃，而今盡剃頭，有頭皆要剃，不剃不成頭。剃頭由他剃，頭還是我頭，請看剃頭者，人亦剃其頭。」我當年在清查辦公室給人剃頭，後來又被人剃頭，活生生一幅共產黨黨內鬥

爭哲學的真實寫照。

十九、永不過關的檢查

粉碎「四人幫」不久，開始清查與「四人幫」有牽連的人和事。剛開始時清查有關張春橋叛徒問題，之後就開始清查王曼恬、張繼堯、徐信等人的問題，最後聯繫到解學恭的問題。解學恭個人進行過多次檢查，直到1978年5月23日參加中央召開的天津問題彙報會之後被免職，始終沒有被通過。

準備檢查的過程

從1976年底以來，在清查王曼恬等人的同時，解學恭就開始了自身的清理。大體上可以分三個階段：

第一段：從1976年11月25日市委常委會議開始，聽取解學恭揭發批判「四人幫」及自身清理的發言，聽取王曼恬關於同「四人幫」關係的檢查交代。

1976年12月17日至1977年1月5日的市委第21次全委擴大會議上，解學恭又一次作自身清理的發言。會議分組學習中共中央於12月10日下發的24號檔，閱讀〈王洪文、張春橋、江青、姚文元反黨集團罪證（材料之一）〉。19日大會正式舉行的第一天是揭發批判「四人幫」。解學恭的發言是「憤怒揭發批判大野心家江青的滔天罪行」。第二天20日繼續開大會，解學恭作自身清理，王曼恬作檢查交代。解學恭著重檢查了他同江青的關係以及他犯的主要錯誤，並代表市委常委講了1974年以來市委所犯錯誤以及應該吸取的教訓。

當時人們的主要目標是王曼恬，而王的檢查交代有點吞吞吐吐的。當天晚上，解學恭主持，由王一、許誠、趙武成、王淑珍幾位書記參加，做王曼恬的思想工作，促其轉變立場，端正態度，起來揭發江青的罪行。21日，王曼恬繼續檢查交代。22日分組討論。23日上午大會發言後休會。中午，解學恭趕赴北京京西賓館出席全國農業學大寨會議。

在會議期間，經解學恭聯繫，27日下午5時多，中央辦公廳派車接他到華國鋒那裏，彙報天津揭批「四人幫」運動的情況，華作了「重要指示」，對天津既沒有肯定也沒有批評，只是講了一些深入揭批「四人幫」等原則的話。28日結束會議之後，市委於29日召開常委會議，認真學習、討論「華主席的指示」。當晚，解和王一、王淑珍去正在患病的王曼恬家，向她傳達「華主席的重要指示」。1977年1月2日，市委召開常委擴大會議，正式傳達「華主席的重要指示」，並針對擴大會議提出的意見進一步統一認識。3日上午，解學恭在21次全委擴大會議上傳達「華主席的重要指示」，然後分組討論，當晚市委常委聽取各組聯絡員的彙報。4日繼續分組討論。當晚市委常委開會，聽取市計委彙報計畫工作；晚11時，又召開緊急常委會議，研究王曼恬自殺未遂的問題，決定次日在21次常委會議上說明王曼恬自殺情況。會議決定，在報上公開點名批判王曼恬，稱其為「奔走於津京之間的江青的親信」。5日上午，21次全委擴大會議在解學恭講話後結束。在這次會議上，大家對市委和解學恭提出不少意見，但是重點還沒有集中在解學恭身上。

這次會議之後，解學恭在若干次揭批「四人幫」會議

上都曾聯繫自身的問題，但是還沒有專門進行自我檢查。這個期間，各方面工作緊張，如農業學大寨會議、工業學大慶會議、中央工作會議、十屆三中全會、十一大、市八屆人代會、五屆政協會，加上5月12日寧河6.5級餘震、8月初的緊急防汛、對徐信等人的揭發批判等等，於是一直拖了下來。

在這期間，市委從1976年12月9日召開清查工作會議開始，先後開過五次清查工作會議。開始是清查張春橋的問題，之後是聯繫天津的問題，每次都提出過一些意見，至1978年1月下旬最後一次會議，提出的意見最多，不單是對與「四人幫」有牽連的人和事，而且聯繫到對「文革」中市委領導班子的意見。這些意見雖然是針對若干「文革」中新提拔的年輕幹部，但是不可避免地聯繫到解學恭。市委清查辦公室將這些對市委、市委領導和有關部門所提意見進行了整理，其中對市委共提出58條意見，列印給市委領導參閱。其實，早在1977年11月市委常委會議上，就確定過由辦公廳、清查辦公室負責為市委準備一個說清楚的材料，解學恭個人說清楚的材料由市委政研室幫助起草。但準備了初稿之後，從未研究，就放到一邊了。

第二段：1978年2月10日至15日，市委常委召開會議，集體討論說清楚的問題，進行批評自我批評。由我按原準備的10個問題逐個提供材料。會議開到15日夜，決定由辦公廳、清查辦公室為市委準備一個在常委擴大會議上的報告。過去市委在常委擴大會議上的講話材料，都是由市委政研室為主負責（市委宣傳部參加），我提出仍由政研室負責，最後議定還是由我主持，政研室、宣傳部參加，共同準備。

第三段：1978年3月20日至23日，市委常委召開會議，討論市委的清理檢查和解學恭個人的清理檢查。解學恭提出由市委第三書記趙武成代表市委集體清理檢查，他作個人清理檢查。因趙武成堅決不同意，市委決定將集體說清楚材料和解學恭個人說清楚材料合二而一，由政研室、辦公廳、宣傳部共同負責起草。

在市委開展批評與自我批評過程中，大家都敞開思想對市委集體清理檢查和解學恭個人清理檢查提出意見，其中發生了這樣兩件事：一是趙武成發言時竟聯繫上個人私事，說都講落實政策，我個人還有一部《金瓶梅》，原存在市委檔案室了，至今還沒有退還給我。這是中央允許高級幹部花錢買的，為什麼不發還我？我聽後覺得很突然，覺得怎麼說起這類意見呢？二是谷雲亭。他對市委和解學恭的清理檢查說，我不表態，我不表態不是沒有態度，不表態本身就是一種態度。谷雲亭是原河北省委書記處書記，天津劃歸河北省以後，到天津市任書記處書記。他的資歷很老，也是七級高幹，可是為人不追逐名利，在幹部中威信高，很穩重，待人寬厚，一點也不「左」。他的話使人摸不清頭腦。就在解學恭檢查期間，谷突發腦溢血成了植物人，後去世。

檢查的主要內容

1978年4月20日，市委召開常委擴大會議，解學恭在會議上作〈在第十一次路線鬥爭中市委需要講清楚的問題和我對所犯錯誤的檢查〉。[63]主要檢查了以下十一個問題。

一、關於在「四人幫」搞三箭齊發時的問題。

1974年1月，黨中央發出經毛澤東批准的一號檔《林彪與孔孟之道》的材料，在全國發動了批林批孔運動。江青分別給葉劍英和周恩來寫信，周、葉立即行動，1月24日召開了在京軍隊單位批林批孔動員大會，1月25日又召開了中央直屬機關批林批孔動員大會。《林彪與孔孟之道》是江青的得力助手遲群、謝靜宜組織北京大學、清華大學編寫的。在這兩個大會上，遲群、謝靜宜都作了主題講話。所謂「三箭齊發」，就是批林批孔和批走後門。1月24日是農曆正月初二，25日是農曆正月初三。江青寫信之後，周、葉都立即行動了。謝靜宜講話提到反走後門，給人印象最深的是「酒杯一端，政策放寬；筷子一舉，可以可以」。當時社會上的民謠尚不流行，這或許是最早的民謠。遲、謝的講話和江青、姚文元頻繁的插話，據《毛澤東傳》記載，他（她）們「有意將周恩來、葉劍英置於受指責的地位」。我看過1月25日的大會記錄，周恩來為自己見事遲作過檢討。

當時因有王曼恬傳遞資訊，天津市委是跟得很緊的。市委在1月25日（正月初三）、27日（正月初五）兩次常委會議上進行了傳達。1月30日、31日市委分別召開了市直機關和區、局機關幹部批林批孔動員大會。1月30日至3月6日舉辦了區、縣、局以上領導幹部學習班，在傳達學習中央一號檔的同時，也傳達了江青的信及遲、謝的講話。同時作了在批林批孔中又反走後門的部署。在市委機關部署了貼反走後門的大字報……到2月20日，中央發出8號檔，反走後門才得到制

止。在當時，江青的地位可不一般，她給周恩來、葉劍英寫封信，他們就立刻動起來，地方上聞風而動不也是很正常的嗎？

二、關於宣揚「四人幫」影射史學的問題。

這裏主要檢查了江青1976年6月19日在天津發表評法批儒的講話。解學恭在檢查的最後一段說：「我個人還有兩件事需要特別說一下。一件是，1974年6月27日《天津日報》發表了一篇介紹武則天的文章，叛徒江青看後提出修改意見……我當即召集有關人員進行傳達和研究，我記得江青的意見中有什麼唐高宗年老但不昏庸，不應該把歷史上的吐蕃、突厥說成是侵犯中國等，我要天津日報社用發表讀者來信的形式把江青的意見表達出去了。現在看，江青這樣做，是心懷鬼胎的。我傳達並貫徹了她的旨意，在實際上幫助她掩蓋了狐狸尾巴。再一件是，1974年江青第一次竄來天津後，她在專列上，就組織從北京帶來的人讀〈離騷〉。到天津以後，她又指令市委讀〈離騷〉……當時江青為什麼讓讀〈離騷〉，她沒有說，我也沒有敢問，現在看，他是借古諷今，發洩她對偉大領袖和導師毛主席、黨中央的仇恨情緒。我們沒有識破江青的陰謀，又上了她的當。」

三、關於追隨江青大樹小靳莊問題。

從1974年6月至1976年8月，江青三次去小靳莊，前文已有詳盡敍述。這次檢查把王作山這樣一個普通的基層農村幹部一道批判，如說王「參與『四人幫』的陰謀活動，成為

『四人幫』的直接依靠力量」等等，王作山這樣一個農村黨支部書記能參與了什麼陰謀活動呢？在「左」傾的政治運動中，群眾歷來是犧牲品，小靳莊當然也不例外。

四、關於跟著「四人幫」宣傳反經驗主義的問題。

1975年3、4月間，江青等人鼓吹「經驗主義是當前的主要危險」，把矛頭指向周總理和大批老幹部。江青來天津時也散佈過這類言論，不過解學恭並沒有傳達，只是天津的報紙跟著《人民日報》、《紅旗》雜誌宣傳過經驗主義是主要危險。當時，毛澤東指出：「應當提反對修正主義，包括反對經驗主義和教條主義，二者都是修正馬列主義的，不要只提一項，放過另一項。」制止了江青的這一做法。解學恭在這個問題上檢查說：「5月19日，江青處通知說，江青要她在天津的三個點和市委都要學習〈論聯合政府〉第五部分。我照辦了，這就幫助江青掩蓋了她批經驗主義的狐狸尾巴。」解的這些話都是很牽強附會的。

五、關於悼念周總理的一些問題。

在前文〈天安門廣場的風波〉中已經敘述過了，其實當時市委一切行動都是按照中央通知做的，沒有什麼可檢查的。解學恭在檢查這個問題時提到自己的一個錯誤，說：「在這個時期的主要錯誤，是我批示從刊物中撤下周總理遺像的問題。這件事在市委第21次全委擴大會議上已經提了出來，並公佈了我的批語。在七六年十二月我到北京向華主席、汪副主席彙報天津運動時，當面報告了這個問題發生

的過程，並講了我在這個問題上犯了錯誤。但當時錯誤地認為孫健還是副總理，所以在21次全委會上沒有公開講這件事情，沒有作檢查。這件事情的過程是這樣：七六年二月初，孫健的秘書給市委宣傳部打電話傳達孫健的意見說，三月號的《中國婦女》雜誌因為印有周總理的照片受到了中央領導同志的批評，撤了下來，要天津注意一下。宣傳部二月四日向市委寫了報告，建議從刊物中撤銷總理遺像，王曼恬批『同意撤二月』，我批『一月已經發出就不要收了，已印尚未發出的就不要發了』。根據我的批示，《學習通訊》還有其他一些學報、刊物，把周總理的照片有的還包括訃告撤了下來，造成極壞的影響。這是我犯的一個嚴重政治錯誤。」如果說這是「嚴重政治錯誤」，那時犯這個錯誤的不止解學恭一人，比他「錯誤」嚴重而沒啥事的大有人在。

六、關於「四人幫」另搞一套時搶先點名，攻擊誣陷鄧副主席的問題。

關於當年市委給中央寫報告搶先點名批判鄧小平一事，在前文已有敍述。這是解學恭的要害問題，其他問題都是執行中央指示的問題，唯獨寫報告點鄧小平的名，是繼上海、北京、遼寧幾個省市之後做的。

解在「檢查」開頭說：「『四人幫』違背毛主席指示，另搞一套，對鄧小平同志進行打擊和誣陷。這是他們篡黨奪權陰謀的重要組成部分。『四人幫』另搞一套對天津是有嚴重干擾和破壞的。我一度在一些問題上背離了毛主席、黨中央的戰略部署，犯了嚴重的政治錯誤和嚴重的組織錯誤。」

解在這裏講的「四人幫」另搞一套，是根據當年中央批判「四人幫」的說法，實際上不是「另搞一套」。批鄧反擊右傾翻案風是毛澤東的決策，江青等人不過是急先鋒。讓我把來龍去脈說說吧。

中共中央關於反擊右傾翻案風的信號，是從1975年10月開始的。當時清華大學黨委副書記劉冰等給毛澤東寫信，就遲群（校黨委書記）和謝靜宜工作作風和思想意識等問題向毛澤東告狀。信是通過鄧小平轉交的。劉冰等一共寫了兩封信。第一封信是8月間寫的。毛澤東看過後，指著放檔的桌子對秘書說：「先放著」。第二封信是10月間寫的，毛澤東看後，要秘書把第一封信找出來，又看一遍。這件事引起毛澤東很大不滿。他認為，劉冰等意見代表了對「文化大革命」不滿甚至要算帳的一批人的態度。

10月19日，毛澤東在會見外賓後同李先念、汪東興等談話時說：「現在有一股風，說我批了江青。批是批了，但江青不覺悟。清華大學劉冰等人來信告遲群和小謝。我看信的動機不純，想打倒遲群和小謝。他信中的矛頭是對著我的。遲群是反革命嗎？有錯誤，批評是要批評的。一批評就要打倒，一棍子打死？小謝是帶三萬工人進清華大學的。遲群我還不認識哩。」他又說：「我在北京，寫信為什麼不直接寫給我，還要經小平轉。你們告訴小平注意，不要上當。小平偏袒劉冰。你們六人（小平、先念、東興、吳德、小謝、遲群）先開會研究處理。此兩封信（指劉冰同年8月和10月的兩次來信）印發政治局在京各同志。清華大學可以辯論，出大字報。」23日，鄧小平主持召開中央政治局會議，傳達討論

了毛澤東的談話，決定按照他的意見，召開清華大學黨委擴大會議傳達討論。27日，鄧小平、李先念、吳德、汪東興向毛澤東寫了報告，裏面說到：「其中主席對小平、江青同志批評的內容，建議不傳達。」毛澤東在這句話下面畫了一條線，寫上一個「對」字。中共北京市委負責人到清華大學傳達了毛澤東對劉冰等人來信的意見。全校展開「教育革命」大辯論，開始批判所謂「右傾翻案風」。

11月2日，毛澤東就這件事同毛遠新所談的情況聯繫起來，說了一段話：「有兩種態度，一是對文化大革命不滿意，二是要算帳，算文化大革命的帳。」「他們信中的矛頭是對著我的。」「你告訴小平注意，不要上當，小平偏袒劉冰。」「清華所涉及的問題不是孤立的，是當前兩條路線鬥爭的反映。」「你找小平、東興、錫聯談一下（指陳錫聯，時任北京軍區司令員），把你的意見全講，開門見山，不要吞吞吐吐。你要幫助他（指鄧小平）提高。」[64]

毛遠新根據毛澤東的意圖同鄧小平、汪東興、陳錫聯一起談話，傳達毛澤東的指示，鄧小平表示願意作自我批評，但是沒有接受毛澤東的意見。當毛遠新向毛澤東彙報了談話的情況以後，毛澤東又提出：「擴大一點人：李先念、紀登奎、華國鋒、張春橋。八個人先討論，吵也不要緊，然後政治局再討論。」「討論限於文化大革命問題。做個決議。文化大革命是幹什麼的？是階級鬥爭嘛。」「對文化大革命，總的看法：基本正確，有所不足。現在要研究的是有所不足方面。三七開，七分成績，三分錯誤。」

事實上從林彪事件之後，已經證明了「文革」的失敗，

人們對「文革」的信仰已經發生了根本性的動搖。毛澤東在他生命最後的時期，念念不忘維護他親自發動的「文革」。正如紀登奎所回憶的：「毛主席本想『文革』兩年就結束了，沒想到駕馭不了啦，已經九年了。要安定團結，但要給『文革』做個結論，沒有結論收不住。林彪事件後，已經證明『文革』在理論上、實踐上失敗，毛主席的頭腦中是打問號的。小平執政，一系列措施觸及『文化大革命』。劉冰寫信的事件發生以後，毛主席的意思，你要寫個決議，關於『文化大革命』的決議。他還定了口徑：三七開。小平婉言拒絕了，說我是桃花源中人，不瞭解。」[65]

由於鄧小平拒絕對「文革」作出決議，中央根據毛澤東的指示召開了打招呼會議，1975年11月下旬，「反擊右傾翻案風」運動迅速開展，在周恩來逝世後由華國鋒代總理以及1976年4月5日發生天安門廣場事件以後免去鄧小平黨內外一切職務，都是毛澤東決策的。

解學恭在檢查搶先點名的錯誤時說：「這個重大錯誤，突出地說明了我在第十一次路線鬥爭的這一重大關頭，沒有堅持馬克思主義的原則立場，沒有站在毛主席革命路線一邊，而是看風向，憑小道消息去判斷和決定重大問題，指導工作，認為王曼恬摸來的情況『有來頭』，可靠，就跟著跑，深怕跑慢了出問題。因而干擾了毛主席、黨中央的戰略部署，在政治上組織上都犯了嚴重錯誤。」其實，解學恭這裏是緊跟毛澤東、黨中央的戰略部署的，只是點名走得快了一點。後來上面把批鄧反擊右傾翻案風都算在江青等人帳上，解學恭積極緊跟，自然難辭其咎。

七、關於接待華主席來津視察的問題。

1976年7月28日唐山大地震波及天津造成嚴重災害後，華國鋒於8月5日來津視察，在整個接待和報導中，沒有發生任何問題。當時因為原市委書記徐信到塘沽區部署時說了「不冷不熱」的話，有人「上綱上線」說是市委對待「英明領袖」的態度問題。解學恭只好再檢查一番，他在檢查中用了不小的篇幅對這個問題進行解釋。

八、關於江青第八次來津的一些問題。

關於江青八次來津，解學恭作為主要陪同者，早在1977年市委第21次全委擴大會議上已經進行了檢查，把江青來津講的每一句話、印的每一份文件、辦的每一件事都進行了清理。連同解學恭給江青寫的11封信都作為會議附件，印發給到會人員。解在檢查中著重講了江青第八次來津的問題。解講到江青來津的陰謀活動，其實江青來津不也是經毛澤東和中央政治局同意的嗎？解檢查沒有識破其陰謀的原因「就是沒有堅持從政治上、組織原則上看問題，從階級分析上和路線是非上看問題，而是用一種庸俗的觀點看待江青來天津的問題，認為江青不同於一般的中央領導人，她不但是中央政治局委員，還有個特殊的身份，因此沒有往江青會反對毛主席那方面去想。粉碎『四人幫』以後我才知道，就在江青七四年六月十七日第一次來天津不久，毛主席在七月十七日的中央政治局會議上嚴厲批評江青說：『她不代表我，她代表她自己』。『總而言之，她代表她自己』。」當時，周

恩來、葉劍英等人對江青尚且投鼠忌器，解學恭能夠有何作為？

　　九、關於幹部路線方面的問題。

　　在「文革」中，老幹部受到打擊，各地普遍存在「雙突」問題（突擊入黨和突擊提幹）。天津同全國各地一樣，但並不是突出的。可是，「文革」一結束，老幹部意見比較強烈。解學恭對此也作為一個重點進行檢查。主要檢討了提拔青年幹部和審幹方面的問題。在提拔青年幹部方面，前文已講過了，這裏只講講審幹方面的問題。天津市原有區、局以上領導幹部551人，「文革」中列為審查對象的157人。在這級幹部中，除死亡、退休、調出的75人外，尚有476人，當時已安排使用427人，年老多病不能工作的38人，可以工作尚未安排的僅僅11人。總的看，全市原區、局以上的領導幹部，受審查的絕大多數已經作過結論，能夠工作的絕大多數已分配了工作。

　　天津不同於上海，年輕幹部進入黨和國家領導人行列的只有孫健一人。孫健原為工人，文革時期做了新市委管工業的書記，後被提拔安排為國務院副總理。1975年1月17日四屆全國人大第一次會議決定，鄧小平、張春橋、李先念、陳錫聯、紀登奎、華國鋒、陳永貴、吳桂賢、王震、余秋里、谷牧、孫健為副總理。事先包括解學恭在內都不知此

原國務院副總理孫健

事。孫健散會回津以後，一切都變了，國務院給配了高級轎車，警衛員都是軍隊排級幹部。原孫健有一個管檔的秘書，市委要給他配一個能處理日常事務的秘書，要我和組織部長各推薦一個人選，結果孫選中了組織部推薦的。孫健那時不能帶家屬，回津住一般住宅又不安全，於是決定將市委領導人住的遵義道大院五號樓分配給孫的家屬住。孫健在國務院自己住一座樓，配有專職廚師。可是他的工資每月只有60多元，每天定8毛的伙食標準，聽說廚師感到很為難。孫健走後，解學恭則依靠徐信來代替。重用徐信成為解學恭反覆檢查的一個突出問題。

十、關於推行所謂「改造民兵」經驗的問題。

解學恭在這一方面本來沒有什麼可以檢查的。1973年國務院、中央軍委轉發關於「上海市民兵情況調查」的162號檔，介紹上海市改造民兵的經驗，全國各地都向上海學習，成立民兵指揮部。天津市只是一般地傳達貫徹，也沒有什麼突出的作為，而且這件事也不是解學恭親自抓的。但是他照例進行系統檢查，承擔責任。

十一、關於對揭批「四人幫」運動領導方面的問題。

解學恭主要檢查三個方面的問題，一是沒有抓緊把市委常委的問題特別是他自己的問題說清楚。二是沒有放手發動群眾大張旗鼓地開展清查工作。三是對「四人幫」在天津的幫派體系處理被動。解學恭檢查說，對「四人幫」在天津的幫派體系的具體情況，分析得很不夠，認識遲，抓得慢。

黃志剛來津任中共天津市委第二書記。

所謂「捂蓋子」的問題

解學恭的檢查之所以難以過關，一個突出問題就是「捂蓋子」的問題。何謂「捂蓋子」？1978年5月23日，市委常委都赴京參加中央召集的天津彙報會議，那時才調天津工作不久的一位市革委副主任在津主持工作。因為他不瞭解天津過去的情況，所以前一段在解學恭和市委的清理檢查，他沒有發表什麼意見。可是聽他在主持工作的小範圍裏說：「你說捂蓋子，這蓋子下面應該有別人不知道的東西，可是究竟有還有什麼東西呢？又說不出來。」

黃志剛[66]來津重點瞭解過這個問題。1976年11月26日，中共中央批准，黃志剛任中共天津市委第二書記，趙武成改任市委第三書記。黃志剛來津以後，曾專門找我向他彙報清查工作，一次談了一下午，晚上繼續談，一直談到11時。當時在他的辦公室裏談，同解學恭的辦公室一樣，裏邊一小間當臥室，外邊一間不算大的辦公帶會客室。談到10時多，他進屋拿出牙刷，一邊蹲在痰盂前刷牙一邊聽我彙報。他的秘書還認真聽著並作記錄，同時也向我示意，彙報從簡，少囉嗦一些。解學恭垮臺以後我受到牽連，黃志剛支持我早出來工作，因為受到新任市委第一書記陳偉達的阻攔而未實現。

從黃志剛來津後的態度看，他是想幫助解學恭檢查過關的。在1978年4月下旬市委常委擴大會議解學恭檢查清理，黃

志剛的講話受到指責。市計委一位負責人對會議的開法提出六個「為什麼」，其中第一個是「為什麼黃志剛同志在20日上午和晚上兩次講話中，都一再強調現在壓著很多工作，問題拖了很長時間，不能再拖了，要求大家對解學恭同志的檢查做同意和不同意的表態。這是用工作多來壓大家趕快通過解學恭同志的檢查。學恭同志可以拖一年半的時間，開幾天的清理會就成了？」有一位負責同志向黃反映這種意見，黃說他來津工作時是華國鋒、胡耀邦這樣交代的，幫助解進行檢查清理。

解學恭經過多次會議的檢查清理，最後一次大會，是1978年4月20日至28日在天津賓館召開的常委擴大會議。所謂常委擴大會議，實際上各部委、區、縣、局主要負責人都到會了。會議的開法是，先將解學恭〈在第十一次路線鬥爭中市委需要講清楚的問題和對我所犯錯誤的檢查〉發給到會的人員，分組討論。當時對於分組討論的批評意見，有聞必錄，簡報照登。當時不少人認為解學恭的檢查還是可以的，不僅是年輕的領導幹部表示同意，有些老幹部也表示滿意。如輕工業學院黨委書記趙國祥說，解學恭同志這次清理，尤其是在如何執行「四人幫」反革命修正主義路線方面，講清了很多問題，感覺這次市委是下決心解決問題的，我們是高興

當年揭發批判解學恭的材料。

的。寶坻縣委書記單博文說，解學恭同志的檢查在主要問題上都講清楚了，我同意他的檢查。但是，從擴大會議總的趨勢來看，解學恭的檢查還是通不過的。

黨的政治文化的特點是一種傾向往往掩蓋另一種傾向。當時主要傾向是清算天津市文化大革命時期的錯誤，解學恭就是代表。記得「文革」初期1966年召開市委工作會議批判市委執行資產階級反動路線時，我負責起草的市委檢查，怎麼檢查也通不過，即便把所有批判的意見都吸收進去，仍然不行。那時是對市委組織，這次是對個人，更難通過。張淮三、胡昭衡在「文革」期間是被打倒的，如今他們參加市委領導班子，在會議上積極發言表態，受到與會一些人支持。雖然多數人認為這次檢查有進步，表示歡迎，但是部分原市直機關的老幹部表示不同意這個檢查，後者把前者的意見都淹沒了。在這種氛圍下，人人都要發言提出批評意見，幫助解準備檢查稿的助手李鴻安、陶正熠也都發了言。我天天簽發簡報，也來了一篇書面發言。有幾個組全體提議要中央派人來解決天津的問題，是否都那麼一致，也不見得，但是在那種氣氛下聽不到不同聲音。多年黨內生活表明，一個領導人如果正在「興旺」時期，開會時下邊一片叫好聲；如果一旦栽了跟頭，則群起而攻之，所謂「牆倒眾人推，破鼓亂人錘」，怎麼檢查也過不了關。我幾十年經歷的這類事情太多了。

解學恭究竟是不是捂蓋子呢？我認為沒有，有充分的事實可以證明。

那時說解捂蓋子，首先是捂自己。那麼看看他的檢查，

還有什麼嚴重問題沒有檢查？沒有了。再看看日後對他的審查，又發現了什麼新問題？是否真的參與了江青等人的陰謀活動？也沒有。他對自己的問題不僅事無巨細都作了檢查，而且將所有詳細的附件和盤托出。附件一是給天津站劉萬祿、天津重型機器廠張國華的信。附件二是解學恭1976年3月5日在小靳莊大隊的講話。附件三是江青八次來天津的經過。附件四是解學恭給江青寫信（其中有的同時給紀登奎）13件。附件五是解學恭整理的「江青談關於探望參加天津抗震救災的人民解放軍連隊的問題」和「為江青來津給華國鋒的電話稿」。附件六是江青送給解學恭東西的處理清單，其中糧食種子分送給某處，芒果分送各位書記，圖書送交市委辦公廳圖書館。附件七是根據江青的要求，經解學恭佈置給江青做東西的清單，並注明除了軍服以外，其他物品江青都「象徵性」地付了款。解學恭平時自己每天寫日記，辦事非常細緻，有板有眼。這裏僅舉一例：

1976年華國鋒出訪乘火車專列路過天津站，中央辦公廳通知天津領導人到站迎送。解於5月1日上午9時45分給中辦副主任張耀祠發出電話稿：

「耀祠同志並報汪副主席：中央通知5月4日到天津站的天津市委黨政負責人為五、六人，經我們研究，建議允許多去一人，即共七人。名單是：解學恭，第一書記。黃志剛，第二書記。趙武成，第三書記。許誠，市委書記。閻達開，市委書記。張淮三，市委書記。王中年，市委書記。其中張淮三、許誠未兼革委副主任。

妥否？請示知。　　　　　　　　　　　　　　解學恭」

　　當日16時，張耀祠的秘書孟進洪來電話稱：「上午的電話報告了耀祠同志，耀祠報告給汪副主席，同意七位同志。」

　　筆者不惜筆墨舉這件小事，只是想說明，解學恭辦事極為謹慎細緻。然而，儘管解學恭檢查清理得如此細緻，仍難以過關。此外，解學恭還有些問題是無法徹底說清楚的，因為有些是中央領導人的旨意，他不能說也不敢說。例如萬曉塘、張淮三反黨集團問題，在4月常委擴大會議上就有人提出來，他沒有回答。當時市委書記中一位老同志正在中央黨校學習，解希望他儘快回來參加常委會議為他說說話。但是沒有想到他回來在常委會議上發言第一個提出萬張反黨集團問題，解難辭其咎，因為他根本無法解釋。本來萬張集團是天津有人反映，陳伯達採納，周恩來同意，毛澤東批准的。解在會議上無法回答，因為如說是從陳伯達那裏來的，自己成了陳伯達的一夥，如說周總理也講過萬張集團（有接見記錄可查），立馬會被批判「誣衊敬愛的周總理」，罪加一等，因為當時周總理已經取代毛主席成為黨內的又一個「神」。解當然不敢講，只好自己捂著。

　　說解學恭捂蓋子，其次是捂天津的資產階級幫派體系。當時許多人都提這個問題，我們在清查工作中也提這個問題，解在檢查中也談這個問題。解學恭在檢查中提到有王曼恬、陳相文、徐信、王作山、張繼堯、李榮貴、蔡樹梅。這其中除了王曼恬進入市革委領導班子以後，把在「文革」中支援的造反組織的頭目張繼堯提到文教組工作以外，其他人都來自四面八方，相互之間既無組織聯繫，也無工作關係，

與幫派體系可謂風馬牛不相及。其中蔡樹梅，原是天津色織四廠女工、勞動模範，不是造反者，後參加市委常委，擔任市婦聯主任。全國總工會籌備時，天津推薦她為一般委員，由中央安排為副組長。她在工作期間說過一些錯話，粉碎「四人幫」以後自然也受到群眾的揭發批評。她寫信給汪東興副主席，要求回天津。這個人在常委成員中，工作能力、語言表達能力都很弱，只扮演一個舉手表決或點頭同意的角色，怎麼會成為幫派體系的一員呢？按照「左」傾觀點分析，天津有個資產階級幫派體系，解學恭充當了保護傘，這樣的定性是怎麼檢查也過不了關的。

解學恭自身有嚴重錯誤，又揭批、清查不力，多次檢查又不能過關，終於被打倒。1978年5月20日，解學恭接到汪東興的電話指示：「中央的意見，天津的問題要解決一下。大多數常委來一下，留兩個看家。來中央的名單向中央報告一下。今天晚上或明天打電話，告訴我的秘書就可以。」解學恭當晚給汪東興辦公室秘書打電話，內容如下：

「汪副主席：經我和第二書記黃志剛、第三書記趙武成同志研究，參加中央解決天津問題的市委常委共十一人，即：解學恭、黃志剛、趙武成、王一、許誠、閻達開、張淮三、王中年、邢燕子、馮勤、胡昭衡同志。留機關主持工作的二人：吳振、張福恒。

請示三個問題，請批示：

一、赴京名單是否中央批准再通知本人？

（現在還未通知）

二、可否帶兩三個工作人員？

三、市委書記王淑珍同志，市委已決定暫時停止履行書記職務，現在工廠勞動。決定她不參加這次會議，主要是本人問題還沒有講清，群眾反映強烈，如果出席會議，反映會大。

　　　　　　　解學恭七八年五月二十日二十時」

5月22日上午，解學恭正去醫院看患病的市委書記谷雲亭時，接到中央辦公廳的電話通知：「汪副主席讓告：一、你們的報告，華主席、葉副主席已批准，十一人。二、明天上午十二時前到達北京，到京西賓館報到。三、工作人員可以帶二、三人。」

那時解學恭處於極度緊張狀態，臨走前還要找吳振、張福恒交代工作，還要繼續準備檢查材料。他個別向我流露說：「我今年都62歲了……」，說話時兩眼淡然無神。由於特殊的關係，解和第二書記、第三書記之間的事情，有些要通過我互相傳遞。有一天清晨6時，黃志剛突然給我來一電話，讓我轉告解一件事，我當然唯唯，心想我簡直成了「儲存器」啦！跟隨進京的人員解經過黃、趙同意帶政研室、宣傳部各一人以外，還要帶辦公廳一人。為此事，解、黃、趙三人在黃辦公室商議，由我提出人選，黃、趙都點了頭才通過。

5月23日晨，我在市委大院送赴京市委領導人乘中旅離津。後來得知，在京開會時，接替解學恭擔任市委第一書記的林乎加就參加了會議。直到6月6日，趙武成從北京給我打來電話，告訴我解已被免職，並讓我準備6月8日召開新上任的市委第一書記出席的幹部大會。至此，解學恭時代結束

了。

人總是要死的。只要你不是短命的，一生總要送走幾個死亡的親友。我不僅如此，而且送走了兩屆「死亡」的市委。我於1967年1月18日目睹了「文革」中前天津市委的垮臺，而今又目睹了「文革」後天津市委的更迭。這個省級政權的兩次覆滅，給我們留下的是不盡的思考。我想起鄧小平說過的一句話，儘管他徹底否定了文革，但他又說，文革作為一段歷史擺在那裏，到底怎麼看，相信後來人比我們看得清楚。此言不謬也！

二十、解學恭其人

解學恭

解學恭於１９６６年１１月到天津市委主持工作。１９６７年１月至１２月任中共天津市委第一書記。同年１２月至１９７８年６月任天津市革命委員會主任。１９６９年１２月至１９７１年１月任黨委常委。１９７０年４月至１９７１年５月任天津市革委會黨的核心小組組長。１９７１年５月至１９７８年６月任中共天津市委第一書記。１９７７年１２月至１９７８年６月兼任天津市第五屆政協主席。１９７８年４月至６月兼任中共天津市委黨校校長。１９７８年６月被免除黨內外一切職務。

解學恭畢其一生，雖然沒有當過中共中央領導人，但他是資深的中共省市一級的高級領導幹部。他忠實地不折不

扣地貫徹執行中央的指示，對黨和人民的事業做出過重要貢
獻。他具有豐富的領導工作經驗，有很強的責任感和敬業精
神，即使在「文革」時期也做了不少有益的工作，取得一些
重要成效。他作風正派，清正廉潔。他在「文革」中的主
要問題是唯上是從，過於小心謹慎。天津人給他起個外號
叫「解老轉」，就是說他只要上面怎麼說他就怎麼辦，跟著
轉。他待人處事又過於死板，不講靈活性，在那樣複雜的局
面下成為黨內政治鬥爭的犧牲品也就不足怪了，這是他的致
命傷。描述和分析他的沉浮，的確有相當的代表性。

資深的共產黨高級幹部

解學恭早在抗日戰爭時期就是區黨委一級的領導幹部，
相當於後來的省一級領導人。那時共產黨領導的根據地多在
幾個省交界的邊區，還沒有佔領完整的省，所以在區劃上往
往是分幾個地區，設立區黨委。在各個行政地區再設縣委、
地委（行政上是專員公署）。他在擔任呂梁區黨委副書記
時，華國鋒才擔任副縣長。解放後，1951年他就擔任山西省
委副書記。他還是中共第七次代表大會代表、中共中央第
九、十、十一屆中央委員。

先將解學恭的簡歷照錄如下：

解學恭（1916．10—1993．3）山西隰縣人。1936年加入
中國共產黨。同年參加革命工作。中學文化。1938年任晉西
南隰（縣）蒲（縣）特別區委書記、隰蒲遊擊隊第五大隊政
委。1939年任晉西南洪（洞）趙（城）遊擊第三大隊政委。
1940年任晉西區洪趙地委書記，八路軍120師洪趙支隊政委、

縱隊長。1941年8月任晉西南工委委員、組織部長。1942年8月任晉西南工委書記、120師洪趙縱隊隊長、洪趙獨立支隊政委。1945年9月任呂梁區黨委副書記兼社會部長、組織部長、呂梁軍區副政委。1948年8月任晉中區黨委副書記、晉中軍區副政委、太原市委副書記兼組織部長、農村工作委員會主任。1949年8月任山西省委常委、省委組織部部長、省紀委書記。1951年2月任山西省委第一副書記、代書記兼省委組織部部長、省紀委書記。1952年7月任中共中央華北局組織部部長，1952年11月—1958年4月任中央人民政府對外貿易部副部長，1954年8月兼北京對外貿易學院院長。1956年秋任中央國家機關黨委常委、中央國家機關監委書記。1958年4月—1961年3月任河北省委書記處書記。1960年11月—1966年12月任中央華北局書記處書記。1966年8月任內蒙古自治區黨委第一書記（未到職）。1967年1月—12月任天津市委第一書記。1967年12月—1978年6月任天津市革命委員會主任。1970年4月—1971年5月任市革委會黨的核心小組組長。1969年10月—1975年10月兼北京軍區政委。1977年12月—1978年6月兼天津市政協主席。1978年6月被免除黨內外職務。1987年3月被開除黨籍。1993年3月3日逝世。

解學恭從1978年被免職後，在北京住招待所等待組織處理，一直到被開除黨籍，將近9年，超過了他所經歷的抗日戰爭的時間。這真是中共政治鬥爭的特殊處理方式。

傳揚劉胡蘭事蹟有貢獻

從解學恭的經歷中不難看出，他在抗日戰爭和解放戰爭

中做出了應有貢獻。前些年從黨史研究中發現，劉胡蘭事蹟的傳揚，與解學恭有著密切的關係，值得一書。

1947年1月下旬，王震和陳賡率領的部隊在晉中一帶擊潰了閻錫山的主力軍。之後，中共中央西北局組織了一個「延安各界慰問團」，由西北局的張仲實任副團長，赴晉中的孝義、文水等地慰問部隊。慰問團到了文水縣後，在縣委組織的情況彙報會上，張仲實聽到劉胡蘭年僅十幾歲就在敵人鍘刀下大義凜然、壯烈犧牲的事蹟後，立即派隨團的新華社繆記者到群眾中深入調查，並輾轉找到了被閻錫山軍隊脅迫參與行刑鍘殺劉胡蘭的兩個兇手。這兩個兇手說了當時的情景：1947年1月12日，閻軍在全村抓捕共產黨員。劉胡蘭從容地躺在敵人的鍘刀下，視死如歸地對敵人豪言：「死有什麼可怕？鍘刀放得不正，放正了再鍘！」說完，她壯烈就義。

慰問團從文水縣返回延安途中，遇到當時的呂梁區黨委副書記解學恭。張仲實建議把劉胡蘭的典型事例作為教育黨員的教材，大力宣傳。解學恭採納了張仲實的建議，並決定在劉胡蘭的墓前立一塊石碑，請張仲實題寫碑文。張仲實非常謙虛地說：「這不合適，等我回到延安向黨中央領導同志彙報後，請中央領導同志題寫為好。」3月25日，張仲實向任弼時彙報慰問團在晉中地區活動情況，並特意彙報了文水縣劉胡蘭的事蹟和呂梁區黨委紀念劉胡蘭的決定。最後他請示說：「紀

宣傳劉胡蘭烈士時的畫像。

念劉胡蘭烈士一事，最好請毛主席寫個匾，或題寫幾個字，以示表彰。」任弼時聽了彙報之後，同意他的意見。

3月26日，毛澤東聽了任弼時的彙報後，心情十分沉痛，並自言自語道：「多好的孩子啊！多剛強的好黨員啊！」隨後，他揮筆疾書「生的偉大，死的光榮」。接著，新華社以最快的速度播發了劉胡蘭的事蹟和毛澤東的題詞。於是，一個向劉胡蘭烈士學習的熱潮迅速在人民解放軍各部隊和全國人民群眾中興起。

深受中央器重的領導幹部

當年全國29個省市成立革命委員會，主任大部分由軍隊幹部擔任，其他地方領導幹部大都是在「文革」早期表態支持造反派的，像解學恭這樣由黨中央委派是極少的。這是因為毛澤東對解學恭有較好的印象。

據《陳伯達傳》記載，陳伯達在中央文革小組同江青

「文革」初期，毛澤東接見群眾時與解學恭親切握手。

矛盾很大，他提出想到天津去工作，毛澤東表示同意，但是過了幾天，毛澤東又對他說，天津情況也很複雜，你也難工作，讓解學恭去吧。吳德的回憶也談到這一情況。解學恭本人也同我說過，1966年國慶觀禮在天安門見到毛澤東，毛澤東告訴他中央已決定派他去天津。

　　毛澤東1958年視察河北、河南、江蘇、山東時，解學恭曾全程隨同，這在省、市領導幹部中也是少見的。據當年解學恭的秘書回憶，在河北省安國縣委的辦公室裏，毛澤東用湖南話說，解（毛念「亥」音）學恭，多年沒有找到你，好像我記得我們在延安見過面？解回答是見過面。解學恭對我說過，他在京被審查期間，某中央領導同他談話，指出，毛到河北視察還把你帶到其他省，說明毛對你的重視，讓解學恭「解放思想」，揭發問題。可是解並沒有揭發什麼問題。

　　解學恭任山西省委第一副書記、代理書記時，對農村合作化問題的想法得到了毛澤東的肯定。1951年4月17日，山西

毛澤東1958年視察河北、河南、江蘇、山東，解學恭（右三）全程隨同。

省委向華北局寫了一份題為《把老區互助組提高一步》的報告，認為「對私有經濟，不應該是鞏固的方針，而應該逐步地動搖它。」然而，華北局並不同意山西省委的意見，並在批覆中明確提出：「你們提出用積累公積金和按勞分配的辦法來逐步動搖、削弱私有基礎直至否定私有基礎，是和黨的新民主主義時期的政策及共同綱領的精神不相符合的，因而是錯誤的。」華北局的意見得到了劉少奇的肯定，但毛澤東並不同意劉少奇和華北局的意見。據薄一波回憶：「毛主席找劉少奇同志、劉瀾濤同志和我談話，明確表示他不支持我們，而支持山西省委的意見。」

在天津工作的幾件大事

解學恭從1967年1月被任命為市委第一書記開始，至1978年6月被免除一切黨內外職務，達11年之久。

解學恭在天津工作中，忠實地執行中央在這個期間的各項指示，推進文化大革命，儘管犯有這樣那樣的錯誤，但他畢竟是在地方領導崗位上工作多年的老幹部，有四件大事是比較突出的。

首先是落實幹部政策，糾正打擊面寬的問題。如前所述，由於某些人的揭發，並得到陳伯達的支援，中央在批准成立天津市革命委員會的檔案中點名批判萬曉塘、張淮三反黨集團，株連了一大批領導幹部。但是解學恭執政以後，當年被批判為萬張集團幹將的一些人都陸續獲得解脫。如原市委秘書長李定，1967年被關進監獄，1970年放出，1971年被調回市委，任政治部秘書組副組長，後解學恭幾次提議調李

到被稱為市委核心小組智囊的辦事組研究組任副組長，因李
力辭而未實現，1973年市委恢復統戰部時任副部長，後任部
長。其他如原市委常委、副市長路達，原市委常委、副市長
王培仁，副市長李中垣，原市監委副書記王真如等人，都曾
被批判為萬張集團的幹將，均被解脫並安排一定的領導崗
位。所謂萬張集團，最後實際上只剩下萬曉塘、張淮三、宋
景毅三個人，還有王亢之、江楓二人沒有結論。至1977年，
市委常委會議討論這個問題，根據市委組織部複查處覆查的
結果，否定了他們的叛徒問題，但還留有「犯路線錯誤」的
尾巴。之後市委組織部專案複查處分別徵求本人及家屬的意
見，又給市委寫了一個報告，建議不要再留什麼尾巴，徹底
平反。解學恭在報告上批了很長一段話，說專案複查處提出
了一個非常重要的問題，批示同意市委予以覆議。市委覆議
後，決定不留「犯路線錯誤」的尾巴，結論上報中央。中央
對天津市委上報幾位領導幹部複查平反結論的意見是滿意
的。據說李先念在北京曾對解學恭說，你們天津在解決幾個
幹部問題上，做得很乾脆。

　　第二，抓經濟建設有一定成效。1958年天津改為省轄
市後，發展受到了很大限制，經濟出現滑坡，同北京、上海
市相比，差距拉大。1967年天津恢復直轄市的地位，自然有
助於經濟發展。但在當時的形勢下，各省市革委會分地割
據，中心城市的各項經濟功能嚴重衰退。儘管如此，在解
學恭主持工作期間，天津經濟建設上還是抓了幾件大事。
一是重點工程。首先是涉縣鐵廠的專案，是1969年8月15日
開始的，當年也叫6985工程。當時作為重點工程，投入很

大力量，先後有原副市長楊拯民和王中年等一大批得力幹部去那裏工作。天津市過去只有鋼廠，沒有鐵廠，這一來為天津填補了一個空白。其次是玉田煤礦，是1970年上馬的，也投入不小力量，後來因為地震損壞下馬了。第二是新港擴建。天津市革命委員會向國務院報告並得到批准，新港第三期擴建工程從1973年4月開始，到1975年建成了13萬噸級以上的貨運泊位及相應的配套工程。由原副市長李中垣具體負責這個項目。第三是在工業建設上也有發展，如天津石油化工總廠的籌建。池必卿在天津時親自抓的我國第一台六千噸水壓機製造成功。天津在「文革」期間的工業生產還是穩步增長的，例如1975年國民生產總值69.73億，比1965年35.96億增加了1.93倍，僅以全員勞動生產率來對比，1957年人均8327元，1965年為10118元，1975年為14118元。[67]由此可見，天津經濟並沒有出現大的馬鞍形，說「面臨經濟崩潰的邊緣」是誇大其詞的。其實不單是天津，全國也是如此。第四是開始修建地鐵工程，雖然只完成了一小段，進展較慢，未成氣候，但是在全國是起步早的。第三，影響最大的是向中央申請將河北省五個縣劃歸天津。1973年以前，天津只有四個小郊區，當時的市委以天津沒有「小三線」，不利於戰備和知青容納餘地太小以及解決建材、發展副食品基地需要等理由，申請中央劃河北省五個縣歸天津，得到了國務院特別是周總理的支持。此事是由解學恭直接策劃的，還派王曼恬到北京找李先念副總理和國家計委余秋里做工作。國務院於1973年7月7日正式批覆，天津市由第二書記吳岱帶隊，於7月16日至18日到河北省石家莊做

交接工作，當時我也參加了。八十年代末期，天津市市長聶璧初在紀念天津解放50周年時，總結影響天津建設的兩件大事，其一是恢復為直轄市，其二是五個縣劃歸天津。其主要作用是：（1）解決了天津對灰、沙、石等建築材料的供應；（2）解決了建設副食品基地的需要；〔3〕城市佈局有了擴展餘地，城鄉結合，鄉村工業大發展，成了天津工業的半壁江山；（4）引灤走北線有了可能，天津供水有了保證；（5）在薊縣等地有了天津的後花園，天津人民有了一塊休憩旅遊的勝地。[68]

此外，1973年6月在周總理的宣導下，天津市率先同日本神戶市結為友好城市。[69]

唯命是從、克盡厥職的領導幹部

解學恭對上級的指示一向唯命是從，對中央、國務院的指示一向不折不扣地貫徹執行，按傳統觀念說，他的黨性是非常強的。由於他有一定的文化，又有比較豐富的領導工作經驗，也一向是受中央器重的。六十年代初期重組中央華北局時，原以為他是受李雪峰的重用，其實他調華北局是彭真直接找他談話，明確提出由他擔任華北局書記處常務書記，主持日常工作。當時華北局由中央書記處書記李雪峰擔任第一書記，烏蘭夫擔任第二書記，林鐵擔任第三書記，烏、林都是兼職掛名的。除李雪峰以外，日常工作都由解學恭主持。正由於他一向唯上、謹慎、穩重，從九大直至十一大，他都穩坐在省、市第一把手的位置上，在當年省市一把手中，他確是少有的幾個「長壽」者。可也正因如此，他對

江青八次來津誠惶誠恐，小心翼翼。給我印象最深的是，江青由紀登奎陪同第一次來津要在幹部俱樂部開會，解學恭在陪同江青、紀登奎到會之前，先到會場後臺看看會場佈置，記得在後臺連衛生間都察看了。我當時想，作為主要負責人，這樣事無巨細，那也真夠辛苦的。這裏固然有其主觀因素，依我看更主要的是客觀因素。「共產黨是太陽，照到哪裏亮；黨的政策是月亮，初一十五不一樣。」在那個政治風雲變幻無常的年代，作為一個高級領導幹部如果不隨著中央「轉」，不僅無法工作，而且自身難保。也正由於他這個經歷，在粉碎「四人幫」之後的清查中，他最終難以過關。

天津一向嚴格遵守國家各項規定，解學恭對上也是從來不頂不抗。我記得有這樣一件事，在七十年代初期，天津通過外貿系統扣留了五部進口的轎車，留作市直機關使用。中央外貿部部長李強對此提出批評，並讓人捎話說，解學恭如果不檢討，外貿部要採取措施。解說，那只好寫一下吧，讓我代寫了幾百字的檢討信，解動筆改了改上報了事。其實，這幾部車也沒有給領導人使用。

解學恭是比較敬業的。在五、六十年代，市委書記們習慣在家裏辦公。解學恭則以在機關辦公為主，有事情向他請示非常方便。我找他不需要通過秘書，只要他在辦公室，推門就進，有些問題幾句話就解決了，所以工作效率很高。1976年7月28日，天津發生強烈地震，在抗震救災中，他晝夜辛勞，是市委領導人中最緊張的。凌晨發生地震後，他立即到八號院門，同戰備辦公室負責人聯繫，並指示迅速溝通與各郊縣的聯繫，指示公安局要立即上崗，維持社會治安。

隨後,他趕到機關召開緊急常委會議進行部署,然後帶人趕赴受災最重的寧河縣、漢沽區。那時電話都不通,他在當日中午,給我發來兩份明碼電報,明確部署了緊急救災措施。他至29日淩晨2時才從外面趕回來。在特大自然災害面前,市委領導是得力的,社會是穩定的,這其中無疑也有解學恭的功勞。1977年8月2日,天津突降暴雨,半夜間解學恭給我打來電話說,你知道下大雨了嗎?外邊已成河了,趕緊通知召開緊急常委會議。於是我立即通知值班室照辦,然後趕赴機關。我感到有點歉疚,發生災情本來應該是我們向領導報告,現在倒過來了,領導通知我們。最近我看到一篇分析蘇聯解體的文章,一針見血地指出,如果不把做官當成負擔而是當成樂趣,則政權就要垮臺了。解學恭在天津工作期間,壓在他肩上的負擔是十分沉重的。

解學恭在生活上對個人要求是很嚴格的。他的辦公室非常儉樸。他在原開灤礦務局舊式四合院平房辦公,辦公室很小,外面有一個不大的會客室。他的住、行,均按照當時國家規定的標準,一點也不搞特殊。他住的是外國人留下來的老樓,當時市委書記大部分都住在那裏。汽車也是一般的車,有一段還用的是上海轎車。最後幾年換的那輛賓士車,還是某部委一位負責人在辦完汽車展覽後給解學恭留下的。

解學恭的夫人李峰也是抗戰時期參加革命的老幹部,擔任市人事局副局長。可是李峰從來不張揚,不參與任何事。她除跟隨解一起看電影以外,自己從來不用解的公務車。天津與日本神戶市結為友好城市以後,解學恭率團赴日訪問,日方送給解的禮品中,有一個半導體收音機。解非常喜歡,

便讓市外事辦公室按規定作價200多元，個人照價付款。市外事辦公室經辦此事的幹部至今難忘。

解學恭處理一切問題都是公事公辦，顯得過於刻板。市委第二書記吳岱1975年調離天津時，解學恭找我當面佈置如何歡送宴請吳岱。那時領導人調動很少有宴請的，解和我一個一個人地計算參加宴請的名單，包括市委常委、革委會副主任、天津駐軍主要負責人，共安排了兩桌飯。為此，市委政研室負責人在一次市委常委會議上，還為吳岱離津沒有和他們打招呼發了一通牢騷，說我們不是要吃飯，告訴我們一聲，我們去看看喝杯茶也可以吧！解學恭聽後一言未發。這一方面說明解學恭比較謙和，下屬在解面前說話無拘無束；另一方面說明解辦事過於死板，政研室的負責人與市委書記打交道很多，宴請時再增加幾個人又有何妨？解學恭在處理人際關係上過於正統，特別是對上從不走動，沒有一個過硬的上層「關係網」。當他受審查遇難時，中央領導層沒有對他盡力支持的人，得不到上層「關係網」的保護。

上面羅列了解學恭的很多情況，大都是優點，他有沒有缺點？主要缺點是什麼？據原市委、市革委辦事組副組長、政研組組長軍隊幹部宋文講，解的主要缺點是優柔寡斷。宋文在市裏參加支左工作7年，以其作為智囊的身份，對於李雪峰和後來的天津駐軍支左負責人都比較瞭解。當時有這樣的說法，解學恭與李雪峰相比，沒有李雪峰的魄力；與天津駐軍有關負責人相比，沒有他的野心。筆者認為，言之有理。筆者沒有近距離接觸過李雪峰，但是看過大量李雪峰的講話和插話記錄，解學恭絕不像李那樣講起話來滔滔不絕，那麼

大的魄力。解學恭主持會議從來都是先認真聽取他人發言，
最後總結講幾點意見，從未使人有咄咄逼人的感覺。毛澤東
都批評過李雪峰講話過多。

解學恭除了上述缺點之外，我覺得還要加上一條就是
太注意保護自己，凡事小心翼翼，不越雷池半步。正因為如
此，他平安地度過了文化大革命；也正因為如此，使他最終
難逃下臺的命運。江青來天津給小靳莊一些人改名字，竟然
要解學恭改為解學工。解都不敢反對。為了應付江青，在從
1974年至1976年總共當時給江青寫過13封信件中，落款居然
用過8次「學工」的名字，真是滑天下之大稽。[70]

解學恭還有一個特點就是慣於「沉默」，這也是他常
用的一種工作方法。我見過多次市委政研室的領導人尖銳地
向解提不同意見，解常常是只聽不說，沉默不語。1970年一
次毛澤東路過天津，解學恭等人去看望，毛問到萬曉塘是怎
麼死的？解告訴毛說萬是自殺的。我作為工作人員，坐在第
二排，按捺不住說了一句，說萬自殺可是沒有充足證據呀！
解仿佛沒有聽見我的話一樣，繼續講下去。1977年市委討論
對方紀的處理問題，市委組織部複查意見是改按人民內部矛
盾處理，定為15級。我覺得這樣不妥，個別向趙武成提出此
事，理由是周揚已經徹底平反了，為什麼不給方紀徹底平
反。我又個別向蔣南翔反映這個意見。結果，趙武成在會上
以提問的方式，問對周揚是如何處理的？蔣南翔回答說平反
了。解沉默不語。我說既然周揚都平反了，方紀的問題不能
說比周揚還嚴重吧！解仍舊沒有正面回答這個問題，只是
說：「就按組織部所報的意見定吧！」算是通過了。在市委

領導成員內部也是如此。地震後，一次在帳篷內開會，我和趙武成的夫人、文教組負責人蘇民發生爭執，兼任秘書長的王中年支持我，他對蘇大發雷霆，拍了桌子。趙武成在場，臉色非常難看，但又不好插嘴。解學恭坐在那裏，始終一言不發。我覺得解的沉默不見得是沒有個人的主見，卻頗有些油滑的味道。在殘酷的政治鬥爭中，這也不失為一種明哲保身的策略吧！

以上說的只是解學恭的思想作風。至於他政治上有什麼問題？與「四人幫」有什麼牽連？沒有。第一，他在「文革」中是中央正常組織調動來天津的，並沒有得到提拔重用。第二他在天津工作期間嚴格執行中央的指示，自己沒有過「左」的行為，同全國各地來比，天津形勢是穩定的。第三，他接待江青八次來津，是根據中央安排的。他的接待服務比較周到，也是應當的。汪東興具體安排江青來津、紀登奎陪同江青來津都不算什麼問題，他為什麼接待就有問題呢？唯一一件事是向中央寫報告點名批鄧，在各省市中是靠前的。除此之外，他同江青、張春橋、王洪文、姚文元沒有任何聯繫。我所知王洪文唯一一件事情是，1975年間，時任毛澤東秘書的張玉鳳給王洪文寫了一封信，提出她在天津的哥哥張某在天津某研究所工作，家住黃河道一帶，離工作單位很遠，希望將其住房調換到馬場道一帶。王洪文在信上劃了一個圈，批示「請解學恭同志幫助解決」。解在辦公室裏辦公，直接找我到他辦公室，將這封信給我，說：「你直接找找房管局負責人，要解決。」我覺得此事不可造次，直接到房管局向局長交代此事。在辦理此事過程中，張某提出原

住兩間的單元居室，希望再增一間，房管局請示我，我說不行，是換房不是增房。結果從佟樓德才里新接的四樓給予調換。解對此事也未過問，也未向王洪文辦公室報告。從這件小事可以看出，解學恭毫無聯絡王洪文討好「四人幫」之意。

黨內鬥爭的犧牲者

1978年5月23日，解學恭赴京參加中央召開的天津問題彙報會議。這次會議開到6月6日結束，集中揭發批評解學恭的錯誤。6月3日晚上，中共中央副主席李先念代表中共中央主席華國鋒向解學恭打了招呼，要免去解的職務，離開天津，學習一下，進一步清理自己的問題，然後另行分配工作。6月6日晚在人民大會堂，華國鋒、李先念、汪東興和政治局其他領導人會見參加天津彙報會的全體人員。6月7日上午，天津參加彙報會的其他同志回津，解學恭留在北京，住京西賓館，等待中央組織部安排。

解學恭從1976年底開始清理自己的問題，邊工作邊清理，歷時一年半的時間，壓力是相當大的。對自己的結局，他已經有了思想準備，心態還是平和的。京西賓館禮堂6日晚放映電影《牛虻》、7日晚放映《巴頓將軍》，他照看不誤。這裏附帶介紹一下解學恭的業餘生活，其實他沒有什麼愛好。過去那個年代，電影公司定期內部放映電影，也有的是在公映之前先內部放映，解學恭一般都去看。西哈努克親王來天津，他陪同西哈努克打過羽毛球，有一段時間晚上到幹部俱樂部舞廳打打羽毛球。負責接待工作的辦公廳副主任趙

世珠（軍隊幹部）經常陪他去，有幾位書記、常委也參加。我也時不時地跟著去打打球。俱樂部只是給每人泡一杯清茶，沒有其他的服務。這就是解學恭在繁忙的工作之餘唯一的活動了，與眼下一些省部級領導人的業餘生活真是天壤之別。

6月8日，中共中央正式作出決定，免除解學恭中共天津市委第一書記、市革委會主任和在天津黨內外的一切職務，任命林乎加[71]為天津市委第一書記、市革委主任。6月10日，中央組織部派人接解學恭到該部東安門招待所居住。8月21日，解學恭搬到中央組織部萬壽路招待所。12月20日，又搬回東安門招待所。解在招待所裏吃包伙，晚上常出來散散步。我曾到那裏看望過他，住的是普通套間。

解學恭這次赴京，由秘書楊光明跟隨。楊是軍隊幹部，只他一人陪解留在北京。12月3日，經中央組織部副部長李步新同意，楊光明回天津清理解學恭處的檔案文件，至1979年5月18日，用了5個半月的時間方才清理完畢，繼續回京陪解，一直到1980年1月25日，楊光明才經過批准返回天津。

中央原定清理解學恭的問題以後，另行安排工作，可是卻久拖未決。1980年12月，當年主持解決天津問題的華國鋒在中央政治局會議上提出辭職，不再主持中央政治局、中央常委和中央軍委工作。解學恭的工作安排更是成了懸而不決的問題。

在胡耀邦主持黨中央工作期間，對解學恭的問題仍未處理。時任山西省委書記的李立功（解學恭在山西省委主持工作時，李任團省委書記），曾給胡耀邦寫信介紹了解學恭當

年在山西省工作的功績，胡曾將此信批給政治局委員傳閱。由此可見，胡耀邦有解決解學恭問題之意。不料，時局又發生了重大變化。

1987年1月，全國各地發生政治性學潮後，中央高層集體商議對策及追究領導責任。10日，政治局常委召開民主生活會，除政治局委員、候補委員外，中顧委、中紀委共有19人與會。這次會議嚴厲地批評了胡耀邦，胡作了檢討並要求辭職。會議批准了胡的辭職要求，決定由趙紫陽代理黨的總書記。據解學恭講，他聽說有人在會上指責胡耀邦右傾，「對解學恭長期不處理」就是罪狀之一，並說應當開除解學恭的黨籍。

就這樣，解學恭未經過正常的組織程序，沒有經過其所在的黨組織討論通過，憑著那個人的一句話，1987年3月就被開除了黨籍。向解學恭宣佈開除其黨籍決定時，沒有言明其嚴重問題的任何材料，只是四句話：嚴重錯誤，開除黨籍，工資不降，天津安置。這個處理決定只向本人宣佈，不要本人簽字，也不許本人申訴。這樣的做法，大概是黨內少有的。對解學恭如此處理，甚至連黨籍都沒有了，至今令人難以理解。

從此，解學恭結束了在京住招待所長達九年的生活，遷回天津。天津市委在當年部委級領導幹部的住房中，給解安排了四居室的單元住房。

其實，解學恭除了在天津的問題以外，在京清理期間又揭發出什麼新的問題嗎？沒有。但為什麼長期得不到處理呢？我想可能是上邊在他的處理上，有不同認識，意見有分

歧。胡耀邦在接到李立功的信後，有解決這個問題的想法，但看到阻力較大，便想用先拖一拖的辦法，放到以後冷處理。沒想到胡耀邦這麼快就被搞下臺，而作為糾正胡的錯誤，又把被打入「冷宮」九年、幾乎被人遺忘的解學恭拿來祭刀，開除了他的黨籍。

「四人幫」被粉碎後，從全國來看受牽連的省市級領導人不止解學恭一個人。北京市的吳德、黑龍江省的潘復生、河南省的劉建勳、安徽省的李葆華、四川省的劉結挺、張西挺……這些人也都是「一把手」，但下場最慘的當數解學恭。他為什麼受到這樣處理呢？這裏既有共性的問題，也有個性的問題。

從共性來說，中共歷來強調「政治路線確定之後，幹部就是決定的因素」，毛澤東在「文革」中砸爛了各省市委，取而代之的是「革命委員會」，各地的「封疆大吏」都換成了擁護「文革」的人。十一屆三中全會以後，鄧小平主政，徹底否定文化大革命，重新評價毛澤東，「文革」中受打擊的領導人紛紛官復原職，在「文革」期間主持工作的幹部自然在劫難逃了。所以，解學恭儘管是下臺比較晚的，但是下臺是勢在必行的。

從個性來說，與解學恭的性格有關，也與他上面沒有後臺有關。前者是次要的，後者是主要的；前者是因，後者是果。解學恭被開除黨籍回天津以後，我和他談起過這個問題。我曾經把解學恭與紀登奎相比，二人在「文革」中同樣受到毛澤東的器重，但最後的結局迥然不同。解是「文革」開始不久毛澤東親自「點將」，由中央直接派到天津的，在

其後不僅再沒有得到提拔，最後還被開除了黨籍。紀原來僅是河南省一般領導成員，不是主要領導人，在「文革」中因為毛澤東一句「你是我的老朋友」的話而飛黃騰達，不僅被提拔到中央成為政治局委員，而且逝世時還報導為優秀的共產黨員。為此，我問解學恭其中的緣故。解說，原因有二，一是當時上面動員他揭發的不僅僅是「四人幫」的問題，他思想上沒有轉過彎來，沒有按照上面的意圖辦事。再一個是他在上面沒有後臺，關鍵時刻沒有人為他說話。解學恭對我談起，在北京有一次他到301醫院看病，碰到同時被審查的紀登奎。二人在交談中，紀說中央某領導人已經同他談過話了，讓他耐心等一段時間。他說在國務院曾和某領導人一起工作，可以保他。我問道，保得住嗎？解說當然，領導人說話管用。他還說，紀思想轉變得快。我覺得解說的都是事實。但還有一點解自己沒有意識到，紀登奎那時在中央工作，同「四人幫」也有矛盾，雙方發生過衝突，這點與解大不相同。解只是「唯上是從」。不過，解學恭遭難沒有得力的「後臺」出面保他，還是最主要的。解學恭對上從不善於聯絡感情，一向公事公辦。他在任期間，當時不在臺上的中央領導人包括鄧小平在內來津，他都按正常的規格接待，從不搞特殊招待。粉碎「四人幫」以後，他哪裏也不活動。他身邊政研室的人曾建議他到北京找找中央組織部新上任的胡耀邦，他也沒有採納。

有一件小事使我感受很深。市委書記池必卿本來和他關係甚好。池調內蒙主持工作後，其秘書的家還在天津。後來秘書的原住處需要搬遷，按規定可遷入兩居室的住房，可

是他因為自己住的兩間舊房比新房的房間面積稍大一些，就搬進了一個三居室的單元。有人反映到解那裏，解很惱火地說：「強制他搬出來，不行找派出所。」我為此事找秘書談話，事後解又通過內蒙古自治區黨委辦公廳向池必卿反映了這件事。本來高某搬家不算什麼事，事後我想何必向池必卿告狀呢？何必向人家發火呢？不免有點歉疚。解學恭有時就這樣不講情面。

華北地區幾個省市中，山西省籍的高級幹部很多。這些高級幹部絕大多數人都具有根據地的履歷。抗戰時期，中共先後在山西、河北、察哈爾三省交界地區建立了晉察冀邊區（轄北嶽、冀中、冀東、冀熱察等區），在山西和綏遠省交界地區建立了晉綏邊區（轄晉西北、雁門、大青山等地區，一度時間內包括晉西南），在山西、河北、河南交接地區建立了晉冀魯豫邊區（轄太行、太岳、冀南、冀魯豫等區）。中共在這幾塊根據地分別建立過中央代表機關——中央局、中央分局，成立過中共省委或區黨委，成立了邊區臨時參議會和政府以及各行政區行署，也成立過大軍區和二級軍區。此種行政區劃一直延續到1949年8月。正因為山西省籍的多數領導人有根據地履歷，所以他們和劉少奇、鄧小平、彭德懷、彭真、薄一波、楊尚昆、李雪峰、安子文等長期在山西工作過的中共領導人有深厚的歷史淵源與工作聯繫。但是解學恭跟這些領導人並無深交，反倒得罪過其中個別人。

很值得回味的是，解學恭雖然被開除黨籍了，可是他老共產黨員的立場並沒有改變。記得在1989年政治風波之後，我見到解學恭，他說幸虧中央出兵解決，不然天下就大亂

了。其對共產黨的拳拳忠心，溢於言表，令人感慨。

二十一、天津經濟從未瀕臨崩潰的邊緣

當年文革剛結束時，中央曾有過一個說法，說中國經濟在「文革」當中，瀕臨崩潰的邊緣。於是，全國紛紛按此口徑來說，各地也都稱自己到了瀕臨崩潰的邊緣。天津還被稱為「重災區」。但後來證明事實並不是這樣，連〈中共中央關於建國以來黨的若干歷史問題的決議〉也說「文革」中，「我國國民經濟雖然遭到巨大損失，仍然取得了進展。糧食生產保持了比較穩定的增長。工業交通、基本建設和科學技術方面取得了一批重要成就，其中包括一些新鐵路和南京長江大橋的建成，一些技術先進的大型企業的投產，氫彈試驗和人造衛星發射回收的成功，秈型雜交水稻的育成和推廣，等等。」我們來看看天津市的實際情況吧！天津市在「文革」期間的經濟一直在持續增長。空口無憑，有下列數據為證：

表：1965—1978 歷年天津市國民生產總值

年份	絕對數（億元）				人均國民生產總值（元）
	國民生產總值	第一產業	第二產業	第三產業	
1965	35.96	3.91	22.96	9.09	571
1966	39.31	2.69	26.87	9.75	618
1967	33.62	3.50	20.93	9.19	524
1968	34.77	3.60	21.26	9.91	535
1969	42.87	3.46	29.03	10.38	661
1970	50.99	3.80	35.80	11.39	791
1971	55.12	3.89	39.52	11.71	843
1972	56.37	3.46	40.53	12.38	849
1973	60.33	3.92	42.51	13.90	893
1974	66.69	4.79	46.81	15.09	977
1975	69.73	4.37	50.29	15.07	1011
1976	65.25	4.01	45.57	15.67	928
1977	67.73	3.56	46.97	17.20	961
1978	82.65	5.03	57.53	20.09	1160

注：本表按當年價格計算

表：1965—1978 歷年天津市國民生產總值增長速度（比上年）（％）

年份	國民生產總值	第一產業	第二產業	第三產業
1965	21.5	69.4	15.9	15.4
1966	6.2	−31.3	15.1	8.0
1967	−12.1	27.7	−21.3	−5.1
1968	7.9	3.0	9.1	8.1
1969	22.6	−4.3	38.5	4.1
1970	17.5	9.3	21.2	11.5
1971	9.0	0.7	12.5	2.7
1972	4.3	−12.7	6.1	5.7
1973	7.8	17.3	5.5	11.7
1974	10.5	19.7	10.0	9.0
1975	4.3	−8.1	7.4	−0.1
1976	−5.9	−8.3	−8.8	4.0
1977	3.6	−11.8	3.2	9.5
1978	20.9	15.6	23.3	16.0
平均每年遞增（％）	國民生產總值	社會總產值		
「三五」時期	7.7	8.8		
「四五」時期	7.2	8.9		
「五五」時期	7.3	6.6		

注：本表按可比價格計算

　　從上述資料[72]可以看出，除1967年「天下大亂」和1976年發生大地震時期的國民生產總值下降以外，其餘年份都是上升的，增長的幅度是正常的。

　　「文革」期間的「左」傾政治為什麼沒有影響經濟的正常增長呢？從天津的實際情況看，主要原因有三條：

　　首先，從市委領導班子看，雖然增加了一些從基層直接提拔上來的群眾代表，他們缺乏領導工作經驗，缺乏應有的水準，但其中多數人不在部門擔任實職。例如當時擔任中央委員的市委常委張福恒、蔡樹梅，都是從基層上來的勞動模範，只是參加會，表表態，不起好作用也不起壞作用。各工作部門的主要負責人基本還是有豐富經驗的領導幹部。例如對經濟工作影響比較大的市計委、生產指揮部、建委等都是如此。市計委先後由趙武成（原市委第二書記）、王恩惠（原華北局計委副主任）等為主要負責人。市生產指揮部主要由王占瀛（原天津市副市長）為主要負責人。市建委先後由孫敬文（原國家建委副主任）、楊拯民（原天津市副市長）為主要負責人。這些領導幹部的配備比「文革」前都強。市裏管工業的領導人曾經由池必卿（原華北局書記處書記，分管工業）出任，後來由資深的北京軍區副政委吳岱兼管，他雖然沒有地方工作經驗，但是民主作風好，善於聽取和採納部門的意見，再之後由新提拔的徐信分管工業，但有經濟工作經驗豐富的老幹部王中年同他一起來管，可以起帶動、把關的作用。其他許多部門和區縣局也都是如此，初期部隊領導幹部多，從1973年以後主要是地方幹部擔任領導職務。僅以市委的智囊機構（原為政研組，後改為政研室）為

例，他們積極向市委主要領導人提出過許多好意見。據我所知，這個智囊機構的水準比「文革」前都高。正是有了比較得力的領導班子，雖然「左」傾政治干擾，但能保證各項工作的正常進行。

其次，「文革」時期各級領導幹部的作風是清正廉明的。1976年天津遭遇損失空前的地震，面臨那麼大的困難，之所以能夠勝利地抗震救災，就是因為幹部同群眾能夠同心同德、同甘共苦、同舟共濟。年輕幹部提拔到領導崗位後，不長工資，不換住房，不搞特殊化。我至今清楚地記得，有個年輕幹部叫馮勤，原是薊縣的縣委副書記，後來提拔到市委擔任副書記。他分管農業，家屬都在農村，有四個孩子，妻子時常鬧病但仍堅持參加集體勞動。由於人多勞力少，長年欠生產隊的錢。他本人當時月工資40多元，除個人每月維持最低生活，給家裏捎錢不多，靠親友幫助仍不能歸還生產隊的欠款，至1975年累計欠款300元。由於生產隊催要還清欠款，馮實在無奈，不得不給解學恭寫了一封長信，述說自己的困難，請求組織幫助。解在馮的原信上作了批示：「中年、王輝同志：馮勤同志家庭人多，收入少，年年欠債。目前不清理欠帳，可能對社、隊有影響。可否給予困難補助？請研究一下，我傾向於解決。」王中年當時是市委書記兼秘書長，他和我商量，同意給予補助，由我批給市機關事務管理局補助300元。從這件小事可以看出，縣委、公社、生產大隊決不因為馮勤是分管農業的市委書記而給予任何關照，馮勤也自覺地不動用自己的權力為個人謀取任何私利。

再次，當年的工農群眾對於共產黨和政府的認同感很

強，相信黨和政府，整個社會風氣好，道德風尚好，人們的敬業精神好。這是最重要的，也是那個時代的人有目共睹的。

近年來，我的一些關於天津「文革」的回憶文章在報上公開發表以後，曾任天津地下黨學委副書記的楚雲以〈讀天津「文革」史致讀者〉為題贈我以詩云：

伏案嘔心曲未終，白髮可休仍筆耕。

讀罷天津「文革」史，再現當年炸雷聲。

紙上記述多如草，眼前此作是獨鳴。

風虎雲龍夢已遠，迷霧舟橋待澄清。

「文革」過去40年了，許多人都在深入地研究這段歷史。我對天津「文革」的回憶與思考，也不過是自己認識的話語表述，因而是主觀的。但在歷史認識之外還有一個歷史的本體。歷史的本體則是唯一的、永恆的、不可改變的，換言之，歷史本體是客觀的。誰也不能無所顧忌、隨心所欲地編造或改寫歷史。在尊重歷史本體、盡可能完整準確地把握歷史本體的前提下去認識歷史，這才是作為歷史見證者與記載者的責任。

二十二、四十年回眸看文革

筆者圍繞著天津「文革」和兩屆中共天津市委領導機構的垮臺，以個人耳聞目睹的史實為依據，已經不厭其煩地

將天津市「文革」中的一些重大事件記述完畢。回顧歷史，「文革」從爆發至今已過去了四十年。「當局者迷，旁觀者清」。筆者當年是「當局者」，而今經歷了歷史變遷的磨洗，作為一個「回憶者」和「旁觀者」，或許比當年看得更清楚一些。

文革是史無前例嗎？

從七十年代後期清算「文革」以來，人們都稱之為「史無前例」，本書前文中也用過這種說法。而今加以推敲，是「史無前例」嗎？可以說並非全然是「史無前例」的。如果從打擊面集中在各級領導幹部來說，其範圍之大，是「史無前例」的。如果從「殘酷鬥爭，無情打擊」的極「左」錯誤來看，並非「史無前例」。回顧一下歷史就不難看出這點。

在土地革命時期，中共中央出現過多次左傾路線統治，對中國革命危害極大，這裏且不說了，只從中央到了陝北以後說起。

1943年延安整風審幹所謂「搶救失足者」，相當普遍地出現了大搞「逼供信」的過火鬥爭，單在延安地區十幾天內就駭人聽聞地揪出所謂特務分子1400多人，造成大批冤假錯案，使審幹工作大大偏離了正確的軌道。[73]

1947年結合土改進行的整黨整軍運動，開展「三查三整」。「三查」即查階級、查思想、查作風，「三整」即整頓思想、整頓組織、整頓作風。這次鬥爭也出現了過火鬥爭的現象。因戰爭形勢緊迫，如急風暴雨，很快就結束了。我當年在國民黨統治區的天津市，沒有參加這次運動。1948年

到解放區以後，聽到最多的是關於這場運動中一些過「左」的行為，一些地主家庭出身的幹部受到了無情批判，我認識的幾位原家庭成分高的人都挨了打。

從建國以後，政治運動也是此起彼伏。1951年5月20日《人民日報》發表毛澤東親擬的批判電影《武訓傳》的社論，稱對電影《武訓傳》的讚揚是「資產階級思想侵入了戰鬥的共產黨」。繼而大討論變成了大批判，導演孫瑜等40多人挨批。

1954年2月6日，中共中央七屆四中全會批判了高崗、饒漱石分裂中央的行為。高崗原任東北人民政府主席，建國後任中央人民政府副主席，1953年任中央人民政府副主席。饒漱石原為中共中央華東局書記，1953年調任中共中央組織部部長。[74]此案至今沒有平反。筆者沒有專門研究，不敢妄加評論。但是此事對地方也曾產生影響。1955年6月24日至7月4日，中共天津市委召開黨代會，討論了〈關於馮文彬、楊英同志進行反黨宗派活動的報告〉。看來這是仿照「高饒事件」搞的，當時天津也稱「馮楊事件」。馮文彬、楊英都是市委常委，被撤職降級。1979年5月，經中央批准，市委對「馮楊事件」進行了平反。[75]在1955年市委黨代會之前，市委召開了多次會議對馮、楊進行揭發批判，筆者當年參加了會議記錄工作。在本書前面已有記述，不贅。

1954年7月22日，胡風將關於文藝問題的30萬言書並附長信一封呈報中央之後，按照毛澤東的批示，1955年開始了批判胡風運動，由此引發的中共中央於7月1日發出〈關於開展鬥爭肅清暗藏反革命分子的指示〉，隨即在全國範圍內開展

肅反工作。這一方面揭露的雖然不多，但的確存在著擴大化的問題。據我所知，從事天津地下工作的原津委會的不少領導骨幹都受到審查。當時掌管肅反工作的大都是從農村進城的工農幹部，他們不瞭解對敵鬥爭的複雜情況，將許多不可避免的問題當成嚴重政治問題，其中有四位司局級幹部都受到降職並「限制使用」的處理。南開大學英語教師辛毓莊，1948年參加革命，同年冬撤出去華北局城工部，進城後在市委統戰部工作。在1948年從天津撤出的知識份子中，多數是大學生或中學生，他是唯一的一位大學教師。只因他抗日戰爭時期在國民黨第十一戰區孫連仲長官司令部工作過，因此在肅反中受到重點審查，跳樓自殺身亡。筆者在地下工作中只是一名「小卒」，當年只有十幾歲，歷史很單純，故在審幹中易於過關。所有這些問題，在1979年以後都陸續得到了平反。

眾所周知，1957年開展了反右派鬥爭，1959年開展了反右傾鬥爭，1961年開展了農村整風整社，1964年開展了城鄉社會主義教育運動，階級鬥爭步步升級，直到1966年爆發文化大革命。在「文革」前的歷次政治運動中，「殘酷鬥爭，無情打擊」最嚴重的是反右派鬥爭。這場鬥爭與「文革」一樣都是突如其來的。中共中央於1957年4月27日發出了〈關於整風運動的指示〉。市委為此組織了市委整風辦公室抓全市整風工作。當年我從辦公廳調市委整風辦公室負責秘書組的工作。5月3日至11日，中共天津市委召開全體會議，傳達貫徹中央4月27日的指示，5月17日召開擴大幹部會議，動員深入開展整風運動。5月18日至20日，市委邀請各民主黨派負責

人座談聽取意見，此後分別邀請文藝界、教育界聽取意見。
[76]這一系列活動都是為了開展整風聽取意見……萬萬沒有
料到，毛澤東來了個急轉彎，5月15日在黨內發出給高級幹部
閱讀的〈事情正在起變化〉一文（此件後來刊登在黨內刊物
上），發出了反右派的信號。毛澤東在這個文件中把共產黨
人分為馬克思主義者和修正主義者（右派），並把社會各界
人士分為左派、中間派、右派。他還指出，最近這個時期，
在民主黨派中和高等學校中，右派表現得最堅決最倡狂……
[77]這樣一下子把整風轉為反右派鬥爭，把聽取意見的「鳴
放會」變為「引蛇出洞會」。這樣一來，凡是在整風中向領
導提過意見的，不論是什麼意見，都被視為向黨進攻，被定
為右派分子。我所在的市委機關就是如此。當時中央辦公廳
要求各省市每天向中央辦公廳電話彙報反右派的情況，市委
整風辦公室由我負責，當時指定市委幾個部委每天收集情況
後向我彙報，我再匯總統一上報。市委文教部一位負責彙報
的幹部，好幾天沒有來彙報。我打電話詢問，原來他竟被劃
了右派。在市直機關中，團市委下屬的《天津青年報》所劃
右派最多。這個報社連同傳達室人員在內共有32人，竟有10
人被劃為「右派」，10人被劃為「中右」。一位原記者參加
新聞界聽取意見的座談會，只是提了要加強輿論監督，則被
劃為右派。一同參加會的另一位原記者沒有發言，單位領導
也要他交代問題。他沒有話可說，後來他說一次蹲茅坑拉屎
時，腦海中忽然閃出一個念頭，如果來了一個原子彈，大家
不都被炸死了嗎？這樣竟被劃為「極右」，被開除公職。類
似這種向黨「交心」受到處理的人，在歷次政治運動中都有

不少。我在南開區委工作時，1950年審幹時，號召「忠誠老實」，向黨交代問題。一位工人出身的年輕幹部，寫彙報說對當年家鄉的土改不滿，認為不該鬥地主，為此被定為「階級異己分子」，開除黨籍。全市在反右派鬥爭中共劃出「右派分子」5354名，「中右分子」1206名。[78]全國劃了多少右派，過去說是55萬，最近又有人說是317萬多，看來是沒有根據的。從天津市5千多人估算，55萬的數字更可靠。

當然，反右派鬥爭和「文革」大不相同，前者針對的是黨外也包括黨內的知識份子，後者針對的是「黨內走資本主義當權派」。不過從「殘酷鬥爭，無情打擊」的程度來看，前者超過後者。因為在「文革」中儘管多數領導幹部被打倒了，但是多數陸續被解放出來，被徹底打倒的為數極少；而反右派被劃為右派分子的則被定死了，不得翻案，直到1978年以後才翻了案。所以人們說前者被套的是「活結」，後者被套的是「死結」。從當時市直機關各部門的情況看，雖然都是中央統一部署的反右派，都是一樣的「經」，但是「和尚」念得不一樣。當年如何執行，同部門負責人有直接關係。如前述《天津青年報》劃的右派最多，主要是該部門負責人很「左」，對上邀功心切。當時有兩個部門（市委國營工業部和市委地方工業部）一個右派也沒有劃，主要是這兩個部門負責人頂得住，保護了幹部，至今為人們稱道。

看來，「文革」的爆發不是偶然的，是黨內「左」傾傳統的惡性大發作。僅從「殘酷鬥爭，無情打擊」的實質來看，它不是「史無前例」的。

中國第二次槍桿子奪權

毛澤東在臨終的1976年，召集華國鋒等人，又一次談到他自己一生中的兩件大事：「我一生幹了兩件事：一是與蔣介石鬥了，把他趕到那麼幾個海島上去了；抗戰八年，把日本人趕回老家去了。對於這些事情持異議的人不多，只有那麼幾個人，在我的耳邊嘰嘰喳喳，無非是讓我盡早收回那幾個海島罷了。另一件事你們都知道，就是發動文化大革命。這件事擁護的人不多，反對的人不少。這兩件事沒有完，這筆『遺產』得交給下一代。怎麼交？和平交不成就動盪中交，搞不好就得『血雨腥風』了。你們怎麼辦？只有天知道。」[79]毛澤東這段講話是意味深長的。在他眼裏，第一件大事是成功的，但也還沒有完，第二件大事卻令他深為憂慮不安。毛澤東發動這場「文革」固然是多種因素促成的，例如要打倒劉少奇，但看來主要是為了「反修防修」，是為了防止資本主義復辟。我覺得不能就中國論中國，必須從全球的角度來看這個問題。

毛澤東發動「文革」，正處於世界資本主義和以原蘇聯為首的社會主義發生重大轉折時期。世界資本主義的發展分為三個階段，第一個階段，是亞當斯密式的原始資本主義，其主要矛盾是，一方面造成生產無政府狀態，產生週期性政治、經濟危機；另一方面造成社會矛盾，特別是階級矛盾激化，造成社會激烈動盪，不但危及窮人生存，也危及富人的生存。馬克思主義正是產生在這個時期，馬克思是研究資本主義的賢哲，不是社會主義、共產主義的先知，因為他離社

會主義、共產主義太遙遠，只能提出預想，而無法作出科學
判斷。第二階段，由自由競爭發展到壟斷。其主要特點是，
一方面在國內進行資本壟斷整合，對本國窮人放鬆繩索，另
一方面加緊資本擴張，力求佔用更多的國際市場，不惜以戰
爭手段建立海外殖民地，兩次世界大戰就是這個階段的生動
寫照。結果驗證了資本主義擴張整合的失敗，並催生了與資
本主義相對立的俄國、中國式社會主義革命。第三階段是凱
恩斯主義登上資本主義舞臺，以羅斯福新政為標誌，已不再
是傳統意義上的資本主義，是資本主義主體與社會主義的混
合，是市場與計畫相結合、資本與福利相結合。第二次世界
大戰後發達國家的國際經濟共同體，以及國有化、福利化浪
潮就是生動寫照。這種資本主義似乎進入了社會主義、共產
主義的前夜。

可是在20世紀中後期，整個形勢發生了逆轉。俄國式
傳統社會主義的負面效應逐漸成為矛盾的主要方面，以赫魯
雪夫為代表的特權勢力已不再滿足於權力欲和生活特殊化，
他們積極向資本主義靠近，在共產主義運動中，形成一股逆
流。中國不滿蘇聯否定史達林和向資本主義靠近，於是連續
發表了「九評」，引發了中蘇論戰。反修防修成為擺在我們
面前的主要任務。中國傳統的社會主義與俄國大同小異，事
實上在「文革」以前，也已經開始在省、市以上高級幹部中
出現特權。在1962年，我跟隨市委第一書記萬曉塘赴北戴河
參加中央工作會議，看到從中央到省級負責人，一家一戶帶
著孩子在那裏避暑，都單獨住著別墅，有專車，有專門的廚
師，享受特需供應。原中國人民銀行行長，因為孩子多而出

名，被毛澤東舉例說過。從他家門口過，果然院內一群孩子在嬉戲。當年這些上層領導幹部，實際已經成為「紅色貴族」。那為什麼當時的幹部、群眾都心悅誠服呢？一是這些上層領導幹部為數甚少，而且享受的都是制度內的待遇，個人則廉潔自律。二是這些高級幹部都是打天下的，「打天下的坐天下」，這是中國傳統文化，老百姓豈能與之共用？可以設想，如果沿著這條路走下去，無疑也會像前蘇聯那樣形成真正的特權階層。

毛澤東正是在這種形勢下發動文化大革命，力圖挽救社會主義的失敗，給資本主義以致命一擊，從而自己取代史達林，成為國際共產主義運動的領袖。他的主要論點是：一大批資產階級的代表人物、反革命的修正主義分子，已經混進黨裏、政府裏、軍隊裏和文化領域的各界裏，相當大的一個多數的單位領導權已經不在馬克思主義者和人民群眾手裏。黨內走資本主義道路的當權派在中央形成了一個資產階級司令部，它有一條修正主義的政治路線和組織路線，在各省、市、自治區和中央各部門都有代理人。過去的各種鬥爭都不能解決問題，只有實行文化大革命，公開地、全面地、自下而上地發動廣大群眾來揭發上述的黑暗面，才能把被走資派篡奪的權力重新奪回來。這實質上是一個階級推翻一個階級的政治大革命，以後還要進行多次。然而，這場「大革命」初期就產生了兩個致命的弱點，一是丟掉了道德價值，把自己的親密戰友和大批高級幹部都打倒了，自己把自己推向「多行不義」的地位。與馬克思同一時代的德國哲學家、社會學家馬克斯·韋伯將權威分為三種：第一種是傳統權威

（君王），第二種是感召性權威（革命領袖），第三種是法
理權威（法治社會）。毛澤東則集前兩種身份於一身，成為
「紅色帝王」。他發動「文革」本身存在理想與現實的矛
盾，他希望從根本上剷除滋長資本主義的土壤，實現民主，
可他本身又是至高無上的獨裁者。二是引發了無政府主義的
大民主，局面無法控制。他本來希望「文革」早日結束，可
是無法實現；他希望「畢其功於一役」，也無法實現，於是
才有「七、八年來一次」之說。「文革」大民主的結果，不
得不依靠軍隊介入，不得不實行軍管，使本來意義上的一場
民主革命走向反面，從而使這場「文革」不能正常地進行下
去，以失敗而告終。

　　「槍桿子裏面出政權」。這是毛澤東對武裝奪取政權
的最通俗的概括。民主革命時期，共產黨靠槍桿子打倒國民
黨，奪取了政權。「文革」奪權也是靠槍桿子的。回顧「文
革」的歷程就可以看出。這場鬥爭開始於黨內，緊接著發動
了紅衛兵運動，至1967年初，進入了全面奪權時期，不僅地
方黨政機關都被衝垮，甚至中央各部門、各機關也包括其
中，一時間天下大亂。這時再由軍隊介入，全面實行軍管。
在天津市，除當時的市革命委員會籌備小組以外，主要由駐
軍支左聯絡站掌握大局，對要害部門進行軍事管制，對於被
打倒的主要領導幹部實行軍事監護。過去天津市的工作由中
共中央華北局領導，在這個時期則由北京軍區兼管，對上的
報告都是報北京軍區並中央、中央文革。1967年以前是個特
殊時期，是「專制民主」時期，既存在著軍事專制，又存在
著造反組織的民主，構成奪權前的奇特景象。

　　如果說1949年是第一次槍桿子奪權，那時軍隊奪取政權後即把政權交給地方幹部來管理，或者軍隊幹部自己就轉業成了地方幹部。1967年「文革」則是第二次槍桿子奪權，不同的是，這次奪權以後，軍隊幹部直接參與管理。天津市革命委員會成立時，革命委員會各部門和各區、縣、局主要負責人，多數為軍隊幹部，基本上成了軍隊的一統天下。槍桿子奪權是在黨指揮槍的前提下進行的。第二次武裝奪權實際上是黨的領袖個人以黨的名義，指揮利用軍隊來奪權。具有諷刺意義的是，前者是從敵人手中奪取政權，後者則是從自己人手中奪取政權。毛澤東本意是反對領導幹部的特權，通過「文革」打掉他們的特權，沒想到原有的地方幹部被軍隊幹部取代後，特權也轉了過去。在天津市和平區五大道別墅區有些原來地方高級幹部的住房，地方幹部被趕出來了，軍隊高級幹部搬進去了，有的到現在還住在那裏。

　　在「文革」奪權以前，說是要經過群眾組織的協商，經過充分的大民主。但這種「大民主」是否爭取到了民主政治呢？回答自然是否定的。根據我從政幾十年的體驗，所謂民主協商，從來只是個形式。有位旅居美國的友人告訴我，美國當代哲學家Hannah Arendt對毛澤東的「槍桿子裏面出政權」的理論有個特殊分析，認為「權力（政權）與暴力是對立的，在一個絕對統治的地方，另一個就缺席了。」（Power and violence are opposites，where the one rules absolutely，the other is absent）。這個說法有一定道理。「問蒼茫大地，誰主沉浮？」在各個地區，主持奪權的不是群眾組織負責人，而是掌握槍桿子的軍隊。我們有兩次用武力或武力為後盾奪取

政權的傳統，至今仍是中央集權的國家，推行民主政治確有很大難度。從改革的進程來看，經濟改革走在前頭，政治改革嚴重滯後，經濟與社會缺少合理利益再分配機制，因經濟改革而產生的利益分化進入了無序狀態，加速了兩極分化。「疑今者察之古」（《管子‧形勢》），這從「文革」中就可以找到歷史淵源。

文化大革命的文化特色

有人說，「文革」哪裏是什麼文化大革命？是大革文化的命，是一場政治鬥爭。這是不錯的。但是從歷史文化的角度看，「文化大革命」是幾千年專制主義毒害和近代「左」傾禍害的濃縮表現。中國農業社會的歷史，是一部君主國體史、專制政體史、中央集權史。古代的孟子曰：「普天之下，莫非王土；率土之濱，莫非王臣。」而近代的梁啟超則說：「國家及人民，皆為君主而立者也，故君主為國家之全體。」[80]農業社會這種君主國體、專制政體、中央集權的政治體制，在中華人民共和國建立以後，仍有深遠的影響，成為個人迷信、個人崇拜的思想基礎。這方面的問題到了「史無前例」的「文化大革命」中，更是發展到「史無前例」的地步。紅寶書不離手，語錄不離口，要求幾億人一個思想，一條幾個字或十幾個字的「最高指示」，使全國億萬人民沸騰起來，可謂「全民發瘋」，個人崇拜已經發展到空前絕後、登峰造極的地步。在「文革」中，宗教式的虔誠、狂熱，封建時代的野蠻、殘暴，傳統的專制、獨裁，烏托邦的理想、虛無，淬於一爐。奴隸主義、封建專制主義、所謂的

社會主義匯於一堂。中國傳統文化所積澱的歷史重荷，種種
吞噬人性、扭曲人的靈魂、窒息人的生命和創造力的醜惡一
面，在「文革」中暴露無遺。馬克思主義的理想是實現「每
個人全面而自由的發展」[81]，而在「文革」中打倒一切的要
害，正是泯滅人性、喪失人性。

　　這就是發生這場「文革」的文化思想基礎，進一步分
析，還要歸結於制度層面，當然制度也屬於文化問題。從社
會制度來看，主要是無產階級專政制度和共產黨內的民主集
中制。無產階級專政在革命時期，對於鎮壓敵對勢力的反抗
和集中力量從事經濟建設是有效的。但是延續下來，無產階
級如何專政，靠共產黨專政，共產黨如何專政？靠黨中央，
黨中央則靠領袖，這樣實際上就是領袖專政。民主集中制也
是如此，最後都是全黨服從中央，中央又是領袖說了算，這
樣也是領袖個人獨斷專行。這場「文革」正是由無限崇高地
位的領袖毛澤東「親自發動、親自領導」的。

　　毛澤東作為至高無尚的領袖，不受任何監督和制約，個
人為所欲為，使這場「文革」大動亂得以發生。由於沒有任
何社會行為規範的約束，領袖個人的行為也可以反覆無常。
我記得清清楚楚，1957年3月17日毛澤東來天津，向黨內幹部
講「百花齊放、百家爭鳴」，當年我作的記錄。毛澤東一再
號召黨員幹部要學會科學、技術，成為社會主義各行各業的
內行，並提出不要怕批評，他說：「對馬克思主義可以不可
以批評，對人民政權可以不可以批評，對共產黨可以不可以
批評，對老幹部可以不可以批評，我看沒有一樣不可以批評
的」。[82]毛澤東的話言猶在耳，可是不過兩個月，一個急

轉彎，到5月15日竟提出反右派了。這如何解釋？這只能從凌
駕於黨之上的領袖反覆無常的行為來解釋了。1959年中央盧
山會議，本來是糾正在人民公社運動中過「左」的行為，可
是就因為彭德懷提出了大躍進中出現的一些問題，又一個急
轉彎，開展了反右傾鬥爭。在「文革」中也是如此，不再贅
述。

從這場「文革」不難看出毛澤東的文化品格的烙印。我
在天津工作幾十年，聽過傳達並看過毛澤東在多次中央會議
上的講話，深感毛澤東思想主要來源於三個部分：一是馬克
思主義，主要是列寧、史達林關於無產階級專政的理論。二
是中國傳統的歷史文化，主要是中國二十四史尤其是《資治
通鑒》。所謂「資治通鑒」，就是為統治者提供從古到今借
鑒的一面鏡子。他竟將這部書讀了17遍。三是古典詩詞。他
最喜歡「三李」的詩作（李白、李長吉、李商隱）。列寧、
史達林的「左」傾思想、歷代皇權的統治術加上古典詩詞蘊
涵的浪漫主義，構成毛澤東思想的特色。很有趣的是，各
省、市在「文革」中殘酷的奪權，《人民日報》在配發社論
時，都用美妙的詩句作標題，如江蘇省奪權是「鍾山風雨起
蒼黃」，甘肅省奪權則是「春風已度玉門關」等等。毛澤東
講話常常引經據典，有的十分貼切，也有的亂聯繫。如他多
次列舉《昭明文選》所載宋玉的〈登徒子好色賦〉，說明宋
玉是「攻其一點，不及其餘」，以此批判「右派」和「右傾
機會主義分子」對黨的攻擊。他還批示在中央會議上印發李
清照的詞《聲聲慢》一詞，即「尋尋覓覓，冷冷清清，淒淒
慘慘戚戚……」，以此批判彭德懷等人的「右傾」心態，顯

然是風馬牛不相及。記得市委召開會議傳達貫徹時，也將這
首詞照印，實在是荒唐可笑。

　　總的來看，這就是發生這場「文革」的社會文化基礎。
這是共性的問題。天津有沒有區別於全國的個性？有的。
1974年，紀登奎陪同江青來天津時，曾單獨約解學恭談談天
津為什麼形勢一直比較穩定？解向他介紹了幾條，其中有大
聯合搞得比較好。為什麼大聯合搞得比較好？這裏固然有解
學恭和天津駐軍所做的努力，但是還不能脫離天津地方文化
的特點。天津是近代以小手工業、商業為主發展起來的城
市，既沒有北京那樣的京派文化，也沒有上海那樣的海派文
化，而有濃重的碼頭文化色彩。這種文化的特點是隨遇而
安，鬥爭性不強。這種文化既是促進社會穩定的因素，又是
開拓進取的禁錮。解放前我在天津的地下工作中有這種感
覺，天津的學運不如北平，工運不如上海，也是同這種文化
影響有關。歷來天津的工作也是如此，不前不後，隨波逐
流。歷來全國性的風潮也是如此，天津從來是居中游的。這
都與地方文化的特點有關。正因為如此，「文革」中的兩派
之間也不像外地那樣鬥得你死我活，武鬥也不是那樣激烈，
也沒有在全國赫赫有名的造反者，雙方坐下來協商也不太困
難。假如解學恭和66軍都到河北省工作，能否取得天津這樣
的局面？也未必。這就是說，天津的「文革」既有全國的共
性，當然這是主要的，同時也有自己的個性。

文革為改革開放開闢了道路

　　「文革」本來是一場動亂，是一場浩劫，怎麼為改革開

放開闢了道路呢？這是一種悖論。我覺得，主要是來自兩個
方面：

　　一是從思想上破除了對毛澤東個人的迷信。人們對毛澤
東思想的迷信，從1945年中共第七次代表大會上提出「毛澤
東思想」以後，隨著革命鬥爭的勝利，在人們頭腦中不斷地
強化。至文化大革命開始以後，發展到登峰造極的地步。但
是「物極必反」，「文革」中出現的問題，使人們逐步從思
想上產生了動搖。從筆者個人的思想經歷來說，對「文革」
開始是很不理解，但是盲目服從，不敢有叛逆思想。但是許
許多多事情積累起來，頭腦中的問號越來越多，尤其是林彪
出逃事件發生以後，越發不可理解。這樣，就為毛澤東去世
以後的撥亂反正準備了條件。

　　二是「文革」將傳統的高度集中的計劃經濟打破了，
為改革開放創造了條件。我國在五十年代第一個五年計劃時
期，主要是學習蘇聯的做法，由中央將經濟集中管起來，國
營大廠直屬中央各個部，以後大躍進中將許多大企業下放到
地方，以後又收回。其中有幾次反覆，所謂「一統就死，一
放就活，一活就亂，一亂就收」等等。中央「五一六通知」
提出，「破字當頭，立在其中」，實際上通過「文革」的確
是大破了，但事實上「大破」了卻不可能「大立」。可是
「大破」本身，在某種意義上說確為改革開放掃清了道路。
如同將計劃經濟的「大廈」摧毀，大大有利於重建市場經濟
的「大廈」。從中國經濟改革的進程來看，最困難的也是最
不成功的是國有企業的改革。儘管如此，從八十年代起，在
國有企業體制之外的鄉鎮企業卻異軍突起，出現了經濟騰飛

的現象。鄉鎮企業發展起來以後，再進行股份制的改制，就大大降低了改革的成本。儘管國有企業改革步履維艱，但是在體制以外的集體經濟、民營經濟、個體經濟蓬勃發展起來了。由於在「文革」中打破了高度集中的計劃經濟，大部分國有企業下放給地方，是改革開放取得成功的重要原因。我有一位美國朋友本名蘇珊·謝克（Susan. Shirk），中文名字為謝淑麗，是美國年輕一代的亞洲問題特別是中國問題專家，為加利福尼亞大學聖地牙哥分校的教授，曾任柯林頓的助理國務卿幫辦。她有一部專著《中國經濟改革中的政治邏輯》（The Political Logic of Economic Reform in China），提出中國經濟改革之所以取得成功，就是因為不同于前蘇聯，是由於在毛澤東實行的「分權化」（decentralization）基礎上進行的。我覺得，「文革」中實行的「分權」，對計劃經濟的破除及以後的改革開放創造了條件。「文革」是完全錯誤的，但是不等於「文革」十年的工作都是錯誤的。這十年經濟建設是穩步發展的，社會是穩定的，國防是鞏固的，特別在1972年邀請尼克森訪華，中美雙方在上海發表聯合公報，取得外交上的偉大勝利。它為中美兩國關係正常化和改革開放開闢了道路。

　　總之，就是這些社會進步形成了「文革」後改革開放的社會基礎，這些進步也是未來中國社會進一步良性發展的希望所在。

後　記

大約十年前，我就萌生了寫這本書的念頭。為什麼寫？一滴水可以反映一個太陽，通過一個直轄市，總可以多多少少反映整個中國的情況吧！這場文化大革命太有價值了。它是中華人民共和國成立以來的重要時期，沒有當年的文化大革命，就難有今天的改革開放；不瞭解「文革」，就不瞭解中國。有人把世界範圍的革命分為兩大類，一類就是以法國大革命為開頭，俄國十月革命、中國「五四」運動直至文化大革命，都是從文化革命開始而急進的；另一類是以英國產業革命為開頭，是從制度變遷開始而緩進的。世界是複雜的、多樣的，不論走什麼路徑，殊途同歸，無疑都推動歷史車輪滾滾向前。在二十世紀六、七十年代，像中國這麼多人口，這麼長時間，進行這樣天翻地覆的文化大革命，前無古人，後無來者，無疑是空前絕後的。因此，這次文化大革命不僅是中國的，也是世界的。在全球化的今天，我們更應該從世界的角度來審視「文革」。這就是我寫天津「文革」的基本出發點。

為什麼要我來寫？有人看了我發表在天津《今晚報》上回憶「文革」的文章說，只有你來寫，只有你能寫，我大言不慚地點頭稱是。因為隨著歲月流逝，許多當事者都已經作古了，我是至今仍留存在人間少有的目擊者、親歷者、知

情者。我的經歷，在本書中已經斷斷續續作了交代。我始終沒有當過官，只是當過「僚」，一個「僚屬」，還夠不上「幕僚」。不過這個「僚屬」可能比某些官員更瞭解情況。我一生中曾三次轉軌，1986年以前是在官場，之後轉入「學場」，1998年離職休養後又轉為自由撰稿人。感謝「上蒼」保佑，我今年八十有三，仍能游泳鍛煉，筆耕不輟，病魔尚未光顧我。這也是我能夠寫這段「文革」的重要條件。

我怎麼寫？我不要什麼邏輯框架，也不要理論假設，只是照著運動發展過程，把自己所見、所聞、所感、所悟，一五一十地寫下去，不厭其煩，不拘一格，不分軒輊，不伐其功，不愧不作，只為還事物的本來面貌，還歷史的真實，為那些受到歷史不公正待遇的人討還一個公道。正如我的一位老友看過這部書稿以後有感所發，寫下的一首小詩：

書稿讀罷憶涔涔，十年浩劫亂世渾。
正本清源求真難，以史為鏡鑒後人。

至於能否達到這個要求？謀事在人，成事在天，走哪兒說哪兒吧！

作 者
2013年3月1日於津門寓所

注　釋

[1] 高華：〈大災荒與四清運動的起源〉，《華夏文摘》增刊
第274期。

[2] 高華：〈大災荒與四清運動的起源〉，《華夏文摘》增刊
第274期。

[3] 萬曉塘（1916年—1966年），原名萬興詩，字效唐，後改
為曉塘，山東齊河縣人。1937年9月加入中國共產黨。曾
任天津市公安局局長、市政法委員會主任、市人民檢察署
檢查長、天津市副市長、中共天津市委第一書記、河北省
委書記處書記、中共中央華北局委員、天津警備區第一政
委等職。1966年9月19日病逝。

[4] 〈前十條〉。1963年5月2日，毛澤東在杭州召集部分政
治局委員和大區書記召開了一個小型會議。會議制定了
〈關於目前農村工作中若干問題的決定（草案）〉，又稱
〈前十條〉。〈前十條〉對國內政治形勢作出了過於嚴重
的估計，認為當前中國社會中出現了嚴重的尖銳的階級
鬥爭情況，要求重新組織革命的階級隊伍，開展大規模的
群眾運動，打退資本主義和封建勢力的猖狂進攻。〈前
十條〉下達後，各地根據這個文件的精神，重新訓練幹
部，進行試點，為即將開展的農村「四清」和城市「五
反」運動作了準備。

[5] 王亢之（1915—1968），河北深澤人。1938年加入中國共產黨。曾任中共深澤縣委宣傳部部長、冀中七地委宣傳部副部長、冀中導報社社長、《晉察冀日報》總編輯、華北《人民日報》副總編輯。建國後，歷任天津日報社社長，中共天津市委宣傳部部長、市委書記處書記，天津市第二至四屆政協副主席。

[6] 路達（1912—1996），河北安國人。1938年加入 中國 共產黨 。曾任安國縣農民抗日救國會主任、中共束（鹿）晉（縣）縣委書記、天津市委秘書長。1949年後，歷任中共天津市委組織部副部長、塘沽區委第一書記，天津市委秘書長、市委常委，天津市副市長，天津市第五屆政協副主席，天津大學黨委書記，天津市第九、十屆人大常委會副主任，第五、六屆全國人大代表。「中國教育學會書法教育研究會」發起人、並出任首任理事長，《中國書畫報》報社創辦人，並出任首任社長。

[7] 方紀（1919—1998），原名馮驥，著名作家。出生於河北省辛集市，著有十幾部中長篇小說和詩歌集，延安時期曾在文協、馬列學院和《解放日報》社工作。抗日戰爭勝利後，任熱河省文聯主席。1949年後曾先後擔任《天津日報》編委、文藝部主任，天津市文化局局長，中共天津市委宣傳部副部長，天津市文聯黨組書記等職。

[8] 〈後十條〉。1963年9月，中央根據「社教」運動的試點情況，制定了〈關於農村社會主義教育運動中一些具體

政策的規定（草案）〉，又稱〈後十條〉。〈後十條〉一方面強調「以階級鬥爭為綱」，另一方面又提出了「社教」運動中必須執行的正確的方針、政策。

[9]　《人民日報》編輯部、《紅旗》雜誌編輯部：〈關於赫魯雪夫的假共產主義及其在世界歷史上的教訓〉，（《人民日報》，1964年7月14日）

[10]　中央文獻研究室編：《毛澤東傳》（北京：中央文獻出版社，2003），頁1345。

[11]　劉晉峰，河北蠡縣人。1940年加入中國共產黨。曾任津南縣公安局局長。建國後，歷任中共天津市南郊區委書記，南郊區區長，中共天津市河西區委書記處書記，天津市委農村工作委員會書記，天津市農委主任，天津市副市長，中共天津市委副書記、紀委書記，天津市第八屆政協主席。

[12]　黃火青（1901—1999），湖北棗陽縣人。1926年加入中國共產主義青年團，同年8月轉為中國共產黨黨員。中華人民共和國成立後，曾任中共天津市委副書記兼工會主席，中共天津市委第一書記，天津市市長。遼寧省委第一書記。全國人民檢察院檢察長。

[13]　趙武成，山西昔陽人。1937年加入中國共產黨。建國後，歷任中共鄭州市委書記，中共中央中南局統戰部副部長，中共廣東省委書記處書記，廣州市委第二書記、

代理第一書記，河北省委書記處書記，天津市委第二書記，國家建委副主任。中共第十一屆中央候補委員，中顧委委員。

[14] 馬瑞華，河南清豐人。1938年加入中國共產黨。建國後，歷任中共天津市六區區委書記，天津市委組織部副部長、部長，中共天津市委常委，河南省第五、六屆人大常委會副主任。

[15] 李雪峰（1907－2003），山西省永濟縣人，1933年10月加入中國共產黨。1960年9月，任中共中央書記處書記、中央華北局第一書記兼北京軍區黨委第一書記、第一政委。1966年6月兼任北京市委第一書記。1967年1月至4月，到天津工作。1968年2月至1970年12月任河北省革命委員會主任、河北省軍區第一政委。全國政協常務委員。

[16] 李立三（1899－1967），湖南醴陵人。1919年赴法國勤工儉學。1921年回國並加入中國共產黨。1928年－1930年在上海黨中央工作，任中共中央常委兼秘書長、宣傳部長等職。1930年犯過「左」傾冒險主義錯誤，被稱為「立三路線」。建國後，歷任中央人民政府委員、政務院政務委員、勞動部部長。1960年任中共中央華北局書記處書記。1967年6月22日服安眠藥自殺，終年68歲。1980年中共中央正式為其平反。

[17] 中央文獻研究室編：《毛澤東傳》（北京：中央文獻出

版社，2003），頁1409。

[18]　胡昭衡（1915—1999），河南滎陽人。北京大學肄業。
1936年參加中華民族解放先鋒隊。1938年加入中國共產
黨。曾任八路軍一二〇師科長、東蒙軍政幹部學校政
委、內蒙古軍區政治部第一副主任。建國後，歷任內蒙
古自治區計委主任，中共內蒙古自治區區委宣傳部部
長、書記處書記，中共天津市委書記處書記，天津市市
長，衛生部副部長兼國家醫藥管理總局局長，國家經委
經濟管理研究中心副主任。

[19]　楊拯民（1922-1998），陝西蒲城人。楊虎城長子。1938
年入延安抗大、馬列學院學習。同年加入中國共產黨。
曾任中共米脂縣委統戰部部長，銀城市委書記，關中軍
分區、延屬軍分區副司令員，大荔軍分區司令員。建國
後，歷任玉門石油礦務局黨委書記、局長，西北石油管
理局副局長，陝西省副省長，中共陝西省委書記，天津
市副市長。建築材料工業部副部長，第五、六屆全國政
協副秘書長。第一屆全國政協代表、第二至四屆全國政
協委員、第五至九屆全國政協常委。

[20]　林鐵（1904—1989），四川萬縣人，早年曾入北京中國
大學、中俄大學等校學習。1926年加入中國共產黨。
1928年赴法留學。1932年赴莫斯科列寧學院、東方大學
學習。1935年回國。後任東北軍第五十三軍中共工委書
記、中共河北省委委員、北嶽區黨委委員兼民運部部長

和組織部部長、北嶽區黨校校長、中共冀中區黨委書記兼冀中軍區政委等職。建國後，任中共河北省委第一書記兼省軍區第一政委、河北省省長、河北省政協主席、中共中央華北局第三書記、中共第八屆中央委員、中共中央組織部顧問、全國人大常委會委員、中顧委委員等職。

[21] 張淮三（1918-1993），天津市人。1936年9月加入中國共產黨，1945年來天津開展黨的地下工作，任中共天津工作委員會委員、秘書長，青年工作委員會書記，冀中區黨委城工部天津市內三人領導小組成員。建國後，歷任青年團天津市工委書記、市公用局局長兼黨委書記、市地方國營工業局局長兼黨委書記、市計畫委員會副主任、中共天津市委組織部長、市委書記處書記、市革委會副主任兼科委主任、中共天津市顧問委員會主任。

[22] 王金鼎，教授。河北定州人。1938年加入中國共產黨。1945年畢業於天津達仁學院經濟系。曾任中共中央青年工作委員會秘書處處長。建國後，歷任天津市文教委員會副秘書長，津沽大學教授、教務長，南開大學教授、副教務長、黨委書記，中共天津市委文教部部長，天津市哲學社會科學聯合會副主任，中國人民保衛世界和平委員會天津分會副會長。

[23] 橋爪大三郎，日本東京工業大學教授，引文原載於《文化大革命:史實與研究》，（香港：香港中文大學出版社，1996），頁289。

[24] 谷雲亭（1913—1983）河北豐潤縣人。1930年加入中國
共產黨。曾任共青團灤縣縣委書記、中共冀東特委組織
部部長、延安中央黨校六部主任、中共冀東十五地委書
記。建國後，歷任中共河北省委組織部部長、書記處書
記，天津市委書記處書記兼組織部部長，天津市第五屆
政協副主席。

[25] 中央文獻研究室編：《毛澤東傳》（北京：中央文獻出
版社，2003），頁1437。

[26] 中央文獻研究室編：《毛澤東傳》（北京：中央文獻出
版社，2003），頁1443。

[27] 解學恭（1916-1993），山西隰縣人。1936年7月加入中
國共產黨。1938年任中共晉西南隰蒲特別區委書記、隰
蒲遊擊第5大隊政治委員。1939年任晉西南洪趙遊擊第
3大隊政治委員。1940年2月至1941年8月任中共晉西區
洪趙地委書記，八路軍第120師洪趙縱隊政治委員、縱
隊長。1941年8月至1942年8月任中共晉西南工委委員、
工委組織部部長。1942年8月至1945年任中共晉西南工
委書記，八路軍第120師洪趙縱隊縱隊長、洪趙獨立支
隊政治委員。1945年9月至1948年8月任中共呂梁區委副
書記兼區委社會部部長、區委組織部部長（至1946年
夏）、呂梁軍區副政治委員。1948年8月至1949年8月任
中共晉中區委副書記兼區委社會部部長、晉中軍區副政
治委員，中共太原市委副書記兼市委組織部部長、農村
工作委員會主任、晉中軍區副政治委員。1949年8月至

1951年2月任中共山西省委常委、省委組織部部長、省
委紀律檢查委員會書記（1950年1月起）。1951年2月至
1952年7月任中共山西省委第一副書記、代書記兼省委
組織部部長（至1951年12月）、省委紀律檢查委員會書
記（至1951年12月）。1952年7月至1954年8月任中共中
央華北局組織部部長；1952年11月至1958年4月任中央
人民政府對外貿易部副部長，對外貿易部副部長、黨組
委員（1955年1月起），其間：1954年8月起任北京對外
貿易學院院長，1956年秋起任中共中央國家機關黨委常
委、中共中央國家機關監察委員會書記。1958年4月至
1961年3月任中共河北省委書記處書記；1960年11月至
1966年12月任中共中央華北局書記處書記，其間：1961
年2月至1962年5月兼任中共中央華北局財貿辦公室主
任。1966年8月起任中共內蒙古自治區委第一書記（未
到職）。1967年1月至12月任中共天津市委第一書記。
1967年12月至1978年6月任天津市革命委員會主任，其
間：1970年4月至1971年5月任天津市革命委員會黨的核
心小組組長；1971年5月至1978年6月任中共天津市委第
一書記。1969年10月至1975年10月兼任中國人民解放軍
北京軍區政治委員、軍區黨委常委（1969年12月起），
1969年10月至1978年6月兼任中國人民解放軍天津警備
區第一政治委員；1977年12月至1978年6月兼任天津市
政協主席。1978年6月被免除黨內外職務。1987年3月被
開除黨籍。1993年3月3日逝世。中共第九屆、十屆、
十一屆中央委員。

[28]　《天津市四十五年大事記》，（天津：天津人民出版社，1995），頁279-280。

[29]　蕭思明（1915—2007），江西省永新縣人。1930年參加中國工農紅軍，同年加入中國共產主義青年團，1931年轉入中國共產黨。中華人民共和國成立後，任山西軍區代司令員，華北軍區幹部部副部長，軍政治委員，河北省軍區司令員，第二政治委員，新疆軍區政治委員，武漢軍區政治委員。1955年被授予少將軍銜。

[30]　《趙武成文稿史料選》，（北京：中國建築工業出版社，2004），頁409。

[31]　劉政，原六十六軍副軍長，1969年任軍長。

[32]　「天津政法公社」，天津市公安局內部與造反總部對立一派組織。1967年2月24日，市公安局軍管會成立後，即宣佈該組織為「反動組織」，勒令解散。1968年2月21日江青點名批判天津公檢法以後，造反總部亦受到打擊。

[33]　鄭三生（1916—1990），江西省石城縣人。1931年參加中國工農紅軍。1932年加入中國共產主義青年團，1934年轉入中國共產黨。中華人民共和國成立後，任中國人民解放軍軍參謀長，副軍長，軍長兼天津警備區司令員，北京軍區副司令員兼河北省軍區第一政治委員，新疆軍區副司令員，濟南軍區副司令員。1955年被授予少將軍銜。

[34] 楊銀聲（1918—1993）安徽省壽縣人。1932年加入中國
共產主義青年團，同年轉入中國共產黨。一九三三年參
加中國工農紅軍。中華人民共和國成立後，任中國人民
志願軍師政治委員，中國人民解放軍副軍長兼參謀長，
軍政治委員，北京軍區政治部主任，中國人民解放軍總
參謀部第二部政治委員，中國人民解放軍炮兵副政治委
員兼政治部主任。1955年被授予少將軍銜。

[35] 趙曙光，胡昭衡受到批判後，從河北省委省調來的地方
領導幹部，後又回河北省。

[36] 鄭維山（1915—2000），河南省新縣人。1930年加入中
國共產黨，同年參加中國工農紅軍。中華人民共和國成
立後，任中國人民解放軍第十九兵團副司令員，中國人
民志願軍第十九兵團副司令員，第二十兵團代司令員，
北京軍區副司令員、代司令員、司令員，蘭州軍區司令
員。1955年被授予中將軍銜。第九屆中央委員。

[37] 《天津市四十五年大事記》，（天津：天津人民出版
社，1994），頁279。

[38] 《天津市四十五年大事記》，（天津：天津人民出版
社，1994），頁381。

[39] 《天津市四十五年大事記》，（天津：天津人民出版
社，1994），頁281。

[40] 天津市革命職工代表會議常務委員會《革命職工報》編

印：《毛主席的革命路線勝利萬歲》，1968，頁43。

[41] 天津市革命職工代表會議常務委員會《革命職工報》編
印：《毛主席的革命路線勝利萬歲》，1968，頁44。

[42] 中央首長十一次接見天津赴京代表團談話紀要，均見
天津市革命職工代表會議常務委員會《革命職工報》
編印：《毛主席的革命路線勝利萬歲》，1968，頁19-
142。

[43] 鄧小平：〈黨在組織戰線和思想戰線上的迫切任務〉，
（1983年10月12日）。

[44] 鄧小平：〈關於如何劃分和清理「三種人」的談話〉，
（1983年11月16日）。

[45] 〈周總理、陳伯達、康生、江青、姚文元同志在接見天
津市革命委員會委員和天津革命群眾以及駐津部隊、文
藝系統代表時的講話〉，（天津市革命職工代表會議常
務委員會《革命職工報》編印：《毛主席的革命路線勝
利萬歲》，1968），頁153-173。

[46] 《毛澤東傳》（1949-1976）（中央文獻出版社，
2003），頁1577。

[47] 《毛澤東傳》（1949-1976）（中央文獻出版社，
2003），頁1577。

[48] 解學恭：〈在第十一次路線鬥爭中市委需要說清楚的問

題和我對所犯錯誤的檢查》附件之三〈叛徒江青八次來
天津的經過〉。

[49] 吳岱（1918—1996），福建省長汀縣人。1931年加入中
國共產主義青年團。1933年參加中國工農紅軍。1934年
由團轉入中國共產黨。中華人民共和國成立後，任第
十三兵團軍副政治委員、政治委員，旅大警備區副政治
委員兼政治部主任、政治委員，北京軍區政治部主任、
副政治委員兼政治部主任，軍區顧問。1955年被授予少
將軍銜。

[50] 邢燕子，女，原名邢秀英，1940年出生，天津市寶坻縣
人。從小跟爺爺在農村老家長大，父親是天津市一家工
廠的副廠長。1958年，高小畢業後沒有回父母所在的天
津市區，而是回到家鄉寶坻縣大中莊鄉司家莊村務農，
發憤改變家鄉的窮貌。在那裏，她和農民打成一片，並
組織了一個〈邢燕子突擊隊〉，成績突出。1960年《人
民日報》發表長篇通訊《邢燕子發憤圖強建設農村》，
介紹了邢燕子的先進事蹟。此後，成為上山下鄉的知青
典型，被稱為毛澤東時代的好姑娘。1964年，她出席中
國共青團第九次代表大會，同年當選為第三屆全國人
大代表，毛澤東主席生前5次、周恩來總理13次接見過
她。她先後歷任縣委副書記、地委常委、天津市委書
記、市政協副主席，第十至十二屆中央委員。1981年被
市委安排到北辰區工作，任北辰區人大常委會副主任。
現退休。

[51]　侯雋，女，1943年生，原籍北京。1962年高中畢業後放
　　　棄高考，隻身從北京來到天津寶坻縣竇家村安家落戶，
　　　立志做一個社會主義新型農民。1963年7月，共青團天
　　　津地委發出〈關於在知識青年中開展學習侯雋事蹟的通
　　　知〉，在天津地區青少年中掀起學習侯雋的熱潮。1964
　　　年侯雋與邢燕子一起出席河北省勞動模範代表大會。
　　　1971年在北京受到周恩來總理的接見，同年被選為中共
　　　天津地委委員。中共寶坻縣委委員，1973年任中共寶坻
　　　縣委副書記，1976年任國務院知識青年上山下鄉領導小
　　　組副組長。1980年始任寶坻縣人大常委會副主任。

[52]　王一，天津警備區司令員，已故。

[53]　中央文獻研究室編：《毛澤東傳》（北京：中央文獻出
　　　版社，2003），頁1656－1657。

[54]　中央文獻研究室編：《毛澤東傳》（北京：中央文獻出
　　　版社，2003），頁1659。

[55]　《中國共產黨天津歷史大事記》，（北京：中共黨史出
　　　版社，2001），頁316。

[56]　中央文獻研究室編：《毛澤東傳》（北京：中央文獻出
　　　版社，2003），頁1686頁。

[57]　江青在「天津市儒法鬥爭史報告會」上的講話全文，
　　　1974年中共天津市委辦公廳整理印發給各區、縣、局的
　　　內部文件。

[58] 吳德：《十年風雨記事》，（北京：當代中國出版社，2004），頁110。

[59] 〈天津文史資料選輯〉，（天津：天津人民出版社，2006），頁189。

[60] 〈趙武成同志關於清查工作情況和下一步意見的彙報〉，天津市委辦公廳於1977年11月13日印發區、縣、局黨委文件。

[61] 《趙武成文稿史料選》，（北京：中國建築工業出版社，2004），頁398。

[62] 吳德自述：《十年風雨記事》，（北京：當代中國出版社，2004），頁93。

[63] 解學恭：〈在第十一次路線鬥爭中市委需要說清楚的問題和我對所犯錯檢查〉。

[64] 中央文獻研究室編：《毛澤東傳》（北京：中央文獻出版社，2003），頁1753—1755。

[65] 中央文獻研究室編：《毛澤東傳》（北京：中央文獻出版社，2003），頁1757。

[66] 黃志剛，山西忻縣人。1938年加入中國共產黨。曾任偏關縣抗日救國聯合會主任、晉綏邊區青年救國聯合會第二中心區宣傳部部長、中共神池縣委書記、晉西北中心地委宣傳部部長。建國後，歷任中共興縣、臨汾地委書

記，山西省委宣傳部部長、省委常委、省委候補書記，中共中央華北局宣傳部部長、華北局候補書記，中共太原市委第一書記，天津市委第二書記，天津市第六屆政協主席。

[67] 天津地方志編修委員會編：《天津簡志》，（天津：天津人民出版社，1991），頁265。

[68] 《認識天津。振興天津》，（天津：天津人民出版社，2002年），頁112。

[69] 《天津四十五年大事記》，（天津：天津人民出版社，1995年），頁313。

[70] 解學恭：〈在第十一次路線鬥爭中市委需要說清楚的問題和我對所犯錯檢查〉附件之四：〈我給江青寫信十三件〉。

[71] 林乎加，山東長島人。1936年參加中華民族解放先鋒隊。1938年入黨。建國後，任中共浙江省委宣傳部副部長、部長，省委常委、秘書長，省委書記處書記。1965年1月任國家計委副主任。1977年1月任上海市委書記，市革委會副主任。1978年6月任天津市委第一書記，市革委會主任。

[72] 天津市統計局：《天津四十年》（1949—1989），（北京：中國統計出版社，1989）。

[73] 中央文獻研究室編：《毛澤東傳》（北京：中央文獻出

版社，2003），頁653。

[74] 廣州市文化傳播事務所主編：《二十世紀中國全記錄》，（山西：北嶽文藝出版社，1995年1月，第二版），頁721。

[75] 《中國共產黨天津歷史大事記》，（北京：中共黨史出版社，2001），頁205。

[76] 《中國共產黨天津歷史大事記》，（北京：中共黨史出版社，2001），頁336頁。

[77] 廣州市文化傳播事務所主編：《二十世紀中國全記錄》，（山西：北嶽文藝出版社，1995年1月，第二版），頁765。

[78] 中共中央黨史研究室：《中國共產黨歷史大事記》，（北京：中共黨史出版社，2006），頁336。

[79] 中央文獻研究室編：《毛澤東傳》（北京：中央文獻出版社，2003），頁1782。

[80] 梁啟超：《飲冰室文集》全編卷10，（上海：中華書局，1925）政治部分第19、20頁。

[81] 中共中央馬克思恩格斯列寧史達林著作編譯局：《馬克思、恩格斯全集》23卷，（北京：人民出版社，2002），頁699。

[82] 中共中央黨史研究室科研局：《毛澤東的足跡》，（北京：中共黨史出版社，1993），頁415。

附注：本書中列舉的大量資料，系根據工作筆記、工作日志、內部檔、查閱檔案的摘記，均非公開出版物，故無法注明出處。

國家圖書館出版品預行編目資料

天津文革親歷紀事／王輝 著 -初版-
臺北市：蘭臺出版社 2013.5
15*21公分　含參考書目
ISBN：978-986-6231-62-9（平裝）
1.王輝 2.回憶錄 3.文化大革命
628.75　　　　　　　　102008339

文革史料叢刊 1

天津文革親歷紀事

著　　者：王　輝

執行主編：郭鎧銘

執行美編：康美珠

封面設計：鄭荷婷

出 版 者：蘭臺出版社

地　　址：臺北市中正區重慶南路1段121號8樓之14

電　　話：（02）2331-1675　傳真：（02）2382-6225

劃撥帳號：18995335　　　戶名：蘭臺出版社

網路書店：http://store.pchome.com.tw/yesbooks/
　　　　　博客來網路書店、華文網路書店、三民書局

E - m a i l：books5w@gmail.com 或 books5w@yahoo.com.tw

總 經 銷：成信文化事業有限公司

香港總代理：香港聯合零售有限公司

地　　址：香港新界大蒲汀麗路36號中華商務印書館大樓

電　　話：（852）2150-2100　傳真：（852）2356-0735

出版日期：2013年5月初版

定　　價：新臺幣880元

ISBN：978-986-6231-62-9